戦後史のなかの安倍改憲

安倍政権のめざす日本から　憲法の生きる日本へ

渡辺 治

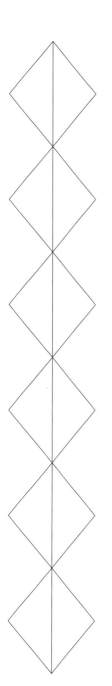

戦後史のなかの安倍改憲　目次

はしがき

◆「安倍改憲」となぜ呼ぶか？

安倍首相が2017年5月3日、読売新聞との単独インタビューや日本会議系の憲法集会へのビデオメッセージを通じて新たな改憲提言を打ち出して以来、講和条約以降60年以上に及ぶ、改憲をめぐる攻防は新たな段階に入った。その後、安倍首相は、10月22日解散総選挙に踏みきり、衆院では自公で3分の2、希望の党や維新の会を合わせると8割の議席を確保し、18年正月の年頭記者会見では満を持して「今年こそ」と改憲実行の意欲を表明した。

「今年こそ新しい時代への希望を生み出すような憲法のあるべき姿を国民にしっかりと提示し、改正に向けた国民的な議論を一層深めていく。自民党総裁として、そのような1年にしたい[1]」。そして、通常国会開会日の22日、党所属国会議員の集まる両院議員総会では、詰めかけた議員を前に、より露骨な本音を吐露してハッパをかけた。「我が党は結党以来、憲法改正を党是として掲げてきた。いよいよ実現する時を迎えている[2]」と。

しかし、かってない市民の取り組みが安倍改憲の前に立ち塞《ふさ》がった。「安倍9条改憲NO！全国市民アクション」の結成、3000万人署名の運動である。加えて、安倍首相の思惑に反して、通常国会では、3月以降、森友文書改竄《かいざん》、加計《かけ》問題、さらにいままでないといわれてきた自衛隊日報のさらなる「発見」、財務次官のセクハラ問題まで加わる政権の不祥事が相次ぎ、安倍政権の支持率は激減、とても改憲案を国会に提案できるような雰囲気ではなくなり、安倍改憲スケジュールは大幅に遅れている。

しかし、安倍晋三が首相の座にある限り、彼は改憲をあきらめることはない。改憲を許すか阻むかの対抗は、一進一退で膠着《こうちゃく》している。

本書では、この安倍首相のリーダーシップにより引き起こされた改憲を「安倍改憲」と呼んで、安倍改憲がなぜ提起されなければならなかったのか、その起源をふり返った上で、安倍首相はなぜ改憲にかくも執念をもつのか、安倍改憲のねらい、その危険性を検討し、安倍改憲を阻む力がどこにあるか、最後に、安倍改憲に代わる日本と東北アジアの平和を実現する選択肢を探る。

ところで、本書で、現に進行中の改憲を「安倍改憲」と呼ぶのはなぜかをあらかじめ、明らかにしておきたい。

第2次安倍政権（2012年12月成立）になって以来、9条をめぐる政府解釈の変更、安保法制（いわゆる戦争法）の強行採決と続く中、〝安倍首相だからこそ、改憲が出てきている〟と、改憲をもっぱら安倍首相個人の「趣味」と見なして批判する趣があるが、筆者は、そういう意味で「安倍改憲」と呼んでいるわけではない。

あとでみるように、改憲は、決して安倍個人の趣味でもないし、安倍がその「レガシーづくり」のため、必要もないのにゴリ押ししている事業ではない。

何より、安倍首相は、改憲の言い出しっぺではないどころか、改憲は、1955年の自民党結党以来の党是に掲げられた宿願でもある。安倍首相の改憲案は、50年代初頭以来連綿と続く改憲の企図の最後尾に位置するものである。

しかし、にもかかわらず、本書で「安倍改憲」と呼ぶのは次のようなわけがあるからだ。1つ、確かに、安倍首相は改憲の言い出しっぺではないが、安倍が復権を果たして首相にならなければ、ここまで改憲が政治日程にのぼることはなかっただろうと推測されることだ。

実は、改憲を党是とするとはいえ、自民党政権の首相で、改憲実行を政権の課題として公言した首相は数少なかった。安倍はその数少ない1人、それどころか、第1次政権の時、政権の公約に「21世紀の日本の国家像にふさわしい新たな憲法の制定」[3]を掲げた初めての首相でもあった。現在の改憲の進行について安倍個人の意欲の果たす役割は、極めて大きい。

2つ目、安倍首相が今度の改憲の目玉として出してきた、憲法9条改正案――9条1項、2項を存置したまま新たに自衛隊を明記するという改正案は、今までの改憲史の中ではほとんど注目されたことのなかった構想であり、長い自民党憲法調査会の歴史のなかでも1度も取り上げられたことのない改憲案である。安倍首相ならではの改憲案だという点である。

そういう意味では、安倍首相でなければ現在の改憲はなかったかも知れない、そのくらい安倍晋三の役割は大きいと言える。

3つ目。また、そういう安倍首相が提起した改憲であるため、市民の少なくない部分が警戒し、この改憲を潰《つぶ》す可能性もある。この点も含めて、本書では、いま台頭する改憲を「安倍改憲」と呼んでおきたい。

◆安倍改憲を阻むことの意味

戦後憲法施行以来70年あまり、何度かの改憲の企図にさらされながら改憲を阻んできた結果、日本はアジアのなかでも特異な国となってきた。10年をおかずして侵略戦争に明け暮れた戦前期とは対照的に、戦後70年以上にわたり日本は侵略せず、侵略もされない――つまり「戦争をしない国」として歩んできたからである。安倍改憲は、そうした日本の歩みを大きく変更しようとしている。改憲は、日本とアジアの平和を強めるものであるのか、それとも日本とアジアの平和を脅かす方途なのか。

筆者は、安倍改憲が朝鮮半島を含め、東北アジアの平和に貢献するどころか、逆に、東北アジアと日本の平和に逆行する企てであると考え、なんとか、この企てを阻みたいという思いから、本書を書いた。

安倍改憲を阻むこと自体は、現状の改悪を防ぐという意味で「保守的な」課題である。改憲を阻んだからといって、沖縄辺野古の基地建設が止まるわけではない。朝鮮半島の危機が解決するわけでもない。

しかし、安倍政権と自民党が総力を挙げて推し進める改憲を阻むことは、日本と東北アジアの平和を構築し推進する上で、また安倍政治に代わる政治をつくる上で大きな画期となると思う。

第1は、安倍改憲を阻むことで、朝鮮半島で生じている、軍事的「解決」から話し合いによる解決への大転換の方向を支え、それをアジア全体に拡大していく大きな力となることだ。

いま、朝鮮半島の非核化と平和をめぐる情勢が大きく動きつつある。いままで軍事攻撃をも選択肢に入れると公言して、北朝鮮の核、弾道ミサイル開発に対し軍事的圧力による「解決」路線を推進してきたトランプ政権が突如方針を転換し、他方、金正恩《キムジョンウン》政権も核廃棄の意思を表明したため、南北首脳会談、米朝首脳会談が開催され、話し合いによる朝鮮半島の非核化と平和体制構築へ向けての歩みが始まったことである。のちに本文でもふれるが、アメリカ、北朝鮮の指導者双方にいかなる思惑があろうと、この方向は、朝鮮半島の非核化と平和体制構築のための唯一の方向であることは間違いない。

問題は、安倍改憲がめざしている方向は、朝鮮半島で現在進行している、話し合いによる解決の方向とは全く逆の方向であることだ。日米軍事同盟強化によりアメリカの軍事的力によるアジア戦略に加担するものだからだ。

安倍改憲を阻むことで、日本が朝鮮半島問題の話し合い解決の路線に転換したことを表明し、韓国と連携して、この方向を不可逆的なものとする流れを強く太くすることができる。

安倍改憲を阻むことは、アジアの諸国に強烈なメッセージを発することになる。今まで自公政権がすすめてきた、日米軍事同盟の強化により軍事的圧力や軍事的手段で東北アジアの問題を解決するという道を日本は拒否する、日本が軍事的手段とは別の選択肢を求めるに至ったというメッセージである。それは、未だ朝鮮半島問題に限った「転換」にとどまっているトランプ政権の軍事優先の戦略にも、見直しとさらなる転換を促す力となるであろう。

第2に、改憲を阻む力がなければ、安倍政権を倒し安倍政権のめざす日本に代わる、もう1つの日本を追求する政治をつくることはできない、ということである。逆にいえば、安倍改憲を阻む力を梃《て》子《こ》にして、沖縄の辺野古基地建設をやめさせ、抑止力によらないアジアと日本の構築への道を切り拓くことができる。安倍改憲にNOを突きつけるなかから安倍のめざす日本に代わる選択肢について国民的議論を始めることができる。

*

こうした問題意識に基づいて、筆者は本書の内容を大きくいって3つのブロックから構成した。

第I部では、戦後の改憲と改憲を阻もうとする運動の対抗の歴史をふり返る。ここで言いたかったのは、改憲は、決して安倍の個人的趣味や思いで提起されたものではなく、戦後アメリカと保守支配層が何度も挑戦しその度に挫折をくり返した宿願であること、市民が、改憲の企てを阻むことで、憲法9条は日本の軍事化に大きな壁となってきたし、なお大きな力を発揮していることである。安倍改憲は、是が非でもこの壁を壊さねば先に進めないという支配層の苛立ちと焦りの産物にほかならない。

第Ⅱ部では、安倍がなぜ改憲に執念を燃やすのか、なぜ安倍は、9条1項、2項を残す改憲案を提言したのか、その危険性はどこにあるのか、阻む力はどこに求められるのかを検討する。

第Ⅲ部では、日本と東北アジアの平和を実現するには、憲法を改正するのではなく憲法のめざす構想を実現することにあるということ、そのためには自公政権に代わり憲法の実現をめざす政権が必要であること――つまり安倍改憲に代わる選択肢を明らかにしたい。

日本の軍事大国化を望んでいる人は多くない。それでも、北朝鮮が核実験をくり返し周辺諸国を威《い》嚇《かく》することは怖いし、それを止めさせるにはアメリカの軍事力に頼らなければならない、そのためには、安倍首相のいう改憲もやむを得ないかな、と改憲を容認する人も少なくない。

しかし、日米軍事同盟と安倍改憲の道では日本と東北アジアの平和は実現できない。では「どうすれば？」という問いに、筆者なりに答えてみたい。

なお、本書では敬称は略している。

第Ⅰ部　戦後史のなかの安倍改憲

第一章　安倍改憲に至る道
――運動が改憲を阻み憲法を力にした――

第一章では、「安倍改憲に至る道」と題して、安倍改憲が登場する前、50年代初頭から実に60年以上にわたり、何度かに亘《わた》って改憲が企てられ、そのつど、改憲に反対する国民の運動によりそれが阻まれてきた攻防の歴史を、終始改憲のねらいの中心であった、9条改憲に絞ってふり返りたい。

そこで強調したいのは、何とか9条の力を潰そうという改憲の企図とそれを阻もうとする国民の運動の攻防の結果、憲法9条は、時に傷つき穴をあけられ、あるいは逆に新たな壁をつくることをくり返し、軍事化の進行を遅らせ阻む大きな力を発揮し続けたこと、そのため、安倍が新たな軍事化の企てをするには、改めて憲法9条の壁に挑まねばならなかったことである。

つまり、憲法は死んではいないし、空洞化しているわけでもないということである。これは本書全体を貫く主題だが、とりわけ、この第一章で歴史をふり返るなかで、改めてそれを確認したい。

というのは、安倍首相の改憲に反対する人のなかでも「憲法9条は死んだ。憲法9条の下で『戦力』をもたないと明記しているにもかかわらず、日本の防衛費は世界有数であるし、安倍首相が強行した安保法制の結果、自衛隊は集団的自衛権すら行使できるようになった。今や9条は、軍事大国化の歯止めになっていない」と主張する人々がいるからだ。その延長線上に、憲法は今や軍事化の歯止めにはなっていないから権力に歯止めをかける憲法に改正しなければならないという「立憲的改憲論」も登場している。9条解釈をめぐる「神学論争」とか「憲法の空洞化」などといって憲法解釈をめぐる攻防をバカにする言説も、あたり前に口にされている。この立憲的改憲論に関しては、第五章で改めて検討したい。

確かに、9条の下でも自衛隊はつくられ、今や世界有数の力を持っている。しかし、憲法は死んでもいないし、力を失ってもいない。もし9条が力を失っているなら、安倍首相が、改めて政権の命運をかけて改憲をしようなどとは思わないだろう。「憲法を尊重します」といって神棚に上げ、ドシドシ日米軍事同盟の強化を進めればよいはずだからである。そうなっていないのは、9条が日本の軍事化の大きな障害物となっているからにほかならない。

しかも9条がこうした軍事大国化の歯止めとなったのは、9条それ自体から自動的に導かれた結果ではなく、その改変に反対してきた国民の運動とそれを背にした野党の頑張りの結果にほかならない。本章では、そのことをふり返ってみよう。

1　50年代改憲の挫折と憲法の定着

(1) 50年代改憲台頭の背景とねらい

日本国憲法が日本の軍事化を阻む力に育つ第1の画期は、50年代初頭、日本の保守支配層が企てた最初の改憲の攻勢——ここでは、それを「50年代改憲」と呼んでおこう——を市民の運動が阻んだことであった。

講和を前後して、早くも改憲の最初の波が押し寄せている（表1）。

◆アメリカの改憲・再軍備圧力

50年代改憲の攻勢には、それを生みだした2つの要因があった。

1つは、ほかでもない、日本国憲法制定のイニシアティブをとったアメリカ自身の改憲圧力であっ

表1　日本国憲法改正案、改正要項等年表

年	憲法改正案数	作成主体
1949	2	公法研究会、東大憲法研究会
〈憲法改正の第1の波〉	合計 18	
1953	1	渡辺経済研究所
1954	2	自由党憲法調査会、改進党憲法調査会
1955	2	憲法研究会、中曽根康弘「自主憲法のための改正要綱私案」
1956	2	自民党憲法調査会、大西邦敏
1957	2	広瀬久忠、弁理士会
1958	2	自主憲法期成青年同盟、里見岸雄
1961	1	中曽根康弘（高度民主主義民定憲法草案）
1962	3	大石義雄、全日本愛国者団体会議、大日本生産党
1963	1	憲法調査会共同意見書
1964	1	憲法調査会報告書
1972	1	自民党憲法調査会「憲法改正大綱草案」
〈憲法改正の第1の波・補完〉	合計 3	
1981	1	自主憲法期成議員同盟・自主憲法制定国民会議
1982	1	自民党憲法調査会中間報告
1984	1	中川八洋
〈憲法改正の第2の大波〉	合計 43	
第1小期 1991 ～ 2004（26）		
1991	1	西部邁
1992	1	小林節

1993	3	自主憲法期成議員同盟・自主憲法制定国民会議、自民党憲法調査会中間報告、日本を守る国民会議
1994	3	読売新聞、伊藤孝、西修ゼミ
1996	2	新進党憲法調査会、木村睦男
1997	1	愛知和男
1999	2	小澤一郎、鳩山由紀夫
2000	5	中曽根康弘、読売第２次改正試案、日本経済新聞、自由党、自民党橋本派
2001	3	日本会議、山崎拓、民主党憲法調査会中間報告
2002	3	経済同友会憲法問題調査会中間報告、民主党憲法調査会報告、国会憲法調査会中間報告
2003	2	同友会憲法問題調査会意見書、自主憲法制定国民会議
第２小期 2004～2012（13）		
2004	4	読売新聞第３次改正試案、自民党憲法改正プロジェクトチーム論点整理案、自民党憲法改正草案大綱、民主党憲法調査会中間報告
2005	6	日本経団連、鳩山由紀夫、世界平和研究所、国会憲法調査会最終報告、自民党新憲法第１次案、自民党新憲法草案
2012	3	自民党「日本国憲法改正草案」、日本青年会議所「日本国憲法草案」、新しい憲法を作る国民会議「新憲法第３次案」
第３小期 2013～（４）		
2013	1	産経新聞「国民の憲法」
2017	3	小林節、細野豪志、安倍晋三

た。

アジア・太平洋戦争が終結した時、アメリカは、戦後のアジア・太平洋地域の平和と安定は、日本帝国主義の侵略行為を抑えることで達成されると考えた。日本国憲法制定のイニシアティブをとったアメリカが9条に込めたのは、日本軍国主義が再びアジア大陸に侵略することを防ぐねらいであった。20世紀前半期のアジアは、戦争の策源地であったが、この時代のアジアの戦争の全ては、日本が中国大陸に侵攻して起こした侵略戦争であった。その結果、1894年の日清戦争以来、日本は、10年をおかずして戦争をくり返したのである。アメリカが〝日本軍国主義の復活を阻止すれば、アジア・太平洋地域の平和は確保される〟と考えたのも当然であった。

◆冷戦と対日政策の転換

ところが、冷戦が勃発し、とりわけ朝鮮戦争というかたちで東西対決がアジアで火を噴いたあとでは、アメリカにとっては、アジア・太平洋地域の「平和」の前提は根本的に変わってしまった。「危険」は日本の軍国主義の復活からソ連、中国の進出に代わり、日本はアジア・太平洋地域の平和を脅かしかねない脅威から、冷戦対決における極東の前線基地、さらに冷戦に動員する人的資源の供給地と見なされるようになった。戦闘経験を持った日本の「人的資源」を朝鮮戦線や東北アジアの冷戦に使うことが切実な要求になったのである。

新たなアメリカの対日要求は2つあった。1つは、極東におけるソ連・中国との戦闘のための米軍の前線基地の役割だ。そのため、占領の継続が要求された。もう1つが日本の再軍備である。後者が、アメリカからの改憲圧力となって現れた。

すでに40年代末には、アメリカの軍部内では、冷戦で「米国の人的資源節約」のため、日本の再軍備が必要と考えられていたが、そのためには、憲法改正とアメリカによるポツダム宣言の破棄が必要で、当面無理なので、日本の警察力を増やすという方針が検討・指示されていた。１９４８年5月18日付のロイヤル陸軍長官からフォレスタル国防長官宛の覚書「日本の限定的再軍備」[4]がそれである。

そこでアメリカの軍部は、「日本にはただちに招集可能な軍隊経験者」が１００万人いると見積もってその動員を考えていた。覚書の最後に「日本の新憲法の修正の可能性について、自衛のための軍備確立という方向で検討する必要がある」[5]と明記されていた。50年に朝鮮戦争が始まると、この方針はさっそく具体化され、マッカーサーの指令で、「警察予備隊」という名の再軍備が始まったのである。

◆アメリカが講和に求めたもの――米軍基地と再軍備・改憲

こうした2つの要求を実現するという視点から、アメリカの対日講和の方針も生まれた。当初、米軍部は、1つ目の対日要求であった冷戦の最前線基地として米軍基地を確保したいという見地から、米軍の撤退をもたらしかねない講和に反対していた。しかし、朝鮮戦争が長引くにつれ、むしろ講和で米軍基地を安定して確保する道を選んだ。それが講和とセットで締結された安保条約であった。講和条約で沖縄・小笠原が引き続き米軍の直接占領下に置かれたのも、同じ目的のためであった。
もう1つが、講和後の日本の再軍備、その障害物たる憲法の改正であった。51年から本格的に始まった講和交渉時には、アメリカ側の当事者であるダレスは再三にわたり、安保条約と日本の再軍備、それを可能とする憲法改正を露骨に求めたのである。アメリカ側にとって緊急の要請となった日本の再軍備を推進するには憲法9条の改正が急がれたからである。[6]
しかし、当時の首相吉田茂は、こうしたアメリカ側の要求に消極的であった。改憲による公然たる再軍備は、莫大な費用がかかり、日本経済を破綻させる、それに日本国民の神経を逆なでするというのが吉田の言い分であった。[7]吉田は、憲法改正によらずに秘密裏に漸進的再軍備をすることを主張して、ダレスと渡りあったのである。

◆保守政治家の改憲要求

しかし、アメリカの圧力に呼応して、日本側でも改憲を望む勢力が台頭した。保守政治家のなかで、吉田政権のなしくずしの再軍備に反対し、改憲を主張する潮流が台頭したのである。講和を前後して、アジア・太平洋戦争を遂行、協力したという理由で「公職追放」にあっていた政治家たちが続々復帰してきたが、これら政治家を中心に、反吉田、改憲の声がいっせいに上がったのである。

これら保守政治家が改憲を求めたのは、新しくつくられた日本国憲法の下では、日本の再建も安定した保守政治の運営もできないという苛立ちであった。9条により再軍備が制約されていることはもちろんだが、不満はそれだけでなかった。天皇が政治に一切関与ができなくなり「象徴」というわけの分からないものにされていることや、手厚すぎる人権保障など憲法の全体が、保守政治の不安定化や大衆運動の激化をもたらしている、〝こんな憲法では日本の再建はできない〟、こうした不満から、保守政治家は、憲法の全面的な改正を求めたのである。

これら改憲派は、次第に保守政治勢力のなかで勢力を拡大し、54年、日本民主党を結成して、吉田政権を追い落とし鳩山政権を樹立するに及んで、保守の主流的地位を占めるに至ったのである。

(2)　50年代改憲構想の2つの柱

改憲を主張する政治家たちは、〝マッカーサーに「押しつけられた」憲法を日本人自らの手で作り直す〟、と唱え、占領憲法の「行きすぎ」を是正し、明治憲法下のよい制度の「復古」をめざした。50年代改憲——改憲第1の波がやってきたのである。

表1（31～32頁）で見ると分かるように、この時代に多数の改憲案が発表されたが、これら改憲案は、2つの柱を持っていた。

◆9条改正論の特徴──改憲案の第1の柱

第1の柱は、いうまでもなく9条の改正である。アメリカの圧力で進行する再軍備に対し、憲法9条が立ちはだかっていたからだ。警察予備隊、保安隊、自衛隊と軍備が拡大するにつれ、それと憲法の矛盾を「解消」するため9条の改正は焦眉の課題となったのである。9条改憲は、9条2項の戦力不保持の規定を廃棄して自衛のための軍備の保持を明言することであった。

もっとも、この時代の9条改憲論は、後述する90年代以降のそれのように自衛隊の海外派兵の正当化をもくろんだものでは必ずしもなかった点は注目される。1950年、マッカーサーの指令により警察予備隊がつくられて以来始まった再軍備は、52年に保安隊に成長、54年にようやく自衛隊として形姿を整え始めたところであった。自衛隊の海外派兵はまだ現実の課題とはなっていなかった。だから当時憲法を改正してただちにやらねばならなかったのは、9条2項を削除して、自衛のためなら軍隊を持てるという規定をもつことであって、その軍隊が海外派兵できるという規定は必ずしも必要ではなかった。それはまだ、先の目標と考えられていた。

それに、当時の日本国民は、〝2度とあんな戦争はごめんだ〟という意識を強く持っており、それを踏まえた平和運動が再軍備に強く反対の声を挙げていたから、その警戒心を高める海外派兵などとうてい言い出せる状況になかったのである。むしろ改憲派は、9条を改正して自前の軍隊を持っても、戦前の日本軍のような侵略の軍隊にはならないことを強調せざるを得なかった。

たとえば、1956年、自民党憲法調査会が出した「憲法改正の問題点」[8]では、9条2項を削除して「自衛のための最小限度の軍備はこれを保持しうること」を主張していたが、「備考」にこんな弁解を書かざるをえなかった。

「備考　一部には、海外派兵、徴兵制度等の実施を目的として改正を企てているものの如く憶測するものがあるが、これは我々の真意を誣《し》いるも甚《はなは》だしいものである」と。

すでに、この時代に9条改正論は、改憲に反対する国民の声を意識せざるをえなかったのである。

◆「自由主義的」条項の復古的改正——改憲案の第2の柱

50年代改憲案のもう1つの柱は、日本国憲法のあまりにも「自由主義的」、「民主主義的条項」のいきすぎを是正することであった。〝表現の自由はじめあまりにも自由保障に偏った人権条項は、政府に反対する大衆運動を横行させ、社会を混乱に陥れているから、制約条項を設けねばならない〟。そこで憲法を改正して「基本的人権は社会の秩序を維持し、公共の福祉を増進するため」、法律で「制限しうる旨を規定する」[9]ことが主張された。

戦争や非常事態に際して人権を制限しうる非常事態規定も不可欠だ。明治憲法で活用されたように、緊急事態で国会閉会中の時には政府が国会に諮《はか》らず法律に代わる命令を出せる緊急政令の規定も必要だと主張された。

また、明治憲法下では、貴族院議員は選挙によらずに政府の手で任命されていたから、参議院もそうした推薦制に代えるべきだと主張された。また、憲法によって新たに導入された都道府県知事の直接公選制の廃止も主張された。〃参議院まで直接公選にしたり、地方自治体の首長を公選にしたために、政治は安定を欠き、地方自治は住民の人気とりのための支出で財政が危機に瀕しているところもある。明治憲法下のように、都道府県知事は政府の任命制にできるようにしなければならない〃というのである。

何より、日本社会の中心にいて日本の統合の要をなしてきた天皇が「象徴」というあいまいな地位にいるため、戦後日本の再建の基軸が定まらないから、天皇は明治憲法と同様「元首」と明記しなければならない、という改憲論も有力だった。

こうした諸点の是正＝明治憲法への復古が共通して唱えられたのである。

(3)　50年代改憲の最初の挫折と自衛隊合憲解釈の要請

当初、改憲を志向した政治家たちは、講和が実現すれば、簡単に改憲はできると踏んでいた。〃占領軍に押しつけられた憲法を変えて日本国民の手で〃、といえば、国民はついてくるだろうと思われたのである。ところが、こうした保守政党の改憲論の盛り上がりに対し、支配層の予期しない大きな反対運動が起こった。

◆平和と反復古の護憲運動

それは、アメリカの再軍備圧力に乗っかった戦前回帰志向の改憲によって、〝またあの悲惨な戦争を繰り返すのか〟、という危機感からであった。

憲法改正は、ソ連や中国を除いて西側だけと講和し、安保条約で米軍の駐留を認め、再軍備をすすめ日本を冷戦の一方に加担させる――そういう政治の象徴として捉えられた。改憲反対は、安保条約、再軍備反対とセットで主張された。

50年代初頭に改憲反対で立ち上がった運動は、2つの特徴を持っていた[10]。

1つは、この運動が戦前の侵略戦争と軍国主義復活への強い危惧をバネに燃え上がったことである。戦前の日本社会とは、戦争の継続と統制による自由の欠如が合体したものであり、戦争と治安維持法による自由の欠如は一体のもの、メダルの裏表として国民のなかに観念されていた。だから、改憲派のいう、9条改正による再軍備と、人権制約、非常事態規定などの50年代改憲のめざすものは、文字通り「戦争」と「軍国主義」時代への復古として強い警戒と反発の対象となったのである。

もう1つは、この時代の護憲、平和運動の主たる担い手は、総評に結集した労働組合運動であり、知識人たちであったことだ。総評は占領軍肝いりのナショナルセンターとして設立されながら、再軍備の動きに反対して急速に進化し、運動の主力となった。

彼らが運動に立ち上がったのは、戦前の労働組合運動が戦争への動きを食い止められなかったことへの反省であった。[11]

同じ反省は知識人たちにも強くあった。とくに知識人たちのなかに強くあったのは、侵略戦争に反対できなかったどころか軍部と政府が推進する戦争を賛美する言説さえ発表したことであった。そうした戦争への加担に対する「悔恨[12]」、それが、再軍備と復古の動きに対して彼らが反対の声をあげた契機であり、多くの国民の共感を得た理由でもあった。

こうした戦争を許したことへの反省と悔悟を象徴したのが、日教組が掲げた「教え子を再び戦場に送るな」というスローガンであった。

◆改憲企図、最初の挫折

改憲に対する反対運動が盛り上がるにつれ、それまで、賛成が多数を占めていた改憲に対する世論は急速に変化し、改憲反対が多数を占めるようになった。[13]

国民世論が改憲反対に変わるにつれ、以後の選挙で、社会党など改憲に反対する政党が躍進し、改憲発議を阻むに必要な3分の1の議席を確保するに至ったのである。

50年代初頭には、日本共産党は、分裂し、分裂した一方が極左冒険主義の路線を採るなかで大衆運動に対する影響力を喪失していた。もう1つの革新政党たる社会党も、講和と安保条約の評価をめぐって、左右に分裂していた。しかし、改憲に対する国民の危惧が高まるなか、左、右社会党、とりわけ安保・再軍備・改憲に反対の旗幟《きし》を鮮明にした左派社会党が選挙の度に議席を拡大した。51年の分裂時には18議席で右派に遠く及ばなかった左派社会党は、翌52年10月選挙では54名に躍進し、53年4月選挙では右派の66名を追い越して72名に躍進し、55年の両派合同の際には右派を圧倒する議席を獲得した。[14] 憲法改正には反対の態度をとった右派社会党も議席を伸ばし、ついに55年には、統一した社会党が衆議院でも参議院でも憲法改正の発議を阻止する3分の1の議席を獲得するに至ったのである。

保守政党も、55年には、民主党と自由党が合同し――その理由の1つには改憲実現のために保守勢力が1つにまとまることがあったことは間違いない――自由民主党が結党され、憲法改正を党是に掲げたが、3分の2の議席を確保できなくなり、ひとまず、保守政党の改憲の機会は、遠のいた。

自民党の幹事長となった岸信介らは、巻き返しを図り、衆院で自民党が議席を独占できる小選挙区制の導入を図ったが、自民党独裁―改憲―復古を嫌うマスメディアの批判や市民の運動、野党の強い抵抗を受けて、小選挙区制の企図も失敗した。[15]

改憲派の最初の挫折であった。

◆余儀なくされた自衛隊の合憲解釈

改憲に手をつけた保守勢力は当初、簡単に改憲が実現すると思っていた。ところが、改憲に対する危惧が急速に拡大し、短期間で改憲を実行するのが困難になってきたため、とりあえず進行する再軍備を合憲化する「解釈」確立の必要に迫られたのである。

実は、明文改憲が阻まれたために必要となった自衛隊を合憲とする、この「解釈」が、運動と合体して自衛隊の活動に憲法上の制約を加え、憲法を軍事化の障害物たらしめる原型となったのである。ここで念のため、9条の条文を掲げておこう。

第二章　戦争の放棄

第九条　日本国民は、正義と秩序を基調とする国際平和を誠実に希求し、国権の発動たる戦争と、武力による威嚇又は武力の行使は、国際紛争を解決する手段としては、永久にこれを放棄する。

2　前項の目的を達するため、陸海空軍その他の戦力は、これを保持しない。国の交戦権は、これを認めない。

1954年12月、吉田政権に代わって政権をになった鳩山一郎首相は、改憲派であり、自衛隊の違憲、憲法改正の意欲をくり返し表明していた。しかし、鳩山率いる民主党は、当面改憲発議を行う議席をもっていなかったため、政権発足早々に「憲法9条の下でも自衛隊は合憲である」という政府解釈を確立・発表することが迫られたのである。

50年、朝鮮戦争の勃発を機に、占領軍の命令により再軍備の第一歩として創設された「警察予備隊」は、52年には「保安隊」に、54年には「自衛隊」にと成長した。

この間、政府は、予備隊―保安隊を憲法9条が禁止する「戦力」ではないと答弁するのに追われたが、その根拠は二転三転した。当初は、〝予備隊、保安隊は、軍隊ではない、警察だ〟という理由で9条2項が禁止する「戦力」であることを否定していたが、それは、すぐに難しくなった。

そこで次に、9条2項が禁止する「戦力」というには、「近代戦争を遂行できる能力」がなければならないが、保安隊はそうした能力がないから「戦力」には当たらない、という解釈に転じたのである[16]。しかし、54年、保安隊が自衛隊に改組され装備も充実してくると、こうした「解釈」も国民や議会を納得させることは難しくなった。

しかも鳩山は、政権の座につくまで、〝自衛隊は違憲だ〟として政府を追及してきたから、鳩山が政権につけば、野党が鳩山の見解を鋭く追及してくるのは火を見るより明らかだった。そこで、鳩山政権の成立とともに、自衛隊を、憲法9条が保持を禁止する「戦力」ではないとする新たな「解釈」が求められたのである。

54年12月、鳩山政権の防衛庁長官であった大村清一らにより展開された自衛隊合憲論[17]がそれであった。それは大略、次のような論理からなっていた。

(1)　憲法9条の下でも独立国として固有の自衛権を持つことは認められている。

(2)　憲法9条1項は戦争を放棄したが、放棄されるのは「国際紛争を解決する手段として」の戦争であり、他国から武力攻撃があった場合に国土を防衛する「自衛のための抗争」は放棄しておらず、憲法に違反しない。
(3)　9条2項は「戦力」の保持を禁止しているのでたとえ自衛のためでも「戦力」はもてないが、「戦力」に至らない「自衛のための必要最小限度の実力」（この時は「自衛のため必要相当な範囲の実力」と言っていた）を設けることは認められる。
(4)　自衛隊はこの、「自衛のための必要最小限度の実力」であり、憲法の禁止する「戦力」にはあたらない、というものだ。

また、それに前後して、憲法9条の下でも認められているという「自衛権」行使の要件についても、以下のように厳格に制約されているという政府見解も示された[18]。自衛権は以下のような条件の下でなければ行使できない、後にいわゆる「自衛権行使の3要件」と言われるものである。

(1)　我が国に対する急迫不正の侵害、すなわち武力攻撃が発生したこと
(2)　排除するに他の手段がないこと
(3)　必要最小限度の実力行使にとどまるべきこと

明文改憲が早急にはできない条件の下、〝自衛隊は違憲ではないか〟という国民の懸念をふまえた社会党議員らの追及に対しつくられたこうした政府解釈が、のちに自衛隊の活動を制約する根拠とし

て政府を苦しめることになるのだが、当時はそんなことは知るよしもなかった。

◆内閣法制局の登場

こうした9条についての政府解釈に携わったのが、内閣法制局であった。明文改憲が挫折して以降、9条の下で自衛隊の活動をどこまで認め、いかなる憲法上の制約があるかが、政府と護憲派の対抗の主戦場となると、その力関係をにらみつつ政府の要請と憲法上の制約の折り合いをつける内閣法制局の役割が重要となってきた。44～45頁でみた54年の政府解釈は、こうした内閣法制局の初舞台であったと言えよう。

◆自衛隊活動の制約を意図したものではなかった54年解釈

この54年の解釈について、3つの点を注意しておきたい。

第1に、この自衛隊合憲論は、憲法改正を実現するまで自衛隊をなんとか憲法9条と辻褄《つじつま》を合わせようとひねり出された「解釈」であって、当初は、決して自衛隊の活動を縛ろうと意図したものではなかったことである。この解釈をふまえて、政府が自衛隊の活動に規制を加え出すのは、60年安保闘争によって安保改定から憲法改正をねらった岸信介内閣が倒れて以降、とりわけ60年代の憲法運動の力に押されて以降のことであった。

むしろ50年代後半には、「自衛のための必要最小限度の実力」の範囲を拡張して自衛隊の活動をより自由にしようという答弁が相次いでいた。

たとえば、56年には、他国から「誘導弾等」（いまでは弾道ミサイルといわれる）による攻撃を受けた場合には「座して自滅を待つべしというのが憲法の趣旨」とは言えない、「他に手段がないと認められる限り、誘導弾等の基地をたたくことは、法理的には自衛の範囲に含まれ」可能だという答弁が[19]なされた。いわゆる敵基地攻撃も憲法上可能だという解釈である。

また、核兵器保有についても、57年には、岸首相は「核兵器と名がつけば、すべてこれは憲法違反だという議論も、これは……行き過ぎじゃないか」。核兵器といえども「自衛権の範囲」のものであれば保有できると答えていた。[20]

◆政府は「芦田解釈」を採らなかった

54年政府解釈について注意しておくべき第2点は、確かにこの時点で政府―内閣法制局は、自衛隊の活動に憲法上の制約を課す意思がなかったとはいえ、当時有力であった、いわゆる芦田解釈を採用しなかったことである。

この芦田解釈とは何か、あとでもまたたびたび登場してくるので、ここで解説しておきたい。

芦田解釈とは、憲法制定に向け審議を行った衆議院の帝国憲法改正特別委員会の委員長であり、その下で修正案懇談のために設けられた小委員会の委員長でもあった芦田均《ひとし》により精力的に唱えられたもので、以下のような理屈で、自衛隊は合憲だというものだ。

(1)　憲法9条1項は「国際紛争を解決する手段として」の戦争や武力行使、つまり侵略戦争のみを否定しているのだから、自衛のための戦争は否定されていない。

(2)　9条2項は冒頭で「前項の目的を達するため」に「戦力」を持ってはならないと書いてあるのだから、自衛のためなら「戦力」は持てる、という議論であった。

一見すると、先に見た、政府の解釈と大差ないように見えるが、政府解釈と芦田解釈とでは決定的ともいえる違いがあった。なぜなら、芦田解釈によれば、「自衛のため」とさえ言えば、戦争や武力行使も自由、海外派兵だろうが集団的自衛権行使だろうがなんでも認められる。また、自衛のためなら核兵器だろうが航空母艦だろうが自由に持てる。政府側にとってみれば、この「解釈」さえとれば、なにも改憲しなくとも、何でもありとなる――そういう「解釈」だったのである。

ではこれがなぜ芦田解釈と呼ばれるのか？　それは、この解釈の決め手となる9条2項の頭の言葉「前項の目的を達するため」という文言が、芦田均の提案で入ったからである。

この文言は、もともと憲法改正政府案にはなかった。これに芦田が、小委員会の審議において、9条2項原案の冒頭にこの文言を入れることを提案し挿入されたのである。[21]

制定当時はなにもいわなかった芦田が、50年代に入って再軍備と改憲論議が盛んになってくると、〝実はこの文言は、現行憲法の下でも自衛のためなら軍隊を持てるように自分が故意に入れたのだ〟

と「真相」を発言するに及んで、この解釈は芦田の名を冠して呼ばれるようになったのである。

それはともかく、「自衛のため」であれば、自衛隊をどんなに大きくしようと、自衛隊が海外派兵をしようと自由ということになるこんな「便利な」解釈を、なぜ政府＝内閣法制局は採用しなかったのであろうか。

それは、この「解釈」をとると、そもそも憲法の中に9条を入れた意味が全くなくなるからであった。

実は、1954年当時、保守党や政府部内には芦田解釈に依拠して自衛隊を合憲とすることに賛成のメンバーも少なくなかった。この「解釈」さえとれば、手間をかけて改憲をする必要もなく自衛隊を大きくすることができるからだ。その声のなかで、法制局が頑張ってこの「解釈」を退け、自衛隊＝自衛のための必要最小限度の実力論を採ることが決まったのである。[22] 法制局には、そのような9条の意味をなくすような「解釈」はとれないという見識があったからである。

その結果、政府は、9条2項はたとえ自衛のためであっても「戦力」保持を禁止している、憲法9条の下で持てる軍事力は無制限ではなく、「自衛のための必要最小限度の実力」にとどまり、この限度を超えたら憲法が禁止する「戦力」になり許されない、また、9条1項で戦争や武力行使を放棄しているから、たとえ「自衛」のためであっても、敵の武力攻撃を受けて初めて反撃できるという制限があること、などを認めるようになったのである。

それが、のちに運動の力と相俟《あいま》って、自衛隊の活動に大きな制約をかけることになったのである。

(4)　60年安保闘争による50年代改憲の挫折——国民が憲法を選び直した！——

政府は、こうした解釈を採用したものの改憲をあきらめたわけではなかった。近い将来、改憲をして正々堂々と軍備を持つつもりであった。

現に先ほど紹介した、自衛隊の合憲を謳《うた》う政府統一見解を答弁した際も、政府は、〝早晩改憲をやりますよ〟と、堂々と予告していたのである。

「憲法9条については、世上いろいろ誤解もあるので、そういう空気をはっきりさせる意味で、機会を見て憲法改正を考えたい[23]」と。

鳩山首相も、憲法改正に執念を燃やしたが、先に述べたように（42頁）、衆議院で自民党が3分の2をとるために仕組んだ小選挙区制が挫折してしまったためあきらめた。

それを実行に移そうとしたのが、岸信介内閣であった。この岸内閣の企図が、安保闘争という国民的運動の力で潰されたことから、自民党政権は改憲をあきらめさせられ、憲法が定着をみることとなったのである。

◆岸内閣の思惑

岸信介内閣は、改憲に並々ならぬ意欲を持った、50年代の改憲の頂点に立つ内閣であった。しかし、衆参両院で護憲の立場に立つ社会党が3分の1を占めている状況では改憲発議はできないので、岸内閣は、安保条約の改定を先行させる方針を採った。

条約改定は、一方でアメリカの日本防衛義務を明示するなど旧条約の「不平等」を是正することで米軍の基地使用を安定的に保障するとともに、日本国内の米軍に対する攻撃に対しては日米共同対処を義務づけることで、条約の日米軍事同盟としての側面を強化することをねらったものであった。

岸の思惑では、安保改定で日米同盟の対等化を謳い、それを一層完全な対等の軍事同盟条約にするためには9条改正を実現して集団的自衛権行使も可能な軍隊を持つことが必要だ、という段取りで改憲を提起するという予定であった。ところが、岸の予想を覆す運動が巻き起こった。

◆安保闘争の昂揚が岸内閣を倒した

岸内閣の安保改定の企図に対して、国民のなかからは、〝戦争が終わってまだ15年しかたっていないのに、今度は、アメリカに追随して戦争する体制をつくろうとしているのでは〟、という危惧がふくらんだ。アジア・太平洋戦争の開戦時東條内閣の閣僚であったため戦犯容疑者として巣鴨に収容されていた岸の経歴とも相俟って、安保改定は日本を再び戦前の軍国日本へ逆戻りさせるのではという広範な市民の懸念を掻き立てた。

安保闘争が盛り上がり、岸内閣は改定条約の批准は強行したものの、国民の声で総辞職を余儀なくされたのである。

◆安保闘争の時期区分

この安保闘争は、岸内閣を倒すことで自民党政治を転換させ最初の改憲の波を挫折させた。国民が自らの声で憲法を選び直したたたかいであった。その視点から、少し詳しく経過を検討しよう。

安保闘争は、運動という点から見て、安保条約改定阻止国民会議の事務局長であった水口宏三《みなくちこうぞう》が行った時期区分[24]を参考に、４つの時期に区分できる。その時期別に運動の発展と推移を見てみよう。

第１期　安保の前段闘争期　岸内閣が安保改定の交渉に乗り出したのは、１９５８年10月であったが、それから「安保条約改定阻止国民会議」（以下、安保国民会議と呼ぶ）が結成される59年３月までは、安保闘争前史に当たる。ここでは、戦後初の社共共闘の結成に至る２つの経験があった。

１つは、岸内閣の手ですすめられた、「勤評」に対する反対闘争であった。岸内閣の下で自民党・文部省は、教育に対する官僚統制と日教組の組合運動つぶしをねらって、57年愛媛県を皮切りに教師に対する勤務評定の実施に踏み切った。評定の基準に組合加入の有無を入れ組合員に低い査定を行い差別的処遇を課すことで、組合からの脱退をはかったのである。それに対し、１９５７年12月、日教組は「非常事態宣言」を発して反対運動を強めたが、この運動は、たんに労働組合のみならず地域の教育を守ろうという声の下父母を含めて幅広い共闘組織がつくられ、これが安保闘争における地域共闘に結びついた。あとで検討する「戦争法」反対の共同が、それまでの九条の会の運動などが母体となってつくられた広範な地域の共同を基礎に発展したことに類似している。

もう1つが、岸内閣が、安保闘争対策をにらんで58年9月に出してきた警察官職務執行法改正に対し、警職法反対国民会議が結成され、短期間のうちに盛り上がり、警職法改正を挫折させた経験である。ただし、警職法反対国民会議の参加団体はいずれも社会党支持団体にとどまっていた。共産党や共産党支持団体の加入については、国民会議に参加する、全労、新産別というナショナルセンターが強く反対したばかりか、社会党も反対だったために入っていなかった。けれども、この成功経験を安保へという試みが、安保国民会議結成の糸口となったのである。

第2期　交渉反対・調印阻止期　警職法改悪の挫折もあって自民党内で岸反対の派閥闘争が激化し、一時安保改定の日米交渉は止まるが、59年4月、交渉は再開した。それに照準を合わせるように、59年3月28日、安保国民会議が結成大会を行う。これを機に、60年1月19日の条約調印まで安保闘争は第2期に入った。

この時期に、総評のイニシアティブで、社会党、共産党、それに総評の3者を中心に、安保条約の改定阻止の一点で安保国民会議という戦後初の共闘組織が結成された。当時衆議院で167の議席をもつ社会党、衆議院では1議席だったが大衆運動や地域に強い影響力をもつ共産党、そして平和のための闘いにも大きな動員力をもっていた総評がはじめて共同したのである。

あとでくわしく検討するように、安保国民会議は13の幹事団にオブザーバーの共産党を加えた幹事団会議で方針を決定し、精力的に統一行動を組織した。特に、岸内閣によって条約改定の調印の危機が迫る59年11月27日の第8次統一行動には8万人が集まって、盛り上がりを示し、安保反対闘争は新たな局面に入った。

第3期　批准阻止・国会審議期　安保条約調印のあと、条約批准をめぐって、闘いの舞台は、国会の中と外の大衆運動の2本だてで盛り上がった。[25]

改定条約批准阻止に向け、社会党は、13人の議員で安保特別チームを作り、条約の危険性を追及していった。まずは、「極東」の範囲であった。安保条約第6条は、米軍が日本の安全のみならず「極東における国際の平和及び安全の維持に寄与するため」にも基地を使用することを認めていたが、ここで言う「極東」とは何かが問題にされたのである。そこに中国やあるいはソ連領とされた北千島が入れば、アメリカとソ連、中国との戦争の基地となり、日本が戦争に巻き込まれる危険が発生する。しかも、この場合「極東」とは米軍の行動範囲を示すものではなく、「極東の平和及び安全」のためなら、米軍は「極東」以外にも出撃できるのではないか、という条約の危険性も追及された。政府は、日替わりのように答弁を修正したため、条約の危険性が一層印象づけられた。

また、安保条約第5条は「日本国の施政下にある領域における、いずれか一方に対する武力攻撃」に日米が共同で対処することを定めていたが、米軍の攻撃に対する「敵国」の反撃で米軍基地が攻撃された場合、自衛隊が出動するのは、「集団的自衛権」に当たるのではという追及も行われた。

さらに、５月５日には、とんでもない事件が世界を震感させた。日本にも配備され、ソ連等への情報収集を行っているのではと追及されていた、米軍のＵ２型偵察機がソ連領内で撃墜されたのである。この事件も、条約第６条の危険性に絡めて追及された。「極東の平和と安全」などという口実による米軍の活動により、日本が意思に反してアメリカの行う戦争に巻き込まれるのではないか、という追及であった。こうした国会での追及は、国民に改定条約の危険性を浸透させるのに大きな力となった。

同時に、国会と連動しながら、国会外での安保国民会議の行動も盛り上がりを見せた。11月28日の第８次統一行動以後、自民党は国会周辺のデモ規制法案の提出をちらつかせ、デモができない状態であったが、４月に入り、請願行動という形で国会周辺へのデモが復活した。国会の審議の山場で強行採決の危険が出てきた、４月26日の第16次統一行動では、請願署名をもった労働者や市民７万５０００名が終日国会を取り囲んだ。

この第３期には、安保国民会議は国民に安保条約の危険性を訴えるため、「安保改定阻止・生活と権利を守る大行進」を地方に提起した。この大行進に合わせ、請願署名運動、手紙運動も提起された。山場を迎えて、改めて地域の取り組み、共闘の拡大が追求されたのである。この時点で、地域の安保共闘は７５０にのぼっていたが、[26] この行動の中で急速に増え１２００に達した。

この時期には、三井三池炭鉱の合理化に反対する三池闘争が山場を迎えていたが、「安保」と「三池」は連動して岸内閣の政治に反対するうねりとなった。

こうした条約反対の運動の昂揚に岸内閣は焦った。当初岸内閣は安保改定を国民は容認すると楽観しており、むしろこの成果を宣伝して、一気に改憲へと向かう予定であった。そのため、条約批准が見込まれる6月にアメリカ大統領アイゼンハワーの来日を設定し、日本の戦後復興が終わり大国への一歩を踏み出すセレモニーにしようとはかった。[27]天皇を羽田まで出迎えに行かせ、アイゼンハワー大統領と沿道をパレードする計画もたてられた。ところが、安保闘争の盛り上がりは、アイク訪日までに批准を完了しなければならない重しとなってきた。そこで、岸内閣は、アイク訪日から逆算して、5月19日、衆院での強行採決に踏み切ったのである。

第4期　批准阻止、岸内閣打倒、国会解散期

国会の外では安保国民会議の請願デモが包囲し、国会内では物理的抵抗も辞さない議員を前に、500名の警官隊を国会に導入しての強行採決であった。

これを機に安保闘争は新たな局面に入った。第1は、強行採決によって、安保条約の賛否を越えて、岸内閣の民主主義破壊への怒りの声が湧き起こったことだ。19日以後、いままで散発的に登場していた市民層が大量に集会、デモに参加するようになった。20日以降、デモの人数はふくれあがり、5月26日の統一行動には17万5000名が参加した。第2に、学者・文化人が、民主主義擁護を掲げて立ち上がったことだ。5月24日、安保批判の会と安保問題研究会の共催で集会がもたれたが、最初のスローガンは、「たちあがれ、民主主義の擁護に！」[28]であった。第3に、いままで総評の組織動員であった労働者たちもこれ以降、自主的動員に切り替わった。

こうした未曾有の盛り上がりに、自民党内反主流派も岸内閣の暴挙に反対して声をあげ始めた。安保国民会議はこの山場に、批准成立前の岸内閣総辞職、国会解散による批准阻止をめざして、労働組合のゼネストを戦術の中心にすえた。こうして、6月4日、戦後初めて、「安保批准阻止、岸内閣打倒」を掲げてゼネストが敢行されたのである。早朝からのストライキは、各ターミナルに国民会議に結集する労働者や市民が集まり整然と敢行された。参加者は、総評系労組57単産360万、中立系労組19単産100万、民主団体50万、中小企業関係50万、計560万人が参加した。

また、条約批准にあわせて来日が予定されていた、アイゼンハワー大統領の訪日反対が初めて掲げられた。6月10日、下見に訪れたハガチー報道官に対して、労働組合員や学生が取り囲むという事件も起こった。アイク訪日反対とハガチー事件を機に、運動の対象として、アメリカがすえられるようになった。

6月19日の安保条約の自然承認、同日のアイク訪日を前に、労働者、学生、市民の声は異様に高まり、安保国民会議は15日、2度目のストライキを敢行した。この日の国会前では、くぎのついた棍棒をふるっての右翼・暴力団による市民の集団への襲撃、また、安保国民会議の決定を無視し「耳目聳動《じもくしょうどう》」をねらう指導部に牛耳られた全学連学生による「国会突入」、それを口実にした警官隊の暴力的規制、そして女子学生樺《かんば》美智子の死亡、という事態が起こった。[29] 6月18日には国会前に33万人が押し寄せた。

国民の声に取り囲まれ、警察は、これ以上警備に責任をもてないと進言した。激怒した岸は自衛隊出動で事態の強行突破をはかろうとしたが、防衛庁長官の赤城宗徳は出動命令を出すことを拒否した。[30] 万策つきた岸首相は条約批准を待って総辞職する決断を余儀なくされたのである。

◆安保闘争はなぜ昂揚したのか――その１・共同の力

では一体、安保闘争はなぜ、こんな盛り上がりを示したのであろうか？

この安保闘争昂揚の要因の第1は、戦後初の共同の力であった。安倍政権の安保法制に立ち向かった共同と比較して、安保闘争における共同の特徴を3つ指摘しておきたい。

戦後初の社共共闘　第1の特徴は、安保闘争においては「安保条約改定阻止国民会議」という形で、変則的ではあるが、社会党、共産党、総評という2つの革新政党と労働組合のナショナルセンターの直接の共同が成立し運動を領導したことである。

警職法反対闘争で警職法反対国民会議が大きな役割を果たしたが、そこでは先に述べたように（53頁）、共産党は排除されていた。

しかし、安保闘争で大きな闘いを組織するのに、〝共産党抜きでは〟という総評のイニシアティブで、社会党の反対を押し切って共闘が結成された。社会党は、安保国民会議の幹事団体に共産党を含めないことを条件に国民会議への参加を決定し、[31] その結果、共産党は幹事団体にはなれず幹事団体会議にはオブザーバーとして参加することになった。それでも、総評の積極的働きかけがなければ、間違いなく共闘はできなかったし、[32] 安保闘争はかくも大きな運動にはならなかった。

この国民会議の決定は幹事団体会議で決められた。確かに、共産党はオブザーバーだったが、幹事団体会議には出席自由、決定は幹事団体13団体、共産党も含めた全員一致によりなされたから、事実上、戦後初の社共共闘が実現したのである。また、中央の国民会議に続いて地方でつくられた共闘では多くのところで共産党は正式に加盟していた。国民会議はのちに頻繁に、全国代表者会議を開き、地方の意見集約と決定の伝達を行ったが、これが事実上の総会の役割を果たした。この国民会議が、その指導性を批判されながらも、22次にわたる統一行動を組織し、安保闘争を指導したのである。

地域の共闘　共同第2の特徴は、安保共闘が地域の共闘に支えられ、それを基盤に国民的広がりをもったことである。この地域の共闘組織が最終的には、2000に達し、最終盤の闘争の昂揚をつくり出したのである。のちに検討するように、「戦争法」反対の共闘でも地域の共闘が大きな役割を果たしたが、60年安保闘争の地域共闘の特徴は、その組織の中心に地区労、地域の労働組合が座っていたことである。それと共闘のもう一つの力が共産党の地域活動であった。[33]

労働組合がイニシアティブ　共同第3の特徴は、この共同の成立の蝶番《ちょうつがい》となり、また、国民会議の提起した集会、デモの動員の主力を担ったのは、総評と総評に結集する労働組合運動であったことである。

総評傘下の労働組合、とくに国労や日教組、自治労、全逓など公共部門の組合のみならず民間大企業の労働組合もが、安保闘争に参加した。その背景には、当時はまだ企業社会が成立しておらず、労働者、労働組合が企業内に取り込まれていなかったことがあげられる。職場での組合活動や、企業の枠を越えて平和や民主主義のための闘いに参加することは当然とする雰囲気が広範に存在していたのである。[34]

「戦争法」反対の共闘の場合には、あとでみるように、共闘の蝶番となったのは、労働組合とともに市民運動であったが、60年安保闘争の場合には、市民運動の力は、まだ成立したてであり、むしろ、60年安保闘争が市民運動の出発点をなした。

◆安保闘争はなぜ昂揚したのか——その2・平和と民主主義の合流

安保闘争が未曾有の昂揚をつくり出した第2の要因は、安保共闘によりつくられた安保反対運動の昂揚が、岸内閣の強行採決を機にもう1回り大きな運動に発展したことである。

先に見たように、岸内閣は、60年5月19日、警官隊を国会に導入し、衆院での強行採決を行った。これを機に、安保に反対する労働者や市民、学生に加え岸内閣の暴挙を「ファシズム」と捉え反対する知識人、市民の声が合流し、国会前のデモは一気にふくれあがった。「平和」と「民主主義」の合流が起こったことだ。

丸山真男や竹内好《よしみ》ら知識人たちは、5月19日を境に運動は、安保条約改定阻止のたたかいから民主主義擁護のたたかいに移行したと訴えた。たとえば、強行採決に憤激して、都立大学教授を辞任した竹内は、6月2日、「民主主義を守る全国学者・研究者の会」主催の「民主主義を守る国民の集い」で講演し、こう語った。

「この戦いは民主主義か独裁かという非常に簡単明瞭な対決の戦いであるということであります。……ファシズムが日毎に成長しております。……なるほど安保の問題からこの問題がでてまいりました。しかし、論理の順序から申しますと、まず何を置いても民主主義を再建しなければなりません。安保の問題はその後に延ばせばよいのです。いま安保がよいかわるいかということを論じているのは無益です」[35]。

こうした問題提起は国民会議の運動に、混乱をもたらした。こうした意見に対し、国民会議に参加する社会党や総評、共産党は、あくまで安保条約改定阻止のたたかいを主としながら広範な民主主義擁護の人も加わるたたかいを、と主張し、こうした意見には反対した。他方、全学連指導部や清水幾《いく》太郎《たろう》らは、こうした民主主義擁護のたたかいの意義を全面否定し、安保条約改定阻止一本のたたかいを主張した。

知識人たちが、民主主義擁護の一点で市民に結集を呼びかけたことの意味は大きかった。しかし、国民会議が、安保条約改定阻止の主張を降ろすことはできなかったし、すべきでもなかった。岸内閣の乱暴な民主主義の蹂躙は、何としても安保条約を改定したい、という執念に基づくものであり、安保強行と民主主義破壊は一体であったからだ。運動側から見ても、平和か民主か、の二者択一ではなく、平和と民主の声が相乗しあって昂揚をつくり出していたのである。

逆に、全学連指導部の唱えた「民主主義ナンセンス」論も、民主主義破壊に対する市民の怒りの強さを見ない誤った方針であった。5月19日のあと、さまざまな形で市民たちが立ち上がった。たとえば、5月19日の強行採決に怒って、20代の文学者・芸術家のグループ「若い日本の会」が、30日に抗議集会を開き300人の市民が集まった。会のメンバーには大江健三郎のような安保反対派も、江藤淳や石原慎太郎などの賛成派もいるなかで、強行採決反対「民主主義よ、よみがえれ」という一点で立ち上がったのである。集会に参加した石原がインタビューに答えて、こう語ったことは、当時の民主主義擁護の声の広がりを象徴していた。

「私は集会とか、デモに背をむける人間だが、こんどばかりは越えさせられぬぎりぎりの一線を感じて立ち上がった」「われわれはまずとなりの人に意志を伝えよう。そうしてネズミ算のようにそれをひろげてゆこう[36]」。

こうしたさまざまな議論を含みながら、その意見の違いもエネルギーとなって、たたかいは「平和」と「民主」の声が合流しかつてない広がりを実現したのである。安保法制反対の共同で、「平和」と「立憲主義擁護」の合流が起こったのと類似の状況が生まれたのである。

◆戦前への復古と戦争を忌避する国民意識

安保闘争の昂揚をもたらした、第3の、しかももっとも基底にある要因は、この共同を支えた原動力として、〝再びあの悲惨な戦争をくり返してはならない〟〝あの戦前の軍国主義の時代への復古はいやだ〟というかつての戦争と軍国政治に対する忌避と嫌悪の思いが運動に参加した人々のみならず、広範な国民の間でも共有されていたことである。まだ戦争が終わってから15年しかたっておらず、多くの国民は戦争体験の記憶を強く保持していた。この思いが安保条約改定、憲法の改正、それを推進する岸信介に対する警戒の念を引き起こし、安保闘争に対する広範な共感を形成したのである。

このたたかいは、安保条約の改定を阻止することはできなかったが、岸内閣を倒すことで改憲の攻勢を挫折に追い込んだのである。国民は自らの声と力で岸内閣のもくろむ改憲を断念させることにより、憲法を選び直したのである。

2　明文改憲断念の30年
――軍事化阻む壁となった9条――

(1)　自民党政治の転換と改憲消極政策

この運動の昂揚を目にして、自民党政権は改憲を断念せざるを得なくなった。50年代に昂揚した改憲の企図は、安保闘争によって最終的に挫折を余儀なくされたのである。

◆復古と改憲の断念
自民党は、安保闘争の昂揚に、国民の強い戦争忌避意識、あの暗い戦争の時代の独裁と統制の記憶に対する警戒を感じ取った。

安保闘争から35年ものちの中曽根康弘の言説は、いかに当時、自民党の衝撃が大きかったかを物語っていた。

「これだけ一生懸命（改憲を——引用者）やっているのに、どうして国民はわかってくれないのか……そう思いました。しかしじっくり反省してみて、これは人間の壁というか、市民社会の岩盤ができたということなんだと思いました。私は海軍士官から政治家になって、そのままずっと、どちらかといえば国家の側、治める側にいたわけですが、治められる国民の側に立ってみると、戦前戦中にわたっていろいろな統制があり、官憲に威張られたり、非常に苦労してようやく平和と自由が得られたわけで、この平和と自由は絶対手放さないという意思が戦後の日本人の中にあった。与えられたものにせよ、この自由と平和を手放すまいとかたくなに考え、また、一国平和主義の扇動に乗った。そういうことを治める側にずっといたわれわれは気がつかなかった[37]」と。

こうした反省から、自民党政治の転換が始まったのである。岸の後を継いだ池田勇人《はやと》政権は改憲政策を断念した。

選挙の度、池田首相は改憲消極姿勢を明確化していき、ついに63年11月の衆院選に際して、「在任中に改憲はしない[38]」と断言した。復古主義政策を続けると、内閣だけでなく自民党政権自体が危機に瀕するというのが転換を促した要因であった。

◆憲法調査会の変貌と挫折

岸内閣の時に改憲案をつくって国会に提案することをめざして設置された政府の憲法調査会にも、こうした自民党政治の転換を受けて大きな変化が現れた。

もともと改憲案をまとめて政府に答申することを目的につくられたはずの調査会内に、何と会長の高柳賢三を筆頭に、改憲消極派が台頭し、改憲派との対立が激化したのである。また、同じ改憲派のなかでも、60年安保闘争を眼のあたりにして、国民の警戒する9条の改憲は避けるべきだという議論が台頭し、改憲派自身の分裂が起こった[39]。その先頭に立ったのが中曽根康弘であった。

こうして、64年に政府に提出された調査会報告書は、改憲賛成、反対の各論者の意見を平等に紹介し、改憲の方向すら打ち出せずに終わった。その後30年、自民党政権は、改憲を封印せざるを得なくなったのである。

◆アメリカも改憲消極方針を容認

アメリカ政府も、安保反対闘争の昂揚に驚いて対日政策を転換せざるをえなくなった。アメリカ大統領の初めての訪日が、安保闘争の結果、フィリピンから引き返す形で中止を余儀なくされたことは衝撃であった。60年には韓国で「4月革命」が起こり、李承晩《イスンマン》政権が打倒されていた。安保闘争も放っておけば、日本の中立を招きかねない危機に見えた。この上、日本でも「革命」が起こることは何としても避けねばならなかった。

アメリカは、日本に対する改憲・防衛分担要求を控えることを容認した。国民の反米感情を抑えるべく、ライシャワーが大使として赴任した。

実は、アメリカにとって一番大事なことは、極東戦略の最前線たる米軍基地の自由な使用の確保であった。

条約調印直前の１９５９年12月16日に手に入れた、砂川事件最高裁判決での安保条約合憲判決[40]と、安保条約の改定によって、日本の米軍基地とそれを拠点にした米軍の軍事作戦活動は保障された。しかも、安保条約改定に伴う密約で、米軍は、「有事」における核持ち込み、日本からの直接の出撃の保障も確保していた。[41]アメリカ政府は、これで満足したのである。

この政策は、30年後の冷戦終焉《しゅうえん》後に、アメリカが米軍基地使用にとどまらずアメリカの戦争への自衛隊の加担を求めるようになって、再び転換し、アメリカは日本に対して強い改憲の圧力を加えるようになるのである。

(2)　平和運動の昂揚と自衛隊の活動を制約する政府解釈の形成

改憲を断念するとなると、憲法９条の下で、安保条約も自衛隊も維持していかねばならない。それまでは、〝来るべき改憲までの短期のつなぎ〟と考えられた自衛隊の合憲についての政府解釈も性格を変えざるをえなくなった。

◆60年代の平和運動の圧力──3つの力

改憲を断念した政府に、市民の運動による新たな圧力が加わった。安保闘争で立ち上がった平和運動は、その後、一層昂揚を持続し、米軍基地反対や自衛隊に対する反対の運動を強めたからだ。

ベトナム反戦運動などの大衆運動　この時代の平和運動は3つの分野でたたかわれた。その第1の分野は、労働組合や市民による大衆運動であった。ひとつはベトナム侵略戦争反対運動の昂揚であった。1965年以降、アメリカがベトナムへの全面介入に踏みきり、日本がその拠点となったことに対し、ベトナム反戦運動と米軍基地からのベトナムへ向けての出撃に反対する闘争が昂揚した。

沖縄返還闘争も盛り上がった。さらに、69年、佐藤内閣が沖縄返還を取り決めた日米共同声明において、沖縄がアメリカの極東戦略上果たしている役割を承認したことは、アメリカの戦争への加担に危機感をもつ運動の昂揚をもたらした。

こうした大衆運動の昂揚は政治に対しインパクトを与えた。ベトナムへの全面介入とともに、アメリカのジョンソン政権は、アジア諸国にベトナムへの派兵を求め、韓国も最大時5万人の部隊をベトナムに送り込んだが、佐藤政権は、9条と国内での運動を顧慮して派兵要請を断らざるをえなかった。

自衛隊違憲裁判　第2の分野は、恵庭《えにわ》、長沼と相次いだ自衛隊違憲裁判の闘争であった。はじめは恵庭裁判であった。この裁判は、市民が起こしたものではなかった。1962年12月、自衛隊の度重なる実弾射撃演習のために家畜に大きな被害を被ってきた牧場経営者の野崎兄弟が止むにやまれず、演習場内に立ち入り自衛隊の通信線を断ち切ったことに対し、検察側が自衛隊法121条の「自衛隊の使用する防衛の用に供するもの」の損壊罪に当たるとして訴追してきたことで始まった裁判であった。検察側はあえて被告を自衛隊法違反で起訴することで、自衛隊の合憲判決を獲得しようとねらったのである。[42]

ところがそれに対抗して、被告側はこれを自衛隊の違憲な実態を明らかにする憲法裁判に変えた。多くの弁護士や憲法学者が手弁当で訴訟支援に入り、自衛隊違憲を立証するために現職自衛隊幹部等の証人申請が行われた。とくに、この裁判中の65年2月、自衛隊の内部で行われていた朝鮮半島有事における対処の図上演習「三矢作戦計画」が国会で暴露されると、被告側はその統裁者であった統合幕僚会議事務局長の田中義男陸将を証人申請し、その証言が実現し自衛隊の実態暴露に大きく貢献した。判決は、違憲判断を回避する肩すかし判決であったが、裁判では自衛隊が9条に違反する軍隊であるかないかが正面から争われ、政府は窮地に追い詰められたのである。

1969年、長沼町民が原告となって起こした長沼裁判では、自衛隊のナイキ基地建設のための国有保安林の伐採の違憲性が問われた。[43]原告側弁護団は、当初24人が最終的には454人の大弁護団にふくれあがり、文字通り進歩的弁護士の総力を結集した取り組みとなった。

自衛隊の違憲判断が出るのではという危機感に駆られた自民党によって大規模な司法反動の攻勢がかけられたにもかかわらず、1973年、一審の札幌地裁は原告住民の「平和的生存権」を認め、自衛隊の実態を詳細に検討し自衛隊の違憲判断を下した。[44] 判決を下した裁判長の名前をとった、福島判決は2審で覆されたが、政府に甚大な衝撃を与え、自衛隊拡充政策に歯止めをかけたのである。

さらに、殉職自衛官の護国神社への合祀《ごうし》を、キリスト者であるその妻が違憲として争った自衛官合祀拒否訴訟は、それまで自衛隊が着々と進めてきた、護国神社への合祀や、地域での宣伝活動などに歯止めをかけた。[45]

議会における野党の追及　運動の第3の分野は、社会党、共産党、ときに公明党も加えた議会での政党の追及が、政府の「小国主義」政策を促進し9条の具体化の大きな梃子となったことである。毎年の予算審議に際し、憲法裁判で明らかになった実態を使いつつ、革新政党は、自衛隊や政府の外交、安保政策を追及し予算の通過と交換に政府はさまざまな制約を承認せざるをえなくなったのである。

特に政府を苦しめたのは、アメリカのベトナム侵攻に全面的に加担し、米軍の補完の役割を強める自衛隊に対する反対運動や自衛隊違憲裁判の運動と国会での追及とが連動したこと、つまり3つの分野の運動が連動したことであった。

国会でも、裁判においても、政府が主張してきた、〝自衛隊は「自衛のための必要最小限度の実力」であるから憲法が禁止している「戦力」ではない〟、などという「解釈」を裏切る事実が次々暴露され、政府を苦しめたのである。

その最大の事例は、1965年2月10日の衆院予算委員会で暴露された、自衛隊の図上演習「三矢作戦研究」であった。[46] この演習には田中義男統幕事務局長を中心に陸、海、空53名の佐官クラスが参加し、朝鮮半島における紛争に際し、国連軍の名目で出動する米軍と「自衛隊が朝鮮戦線支援のために……共同作戦を実施」することが計画されていた。当然の前提として自衛隊は、「国連軍」の一員として朝鮮半島に出撃することが見込まれてもいた。また、1966年に暴露された「ブルラン作戦計画」は、第2次朝鮮戦争勃発時における自衛隊の米軍支援、共同作戦をより具体化していたが、そこでは自衛隊が「すみやかに国連警察軍となる」こと、戦闘状態に入った後は、「指揮権はアメリカ側に属する」ことが明記されていた。[47]

しかも自衛隊は、米軍事顧問団などを通じ、現にベトナムで軍事作戦を展開していた米軍の従属下にあり、また頻繁な共同演習を行っていた。

これら自衛隊の実態は、自衛隊が「自衛のための必要最小限度の実力」だという政府の説明とははるかにかけ離れた存在であることを明らかにしたのである。

◆自衛隊の活動に対する諸制約の形成

こうして政府は、自衛隊違憲の声に対応するためにも、自衛隊が9条2項の禁止している「戦力」ではないという主張を補強する必要に迫られ、政府の解釈というかたちで自衛隊の活動に対する諸制約を明示することを強いられたのである。

大きく2つの制約が改めて確認された。

集団的自衛権行使の禁止　1つは、後々大きな問題となる「集団的自衛権」行使の禁止である。この点は、すでに安保条約改定に際して、米軍に基地を提供することや在日米軍基地への他国からの攻撃に自衛隊が反撃することが、米国との集団的自衛権を認めることになるかどうかという形で問題になっていたが、沖縄返還、日米共同声明にかかわって日本がアメリカの戦争に一層深く加担するのではという疑念から大きな争点となった。

政府は、沖縄の施政権が返還された1972年の答弁書において、集団的自衛権行使禁止をうち出した。答弁書はまず、「集団的自衛権」を、外国に対する武力攻撃に、武力＝「実力」で応戦するというように限定して定義づけた[48]。その定義とは、「自国と密接な関係にある外国に対する武力攻撃を、自国が直接攻撃されていないにもかかわらず、実力をもって阻止する権利」というものであった。

その上で、こうした集団的自衛権行使は憲法で認められていないとしたのである。こういう理由で、である。

憲法9条の下で認められている自衛権行使は、「あくまで外国の攻撃によって国民の生命、自由及び幸福追求の権利が根底から覆されるという急迫不正の事態に対処」する措置としてのみ容認される。だから、「他国に加えられた武力攻撃を阻止することを内容とするいわゆる集団的自衛権の行使は、憲法上許されない[49]」というのである。

自衛隊の海外派兵の禁止

また、自衛隊の海外派兵についても、この時期、政府はこれを否定することを明示した。自衛隊の海外派兵は従来から、他国からの侵略に対する反撃の地理的限界として論じられていた。たとえ侵略に対する反撃であっても、自衛隊が「敵兵」を追って、たとえば朝鮮半島に進攻することはできないとされたのである。

政府は、「海外派兵」を、自衛隊の海外出動一般と区別して、「武力行使の目的を持って武装した部隊を他国の領土、領海、領空に派遣すること」と狭く定義した上で、こうした行為は、先に示した（45頁）自衛権行使の第3要件「自衛のための必要最小限度」を超えるものであり憲法上許されないとした。[50]

先にふれたように、この当時アメリカが日本に強く求めていたのは米軍の軍事行動に日本の基地を自由に使用できることであって、集団的自衛権行使による自衛隊の米軍軍事行動への加担とか海外派兵は強く求められていなかった。あるいは、たとえ、アメリカが自衛隊の武力による加担を求めても、国民の強い反発でできないことは、アメリカも自民党政府も十分自覚していたから、この時点ではこうした政府解釈はアメリカからの強い反発を買うことはなかった。そのため、政府としては、自衛隊の活動の合憲性をいうために、こうした制約を設けてもさしたる「実害」はないと考えていたふしもある。

しかし、当時の野党の追及によってつくられた自衛隊活動に対する制約は、90年代以降になると、政府の行動を縛る大きな足枷《あしかせ》となったのである。

◆自衛隊の装備・編成に対する制約

この時代には、自衛隊の活動のみならず、その装備・編成についても、憲法上の制約が設けられた。日本が保有しうる「自衛力」は、9条2項の制約から「自衛のための必要最小限度の実力」の範囲に止まるものとされたが、その装備・編成が「自衛のための必要最小限」か否かの範囲は、「その時々の国際情勢や軍事技術の水準その他の諸条件により変わりうる」[51]とされた。

現に、この時代には、第1次、第2次、第3次、第4次にわたる年次防衛力整備計画により、年率10％以上のスピードで防衛費もふくらんでいったから、自衛隊の装備・編成に対する9条の制約はザルのようにみえたが、それでも軍事化に反対する野党の追及を受けて、以下のような制約が明示された。

1つは、ＩＣＢＭや長距離戦略爆撃機のような「性能上もっぱら他国の国土の壊滅的破壊のためにのみ用いられる兵器」の保有は、「自衛のための必要最小限度」を越えるとした[52]ことである。

もう1つが、核兵器の保有に関する制約である。この点については、先に述べたように（47頁）、50年代には「自衛のための必要最小限度の実力」の範囲内であれば核兵器の保有は、憲法上認められないわけではないとされたが、この時代には、非核3原則さらには原子力基本法、核兵器不拡散条約等により、政府の政策として一切の核兵器は保有しないとされた。

◆非核3原則と密約

さらにこの時代には、自民党政権は、運動の圧力を受けて、9条に基づく重要な制約を約束せざるをえなかったことが注目される。

それら制約は、憲法9条の解釈として導き出された制約ではなく、政府はあくまでそれを政策と称したが、この政策は、9条と運動がなければ絶対になされなかった制約であり、いまみた、集団的自衛権行使禁止解釈同様、日本の軍事化に対して大きな歯止めとなったのである。

沖縄返還と非核3原則　もっとも大きな歯止めが、1967年に佐藤首相の発言という形で打ち出され、その後国会決議にまで制度化された非核3原則であった。

非核3原則の直接の契機は沖縄返還の方式をめぐる革新勢力の追及であった。佐藤内閣は成立以来沖縄返還を模索していたが、そこで大きな争点のひとつとなっていたのは、沖縄に存在する核基地を返還時にどうするかという問題であった。当時アメリカは沖縄を拠点にベトナム侵略戦争を継続していたから、米軍部は沖縄からの核撤去には応じそうもないと思われた。そのため、外務省は、核基地付き返還でしか不可能だろうと考えていたが、政府は核抜き返還を密かに志向していた。こうした状況下で国会では、核持ち込みに対する警戒が強まり、野党は、沖縄にも核は持ち込ませないという確約をとろうとした。67年12月11日、社会党書記長の成田知巳《ともみ》の質問に答えて、佐藤首相は、のちに非核3原則と呼ばれる原則「核を製造せず、核をもたない、持ち込みを許さない[53]」という原則を声明したのである。

密約と3原則　この3原則は、その後、事あるごとにくり返し決議化を求められ、ついに71年の沖縄返還協定の批准をめぐる国会審議の際、核の持ち込みに対する歯止めとして野党から要求され、同年11月衆院での強行採決時に国会決議となったのである。

しかし、非核3原則は、アメリカの核政策、安保体制とは重大な矛盾をもたらすものであった。もともとアメリカは、旧安保条約の下で、本土においても核搭載艦船や航空機を自由に寄港、離着陸させてきた。有事における核配備もやるつもりであった。安保条約の改定に際し、日本側は、核の持ち込み、配備に際しては「事前協議」を求めることで、それを制約しようとしたが、既得権を主張する米軍部の意思は固かった。そのため、核持ち込みについては密約がなされた。[54] 核搭載艦船等の寄港は、従来通り容認し「事前協議」の対象としない、というものである。

ところが池田、佐藤内閣は、たびたび核問題について答弁をくり返してきたが、そこでは、大臣たちが「核を積載した艦船の入港は認めない」と答弁して、アメリカ側をあわてさせた。そこで、当時駐日大使であったライシャワーは、改めて外務大臣等に、密約の存在を確認させたのである。当然、非核3原則の第3原則「核の持ち込みは認めない」という原則はこうした密約と抵触するものであった。

さらに沖縄返還の際に、沖縄核基地撤去に際しても同様の問題が発生した。そこでも、沖縄基地から撤去した核を有事に再配備する権利、核積載艦船の寄港を容認する権利が密約で認められたのである。これまた、非核3原則と真っ向から衝突するものであった。

日本政府が、このように、安保体制と矛盾することを知りながら非核3原則を定めた背景には、安保闘争に表れた運動と国民の力に対する恐れと配慮があった。しかし、かといって、アメリカの戦略的要請は断れない。その結果が密約であった。こうした密約を日本政府が要請した背景にも、国民に対する恐れがあったことを見逃せない。

◆武器輸出3原則と日本経済の体質

また武器輸出3原則も同様に佐藤首相発言に始まり、三木内閣の時に事実上すべての国に適用するよう拡充された。

武器輸出3原則も、日本の外交、経済にさらに大きな影響力を与えた。武器輸出が禁止されたため、日本では、重化学産業大企業の軍需産業への進出は極めて限られた小規模なものとなった。もしこれだけの資本と技術力を持った日本企業が武器生産に進出していたら、ちょうど自動車と同様、今ごろは間違いなく日本製武器が世界の戦場を席巻していたであろう。日産をはじめとした重化学産業大企業は、戦前・戦時期には大なり小なり兵器生産にかかわっており、敗戦後もGHQの眼をかいくぐって技術者の温存を図り武器生産の再開・解禁に備えていた。ところが、野党や運動の〝軍事大国反対〟の声に配慮して、武器輸出の禁止が打ち出されたため、武器生産の市場は拡大を見込めなくなり、大企業は武器生産から手を引かざるを得なくなったのである。

この原則は2つの意味で日本経済の体質に大きな影響を与えた。1つは、他の「小国主義」政策と相俟って、日本に対するアジア諸国の警戒感が薄らぎ、日本商品の輸出が大幅に認められたことである。これは日本の輸出主導の経済成長を支えた。もう1つ、武器生産をしなかったために経済の「健全性」が保たれたことである。武器生産は注文生産のため、価格競争力が働かないし、国家が買い手となるため、常に汚職と腐敗の温床となることは、あのロッキード事件からも明らかであった。日本企業は、軍需生産に手を出せないことで競争体質を強化し、受注に絡む汚職体質から免れたのである。

3原則以後、毎年のように経団連防衛生産委員会は、この原則の撤廃を求めて陳情をくり返したが、この3原則をほぼ50年ぶりに破壊したのが、後述するように（152〜153頁）安倍政権であったことはいうまでもない（2014年4月「防衛装備移転3原則」）。

◆防衛計画の大綱と防衛費の対GNP比1％枠

9条に基づく政治を象徴する防衛費のGNP比1％枠は、1976年三木内閣の閣議決定でうち立てられた原則であった。政府は、憲法9条の下で、自衛隊の増強を年次防衛計画という形ではかってきたが、4次防になって、野党からの批判が強くなった。4次防はスタート前ぎりぎりの72年にようやく田中角栄《かくえい》内閣の下で決定を見たが、こうした防衛力整備計画による歯止めのない予算の増大に対する批判に応えるために田中内閣は、「平和時の防衛力構想」を作成し、何らかの歯止めを公表することを考えた。田中首相は、その歯止めとして防衛費の総額を対ＧＮＰ比１％枠という形で設定することを考えたのである。[55] この「平和時の防衛力構想」は、限界設定といいながらさらなる軍事大国化をめざすのではないかと懸念する野党の反対でつぶれてしまったが、それを再び取り上げたのが、三木内閣の防衛庁長官に就任した坂田道太《みちた》であった。[56] 田中内閣当時防衛局長として平和時の防衛力構想を企画した久保卓也が、防衛次官となってこれを推進した。坂田は長官の私的諮問機関「防衛を考える会」をつくって提言を出させ、それを踏まえる形で新たな防衛政策の策定を行った。「防衛を考える会」は、平時に有する防衛力の上限を定めること、防衛力の量をＧＮＰ比１％以内に収め質の向上をめざすことなどを提言し、それを踏まえて１９７６年に「防衛計画の大綱」が策定された。

　大綱は、今までのような脅威に対抗する形で定められてきた防衛計画をやめ、安保条約で日本の安全は基本的に米軍の力によって守られるから、自衛隊の任務は、米国が手を抜いた隙に企図される小規模限定的な侵攻への対処にあるとし、日本の防衛力は、こうした小規模攻撃に対処しこれを不可能とする「拒否力」を持てばよいとしたのである。

　こうした防衛政策の策定に対し大蔵省が、総額規制を求めた。年次防衛計画ついては総額の規制があったが、「大綱」で総額の規制がなくなることを恐れたのである。防衛庁と大蔵省の激しいやり取りを経て、「大綱」決定と同時に、76年10月三木内閣は防衛費の対ＧＮＰ比１％枠を閣議決定したのである。

　１９８２年に「戦後政治の総決算」を掲げて登場した中曽根内閣は、「戦後政治」、すなわち憲法を顧慮し野党との協調で運営する政治の打破の象徴として、このGNP1％枠の廃止をはかった。この中曽根の思惑は、社会党、共産党や公明党など野党の抵抗にあったことだけでなく、自民党長老、さらにポスト中曽根をねらうニューリーダーの竹下登、宮澤喜一、安倍晋太郎らからも反対され、ようやく86年に成功する。しかし、その後も長らく、日本の防衛費の上限に、この1％枠がのしかかったのである。

こうして、60年代から30年あまりにわたる時代に、自民党政権の下でありながら、運動は、憲法を力にし、軍事化の歯止めをつくっていったのである。

3　冷戦後、自衛隊の海外派兵の企図と改憲第2の波

(1)　アメリカの一極覇権、海外派兵圧力と改憲の再台頭

90年代に入って冷戦が終焉し一極覇権を確立したアメリカが「世界の警察官」となって自由な市場

秩序に歯向かう「ならず者国家」の討伐に乗り出すと、自民党政権維持のためにつくられた憲法政策は、改変の圧力にさらされた。

◆冷戦の終焉とアメリカの圧力

冷戦期には、アメリカは、ソ連と対峙するために、日本をその前線基地として使用することにのみ関心を持っていたばかりでなく、日本の国民の反発が強いため強要すると自民党政権を動揺させかねないという思惑から、米軍の戦闘作戦行動に対する自衛隊の武力による加担を強く求めることはなかった。

ところが、冷戦終焉は、状況を一変させた。自由な市場秩序がいまや世界に広がり、アメリカは「自由」世界の覇権国となった。アメリカや日本の巨大企業にとっては「天国」が訪れた。しかし、新たに拡大した自由世界は、不安定で自由な経済活動に歯向かう「ならず者国家」も横行している。こうして、アメリカは、イラクにアフガニスタンに、また朝鮮半島にと、世界の警察官として海外への介入を始めた。[57] 同時にアメリカは、同盟国に対しても「ともに血を流せ」という圧力を強めた。

こうした政策転換によって、アメリカは日本に対する政策を一変した。米軍基地の自由な使用、日本の防衛費増額のみならずアメリカの戦争への加担を強く求めてきたのである。

アメリカがとりわけ日本に対して圧力を強めた理由は、アメリカの追求する「自由な市場」の安定が、アメリカのみならず日本のグローバル企業にとってもうけの基盤であるということだけではなかった。当時日本経済は先進資本主義国のなかで突出した成長を続け、アメリカ経済を脅かしていたから、世界秩序維持の負担の「ただ乗り」に対する強い不満があったためであった。アメリカ人の血で日本企業の儲けを助け、その日本企業がアメリカ経済を衰退に追い込んでいる、という不満であった。[58]

その圧力は、90年の湾岸危機、91年の湾岸戦争に際して爆発した。以後、アメリカはことある毎に日本の分担——自衛隊の海外派兵を強く求めるようになったのである。

◆海外進出を強める日本企業と財界

アメリカの戦争への加担を求める声はアメリカから起こっただけではなかった。日本の大企業、財界からも自衛隊派兵の強い要請が噴出した。

もともと、日本の財界団体は、80年代末まで、改憲問題にさほど関心はなかった。日本企業はもっぱら国内生産——輸出で利益を上げてきたし、輸出先もアメリカ、西ヨーロッパ、東南アジア中心であったため、国際市場の「安定」への関心も薄かった。ところが、80年代中葉から日本企業が怒濤《どとう》のような海外進出を始めると事情が大きく変わった。海外進出先の政治・経済の安定、日本企業進出に賛同する政権——それはしばしば独裁政権であった——の安定は、グローバル化した企業にとって死活問題となってきた。海外進出先の安定のためにアメリカの軍事力は不可欠であり、自衛隊が、そうしたアメリカの軍事行動をバックアップすることは日本企業にとっても大きな要請となった。[59]そのためには、自衛隊の海外出動を縛っている憲法の改変が早急に必要だとされたのである。

90年イラクのクウェート侵攻は、企業・財界がこうした声をあげる契機となった。湾岸危機の最中の91年1月、経団連が財界人に行ったアンケートでは、「湾岸戦争が日本人に提起した問題は何か」という問いに「有事即応体制・法制確立」と答えたものが79・6％、「国連協力」と答えたものも75％に及んだ。東燃社長の中原伸之は「日本人というのは、経済、経済といいながら本当は経済というのがわかっていない。……経済力というのは政治力の基盤の上に成り立っていて、政治力のない経済大国なんて幻想に過ぎない。そして政治力の中心には当然軍事力が含まれている」と日本の軍事貢献の必要を強調し、また、昭和電工会長の岸本泰延《やすのぶ》は「国連憲章の平和条項に基づく要請には、たとえ日本国憲法に反する点があろうと、……応ずる義務がある」[60]と訴えた。アメリカを盟主とする多国籍軍への支援すなわち「国際貢献」の大合唱となったのである。

さらにのち経済同友会代表幹事になる小林陽太郎は、「現行憲法制定時とは世界情勢、日本の国力が大きく変化している。……憲法九条や自衛隊法改定も含めた真摯な議論をすべき時だ」[61]と改憲を主張した。以後経団連や経済同友会は、改憲とそれを可能とする政治体制づくり――「政治改革」の積極的支援者となったのである。

◆90年代改憲案の噴出と特徴

こうしたアメリカからの強い圧力と要請に応えるとなると、60年代以降自衛隊を合憲的なものとするために政府が積み重ねてきた自衛隊の活動、特に海外活動に対する制約が大きな壁となって立ちはだかった。

そこで、60年代初頭以来沈黙していた改憲論がほぼ30年ぶりに復活、活性化したのである。

90年代に入ると、９条の制約打破を求めて、大量の改憲案が噴出した。表１（31〜32頁）を見てみよう。90年から現在に至るまで、改憲案は、実に40個以上が発表されている。これら改憲案は、50年代のそれと比較すると、そのねらいに応じて、大きな特徴を持っていた。

９条改正は自衛隊の海外派兵に焦点　90年代以降に発表された改憲案の第１の特徴は、改憲の焦点が９条に絞られ、しかも、その案は50年代と違って、自衛隊の存在の容認にとどまらず自衛隊の海外派兵の正当化を目標としたことだ。

90年代以降の43に上る改憲案のすべてが９条の改正を志向しているが、そのほとんどが、９条２項を削除して自衛軍の保持を認める規定をおくとともに、その軍の海外派兵を正当化する規定をもっていた。たとえば、２００５年に自民党が初めて条文の形で発表した改憲案、「新憲法草案」[62]は、９条２項を削除し、代わりに９条の２を新設し、こう規定していた（傍線引用者）。

「第九条の二（自衛軍）

①　我が国の平和と独立並びに国及び国民の安全を確保するため、内閣総理大臣を最高指揮権者とする自衛軍を保持する。（②略）

③　自衛軍は、第一項の規定による任務を遂行するための活動のほか、法律の定めるところによ

り、国際社会の平和と安全を確保するために国際的に協調して行われる活動及び緊急事態における公の秩序を維持し、又は国民の生命若しくは自由を守るための活動を行うことができる」[63]。

アメリカの圧力を受けて、米軍の軍事作戦に加担するには、集団的自衛権が必要だが、それは第1項の「自衛軍」で可能にし、湾岸戦争やイラク戦争などでの多国籍軍への自衛隊の参加は、第3項で可能にする、というのが、この改憲案のねらいであった。

新しい人権　90年代以降の改憲案のもう1つの特徴は、第1の特徴と一見矛盾するようだが、改憲案のほとんどが、9条改憲だけでなく、それに加えて、いわゆる「新しい人権」条項を持っていることであった。そこには、知る権利、プライバシー、環境権、2000年代に入ると犯罪被害者の権利、などが含まれている。90年代以降の改憲案がこぞって「新しい人権」を規定したのは、改憲派がこれら新しい人権の憲法的保障に熱心だったからではなかった。改憲案が、本命の9条改憲だけだと、国民は、憲法改正は〝やはり戦争する国づくりのためか〟という警戒心を持つことになりかねない。新しい人権規定は、それを防ぐために、いわば、9条という苦い薬と一緒に呑ませる甘い飴のような役割を期待されてのものであった。

◆解釈改憲を追求した政府

しかし、当時の自民党政権は、アメリカの要請に応えて自衛隊の活動に対する制約を除去するため、明文改憲に訴える道をとらなかった。その理由は2つあった。

第1は、明文改憲を提起すると、またあの国民の反対が巻き起こるのではないかという不安であった。60年安保闘争の記憶は多くの自民党政治家のなかに残っていた。〝あの悪夢はくり返したくない〟。

第2に、それと関連するが、明文改憲には時間がかかり、派兵を急ぐアメリカの要求に応えることができないことであった。

憲法の改正には衆参両院の3分の2の多数の賛成がなければ発議できず、そのあとに国民投票が控えている。しかも国民投票の手続きを決める国民投票法すら当時は制定されていなかった。さらに国民投票に持ち込んで改憲案が果たして過半数を獲得するかも不安があった。

結局のところ、政府を消極的にさせたのは、いずれも国民の憲法意識、それと自衛隊海外派兵反対の運動であった。だからこそ政府は「解釈改憲」の道を採らざるをえなかったのである。

湾岸戦争当時自民党幹事長として解釈改憲による自衛隊の海外出動に道を開く政治の中心にいた小沢一郎の言葉は、こうした方針を採らざるをえなかった当時の政権の「苦悩」を示していた。

「なぜ明文改憲に踏み切らないのか？」としつこく問いつめる櫻井よしこの問いに、小沢はこう答えたのである、「第九条だって、国民の理解をはっきりさせるために、修正したほうがよりよいことは間違いない。だけど現実問題として、いまの憲法が不磨の大典で冒すべからずというような状況にあっては、憲法改正を言っても誰も相手にしないという現実がもう一方にある」[64]と。

(2) 既存政治体制を改変した「政治改革」

冷戦終焉とアメリカの圧力を受けて、自民党政治にも大きな変化が生まれた。60年安保闘争の衝撃以来、国民の声を受けて、安保と自衛隊は認めるがその海外派兵や改憲には消極的であった80年代までの自民党の「小国主義」政治では、冷戦後の新たな事態には対応できない、として日米同盟強化、既存の自民党政治の打破を求める潮流が党内に台頭し、急速に主流にのし上がったことである。そしてこの新たな潮流は、新たな事態に対処するために「政治改革」を強行したのである。

◆湾岸危機を機とする自民党内の新たな潮流の台頭

きっかけは、90年8月2日、イラクのクウェート侵攻であった。この事態を受けて、アメリカはただちにイラク制裁の行動を起こすとともに、日本に対しても負担分担の要求を突きつけてきたが、対する日本側では、その要求への対応をめぐって、支配層内に重大な分岐と対立が生まれたのである。

湾岸危機に際して、海部俊樹《かいふとしき》首相を筆頭とした保守の旧主流は、60年代以来自民党政権がとってきた、日米安保堅持＋改憲消極＋非軍事の国際貢献、つまり「小国主義」の路線を踏襲しようとした。この勢力は、アメリカの要求する自衛隊の派兵には消極的で、主として財政的支援で対処しようとはかっていた。

ところが、それに反対し、この機に乗じて、従来日本が採ってきた「小国主義」路線を転換し、日米同盟強化＋改憲（ただしさしあたり解釈改憲）＋自衛隊の海外派兵による国際貢献を推進すべきだという潮流が台頭した。新たな潮流は、それまで自民党政治がとってきた路線は、国民意識に迎合し、安保・自衛隊に反対し護憲を掲げる社会党との「なれ合いの政治」であり、これを打破しなければ世界の新たな動き、要請に応えられないと主張したのである。

海部内閣の下で、こうした軍事大国への転換を主張したのが、自民党執行部の面々とりわけ党幹事長であった小沢一郎であった。それに、外務省や防衛庁内の中堅層が加わった。財界も小沢支持の色を強くした。さらに、読売新聞をはじめとするメディアも、自衛隊派遣――国際貢献論を精力的に展開した。自民党内の新潮流は急速に勢力を拡大したのである。

しかし小沢らの制覇をもたらしたのはそれだけではなかった。実は、この時自民党政治は、もう1つ大きな難題を抱えていたのである。長期化する自民党利益誘導政治の下で、汚職腐敗が次々暴露され、国民の不信を買っていたことである。とくに80年代末には竹下内閣下で、リクルート疑獄が露顕し、自民党の領袖クラスのほぼ全員がリクルートから利益供与を受けていることが暴露され、89年参院選では、土井たか子率いる社会党の躍進、自民党の過半数割れを引き起こした。既存自民党の利益誘導政治の改革、汚職腐敗の政治の一掃が叫ばれていた。

小沢らの「旧来の自民党なれ合い政治を打破する」という主張は、こうした「旧来の自民党の汚職・腐敗政治を改革しなければ」という声をも糾合して大きな流れとなったのである。

◆大国化を推進する新たな政治体制づくり・「政治改革」

こうして小沢らは急速に自民党内で主流を占めるに至ったが、事態はそう思惑どおりには行かなかった。

すぐ後でふり返るように、湾岸危機に際し何とか自衛隊を派遣しようとして提出した国連平和協力法案は、まず法案作成過程で外務省指導部、内閣法制局ら「非軍事の支援」派の抵抗を受けさまざまな制約をつけられたあげく、ようやく提出したものの社会党ら野党の反対であっけなく廃案に追い込まれた。国民の暗黙の支持を背景とした9条の制約は、彼らの予想を上回って強いものがあったのである。

そこで、小沢らが提起したのが「政治改革」であった。汚職腐敗の政治を改革するためとしてマスコミを席捲していた「政治改革」のかけ声に乗って、小沢は既存政治打破のために、「政治改革」にうってでたのである。

きれいな政治と小選挙区制

「政治改革」の中心は、1925年以来採用されてきた衆議院の中選挙区制を、小選挙区制中心の選挙制度に変える改革であった。汚職腐敗の一掃のため小選挙区制が唱えられたのは、次の理由からであった。1つの選挙区の定数が3から6の中選挙区制の下では、自民党は多数を獲得するには1選挙区で複数の当選を勝ち取らねばならない。そこで、1つの選挙区に自民党候補が何人も立候補して〝血で血を洗う闘争〟を繰り広げる。そのため、選挙は党と党の政策で争われるのではなく、いきおい、カネが乱れ飛び、地元にどれだけの利益を誘導するかの争いとなる。これが汚職腐敗の政治の大本だというのである。小選挙区制にすれば、1選挙区で自民党候補は1人、野党各党も1人、党と党同士が政策を闘わせる「きれいな政治」が実現するというわけだ。これが決してそうはならないことは、現在ではもはや誰の目にも明らかだが、当時はこれが決め手と、熱病のように小選挙区制がもてはやされた。

政治改革に込めた2つの目的――その1・社会党解体

しかし、小沢は、きれいな政治のために「政治改革」を推奨したわけではなかった。それは小沢自身の口からくり返し強調された。「政治改革も『カネのかからない選挙』という言葉でいわれますけれども、そんな次元の発想ではいけない。……政治改革も政治の仕組みをきちんとすることも、国際社会のなかで日本が平和で豊かに生き延びていくためには、政治がきちんと対応できるように[65]」するためだと。

小沢は、〝きれいな政治のための「政治改革」〟という声に乗りながら、そこに既存の「小国主義」政治を変える2つの目的を追求した。

第1の目的は、小選挙区制を採用することにより、自衛隊の海外出動と改憲に抵抗する最大野党の社会党を壊すことであった。

「いまの政治の実態を変えてまともな政治をしていくためには、政治の依って立つ仕組みを変え、ぬるま湯に浸っている万年与野党を一回、ガラガラポンする以外にない。実態に即していえば、社会党を解体してだね、健全野党をつくる以外にない[66]」と。

中選挙区制の下では、各選挙区で社会党は1議席を確保できる可能性が高いので、最低でも130くらいの議席を確保できる。しかし、小選挙区制ではそうはいかない。そこでは定数1であるため、社会党はほとんどのところで自民党に負け、議席を大幅に減らす可能性が高い。1956年に自民党が小選挙区制をめざしたのは、自民党独裁で改憲発議に必要な議席を獲得するためであった。社会党は何か手を打たねば少数政党に転落する。転落がいやなら、各選挙区で、公明党か民社党と組まねばならないが、いずれと組むにしても、社会党の安保条約反対、自衛隊違憲の方針を降ろさねば、組むことはできない。消滅するか、変質するか、いずれにしても、社会党は、9条擁護の砦《とりで》としての役割を消滅させる。これが小沢の第1のねらいだった。

政治改革に込めた2つの目的――その2・自民党改革

しかし、小沢がねらったのはそれだけではなかった。自民党議員のなかにも根深く定着している「小国主義」体質を、また自民党の「痛みを伴う改革」に消極的な体質も一掃する、これが「政治改革」に込めたもう1つのねらいであった。

もともと、中選挙区制下では、議員は同じ自民党から複数の候補が立候補するため、党の応援を受けることはなかった。公認を受けても、当選の力にはならなかった。彼らが当選するには派閥の応援をもらい、カネも派閥からもらって選挙を戦った。だから、選挙区の定数に近い派閥が乱立し、各派閥は自派の候補を立てて選挙を戦い、この派閥所属議員の数が、党総裁を射止める力となった。そのため、自民党の方針は、議員や候補者には貫徹しなかった。たとえば、消費税増税や憲法改正、自衛隊の派兵など、たとえ党の政策であっても、地元民に不人気な政策は、候補者は訴えないどころか、逆のことも平気で公約したのである。その結果、国民の懸念を掻き立てるような政策は、いくら自民党が多数を占めていても実現することは難しかったのである。

小沢が変えようと思ったのは、こうした自民党の、いわば国民の声に寄り添う体質であった。小選挙区制により、小沢は、自民党を、党の指令の貫徹する集権的党にすることをめざしたのである。[67]

小選挙区制になれば、選挙区の定数は1だから公認の有無は決定的だ。公認を決めるのは党執行部である。また「政治改革」で導入が図られた政党交付金――政治活動費を国民の税金で賄《まかな》う――制度も、議員たちの資金源であった派閥の役割を薄めるだけでなく、交付金を支給する党執行部の権限拡大をもたらす。こうして、国民に不人気な政策をも貫徹できる中央集権的党をつくる、これが小沢のめざす改革だった。

◆「政治改革」強行と改憲・大国化に親和的政治体制

小沢は、この「政治改革」を、それに消極的な自民党を脱党し、非自民の8党派連立による細川護《もり》熙《ひろ》政権をつくることで強行した。公明、民社などの少数政党の承認を得るため小選挙区制に比例代表制が加わったが、一緒に実現した政党交付金制度の力も借りて、小沢のねらいは基本的に貫徹した。

改憲の最大の壁だった社会党の解体・変質は小選挙区制実施の前に、細川政権への参画、村山富一《とみいち》政権樹立の際に社会党が自衛隊違憲、安保反対の旗を降ろすことで半分実現し、継いで、社会党の解体によって、あとの半分も実現した。自民党の変質も小沢が脱党したあと長い時間をかけて実現した。派閥の力が弱まり、代わりに公認権とカネを握る党執行部の権力が強大化した。その効果は、小泉政権さらに第2次以降の安倍政権ではっきりあらわれた。自民党往年の〝分散〟〝自由〟は消えてなくなり、党執行部への上意下達体質が確立した。

「政治改革」による政治体制の再編がなければ、90年代以降の自衛隊派兵、改憲の動きはできなかったことは間違いない。

(3)　平和運動の陣営の変容と新たな隊列

冷戦後の自衛隊派兵への新たな攻勢、支配体制の大きな変貌に対し、運動側の陣形にも大きな変動があった。

◆自衛隊違憲から自衛隊の海外派兵反対へ

90年代に入って以降の運動側の変化の第1は、憲法9条をめぐる対抗の軸が大きく移動したことであった。80年代までの9条と自衛隊をめぐる対立は、自衛隊は違憲か合憲か、という対立であった。ところが、90年代に入って、あとでくわしくみるように、自民党政権が自衛隊の海外出動の企図を強めるに従い、対決の軸は自衛隊の海外出動に賛成か反対かをめぐる対立に移動したのである。

いままで自衛隊違憲でたたかっていた運動も、自衛隊派兵の危機に直面して、自衛隊違憲を前面に出さず、自衛隊の海外派兵に反対する主張と運動を強めた。他方、自衛隊合憲論の立場に立つ人々のなかからも、従来の政府解釈にのっとって、自衛隊の海外派兵には反対する人々が現れた。

その結果、自衛隊違憲論者と合憲論者の間でも、解釈だろうが明文だろうが、改憲による自衛隊の海外派兵には反対だという点での共同が可能となった。

こうして、運動は、湾岸戦争期の自衛隊の海外派兵、ＰＫＯ協力法、それに基づく自衛隊のカンボジア派遣、周辺事態法、テロ対策特措法による自衛隊のインド洋海域への出動、イラク特措法によるイラク派兵と、次々繰り出される自衛隊の派兵の企図に反対運動を展開していくことになる。

◆社会党の解党と民主党の結党

90年代以降の運動の変化の第2は、憲法を擁護し議会での追及を通じて軍事化を抑える担い手であった社会党が解党したことである。社会党は、93年細川連立政権への参画、継いで村山富市を首班として自民党と連立政権を組むことで、自衛隊違憲、安保反対の旗を降ろし、さらに96年1月には社民党と改名した。社民党は、同年9月に結党した民主党への合流をはかったが、党の長老議員らの参加を拒否され、多数の議員が個別に民主党に合流した結果、旧社会党は、事実上分裂・解体した。社会党の消滅は、戦後の平和運動と憲法運動の大きな転換点となった。

民主党には旧社会党議員の多くが参加したが、旧社会党との違いを明らかにするためにも、また参加した保守系議員の要請もあって、安保条約と自衛隊を容認し、憲法改正にも反対しなかった。

また、1989年には、護憲と平和運動をになってきた労働組合のナショナルセンター総評が解散し連合と全労連に分裂したことも、平和運動に大きな影響を与えた。改憲と軍事化に反対する戦線は、大きく後退した。

◆新しい市民運動の活性化

しかし、90年代以降の運動には第3の変化も現れた。それは、冷戦後の自衛隊派兵の動きに反対して、新しい市民運動が活性化したことである。

〝冷戦が終わって世界は1つになった、国際貢献の時代がやってきた〟という大合唱が行われたが、90年代以後の自民党政権による自衛隊派兵の試みに対し、自衛隊の海外派兵に反対する市民運動が昂揚したのである。

こうした市民運動は、さまざまな多様性を孕《はら》みながら、大雑把に言うと、80年代までの市民運動とは異なる、いくつかの新しい特徴を帯びていた。

1つは、市民運動諸団体が、市民運動間の連携に力を入れ始めたことであった。

もう1つは、政党や労働運動の離合集散を目の当たりにし、政党との連携にも積極的となり、さらに諸政党間の共同のために積極的な動きを見せるようになったことである。

こうした変化の下で、改憲派と改憲反対派の対抗は、90年代以後、新たな配置を見せるようになったのである。確かに、社会党の退場は改憲反対派にとっては大きな痛手であった。小沢のもくろみは功を奏した。総評解体は、久しくその機能は失われていたとはいえ、政党間の共同を促す労働運動の役割を低下させた。しかしそれに代わって、市民運動が90年代以後、現在に至るまで、共同の蝶番としても大きな役割を果たすことになったのである。アメリカの圧力に応えるべく自民党政権により追求された、自衛隊派兵と憲法の改変の動きは、またしても大きな抵抗を受ける羽目になるのである。

(4)　自衛隊派兵をめぐる攻防と内閣法制局

ここで時計の針を少し戻し、1990年のイラク、クウェート侵攻と湾岸戦争期に焦点を絞って、自衛隊派兵をめぐる攻防を検討しよう。この攻防の過程で、90年代以降の憲法をめぐる新たな対決の構図が現れたからだ。

新たな対決の一方の側には、自衛隊の海外出動とそれを妨げる憲法の改変をめざす日米同盟の強化派が主流を占めるようになった自民党と、それに外務、防衛官僚が陣どった。他方の極には、自衛隊の派兵に反対し9条改憲に反対する市民運動や労働組合運動と、それを背景に改憲反対姿勢を強化した共産党、連立政権から離脱以後次第に旗幟を鮮明にした社民党に、こうした市民運動の働きかけに影響を受けて呼応する民主党が立った。しかし90年代以降の対決の構図には、こうした対抗関係の下で、政府寄りでありながら運動の昂揚に励まされて憲法原則を維持する点にこだわる内閣法制局や、1999年以後自民党と連立政権をつくり与党の立場でありながら憲法9条の改正には消極的な公明党が絡むという形をとった。そして、湾岸戦争期は、自衛隊派兵勢力と反対勢力の下で二面的態度をとる法制局が登場する画期となったのである。

◆内閣法制局の二面性と堅持する原則

湾岸危機は、内閣法制局が、自衛隊派兵と改憲に独自の立場で介入する画期となった。

アメリカの強圧を受けて、これまで積み重ねられてきた自衛隊の活動を制約する解釈を改変し、何が何でも自衛隊の海外出動、アメリカへの加担を果たしたい政府・与党に対し、内閣法制局は、既存解釈の枠組みは崩さずになるべく政府の要望に応えることに腐心した。

法制局にとっても、冷戦後の新たな事態、とりわけ、アメリカの戦争とそれへの自衛隊の参加という事態は、冷戦期にはなかった新しい事態であり、アメリカの強い要請を受けた政府の立場を可能な限り受け入れた解釈を試みたのである。しかし、同時に、法制局は、それを50年代以来積み上げてきた9条の解釈体系を維持しつつ受け入れることにも腐心したのである。

こうした内閣法制局の立場故に、法制局は、自衛隊の派兵を急ぐ自民党幹部や同じくそれに積極的な外務省官僚らからは、強い非難を浴び「法匪《ほうひ》」とまでののしられた。しかし、法制局の態度は、従来の憲法原則の根幹は守りつつできる限り政府の要望には応えたいという、二面的なものであった。その際、法制局が維持しようとした政府解釈の根幹とは、結局のところ、60年代以降、法制局が政府解釈を通じて確立した、自衛隊は海外での武力行使はしない、集団的自衛権行使は禁止、という原則に収斂《しゅうれん》した。そこで、すぐ後でみるように、法制局は、国連軍、多国籍軍への自衛隊の武力行使目的での参加には激しく反対することになったのである。

しかし、実は、90年代以降のアメリカの要求は、米軍の軍事行動への武力による加担――集団的自衛権とともに、それが難しい場合には武力行使を伴わない後方支援を、という2段構えのものであった。アメリカ政府は湾岸危機の時から、武力行使とともに、後方支援目的での派兵を求めていたのである。そこで法制局はこの問題でも見解を確立する必要が出てきた。「後方支援」の名目での派兵に対して、海外での武力行使はしないという原則の延長線上で法制局が開発したのが、「他国の武力行使との一体化」論であった。すぐ後でくわしくみよう。

◆「集団安全保障」という名での自衛隊派兵論

湾岸危機勃発に際し小沢ら自民党が追求したのは、これを機に、60年代以来続いてきた「小国主義」政治、とりわけそれを支えていた自衛隊の活動を制約する政府解釈を抜本的に改変することだった。そのため、小沢は、イラクのクウェート侵略に対して、国連が一致して行動を起こした機会を最大限に活用した。

小沢が注目し強調したのは、国連憲章42条、43条の言う国連の制裁行動は、イラクに対し諸国が同盟を結んで武力行使する「集団的自衛権」とは根本的に異なり、同じ国連加盟国内のルール違反に対し加盟国が共同して制裁を加える「集団安全保障」措置である、ということであった。日本国憲法の下では、日本が単独であるいは軍事同盟を結んで他国を攻撃することを禁止している――したがって集団的自衛権も認められていない――が、この集団安全保障に日本が国連加盟国の一員として参加するのは、「国際社会において名誉ある地位を占めたいと思う」と明言する憲法前文の理念に沿った行動であり9条1項が禁止する「国権の発動」たる戦争や武力行使とは全く異なるものだと主張したのである。

実際には、イラクの侵略に対して組織されたのは、憲章42条、43条に基づく国連軍ではなく、アメリカなどからなる多国籍軍ではあったが、小沢は、国連が一致して行動するという、またとない機会に自衛隊を派兵することで、80年代末までの日本の国際社会に対する消極的態度を一気に打破しようと問題提起したのである[68]。

ところが、これに対し内閣法制局は、ただちに反論を加えた。国連の「集団安全保障」に対しては、我が国は「憲法に反しない範囲内で」責務を果たさねばならないが、「憲法9条によって禁じられている武力行使または武力による威嚇に当たるような行為については」許されない。また、国連決議に従っていく場合も9条が禁止している「国権の発動に当たらない」わけではなく、国連決議にしたがっていくのも「我が国の行為」にほかならない。

未だ設置されたことがない、憲章42条、43条に基づく「国連憲章上の」国連軍にしても、「こういうものに自衛隊を参加させることにつきましては憲法上問題が残る」[69]と言いきったのである。法制局は、海外での武力行使は許されないという原則を断固として堅持したのである。

◆国連平和協力法案と「他国の武力行使との一体化」論

先述のように（98頁）、90年代以降アメリカが実際に強く求めたのは、中東に進出したアメリカをはじめとする多国籍軍に対する自衛隊の後方支援であった。政府の側も、自衛隊の海外での武力行使はいままでの政治状況からとうてい無理であることは自覚されていたから、支配層内の対立をまとめてなんとかアメリカの要請に応える方法は、後方支援というかたちでの自衛隊の派遣しかなかった。

それを具体化したのが、１９９０年10月に国会に提出された国連平和協力法案であった。政府はこの法案を自衛隊の海外派兵の突破口にしようとしたのである。法案では、平和協力隊が、停戦の監視や多国籍軍に対する武器、弾薬、兵員、食糧などの輸送、医療活動などの「平和協力業務」を行うことを定めていた。その「平和協力隊」という衣装の中味は自衛隊にほかならなかったから、問題は結局、自衛隊の後方支援目的での派兵の可否に収斂したのである。

野党は、これが自衛隊の海外派兵になると攻撃を強めた。自衛隊のイラク派兵に反対する市民や労働組合の運動の側は、自衛隊の武力行使か後方支援かは問題にしていなかった。直接の武力行使だろうが輸送や給油だろうが、軍事行動を行う点では一緒だったからであった。

こうした野党や運動の攻勢に対し、政府―法制局が自衛隊の派兵を正当化する際に掲げた「理論」が、「他国の武力行使との一体化」論だったのである。[70]

それは、自衛隊の海外出動を容認する面とそれに歯止めをかける2つの面をもっていた。

法制局はこう言った。平和協力業務のような後方支援業務は、直接には「武力行使」に該当しない活動だ。しかし、他国が行う武力行使との密接性などから我が国も武力行使をしたと法的に判断される場合には憲法9条との関係で許されない。逆に、「そういう戦闘行為の所から一線を画されるようなところで」行われる行為は憲法9条からして「問題はなかろう」[71]というのである。

そして、法制局は、自衛隊の後方支援業務が、「一体化」に当たるかどうかの基準として、「戦闘活動が行われている、または行われようとしている地点と当該行動がなされる場所との地理的関係（つまり米軍が戦闘行動を行っている地域と自衛隊の活動場所との距離――引用者補）」、「当該行動（つまり自衛隊の支援活動――引用者）の具体的内容」「各国の武力行使の任にある者（――つまり米軍、引用者）との関係の密接性」、「協力しようとする相手方（――つまり米軍、引用者）の活動の現況」など4項目を挙げた。[72]つまり米軍の軍事行動と一体化するような行動はダメだが、少し離れていればよい、というのが「一体化」論であった。

この「一体化」論は、政府の要請と運動や野党側の対決のなかで、一方では政府の要請に応えると同時に、運動に支えられた9条の規範を維持するという、内閣法制局の二面的な態度を象徴する解釈であった。そしてこれが、後々、アメリカの派兵圧力がより強まり、他方自衛隊海外派兵反対の運動の声も強まるなかで、一方では自衛隊のイラク等への派兵を正当化する梃子《てこ》となると同時に、他方では自衛隊の海外出動を縛る足枷になるのである。

(5)　ＰＫＯ協力法から周辺事態法へ

◆最初の自衛隊派兵――国連ＰＫＯ協力法

湾岸戦争時に自衛隊派兵をめざした国連平和協力法案は、野党の一致した反対であっけなく衆院で廃案となった。衆院では自民党は過半数を維持していたが、たとえ衆院で強行採決したところで、参議院は当時、リクルート事件批判を受けて自民党は多数を握れていなかったからだ。

しかし、小沢自民党は転んでもただでは起きなかった。廃案に際して、自民党は、公明、民社との3党で協議し自衛隊とは別組織で国連ＰＫＯ活動に参加することを検討する合意を取り結んだのである。これを手がかりに3党協議が進められ、１９９2年6月、ＰＫＯ協力法という形で実を結んだ。自衛隊派兵の第一歩は国連ＰＫＯへの参加というかたちで実現したのである。

ＰＫＯが自衛隊派兵の手始めに使われたのは、これが、米軍のような単独軍でなく国民に受け入れられやすい「国連」の活動であることに着目されたからであった。おまけに、当時は冷戦が終わって、世界の平和は国連中心にすすむと楽観視された時代でもあった。政府はこれに眼をつけたのである。

　PKOとは、紛争当事国の武力紛争の再発防止合意の遵守確保、紛争終了後の民主的統治組織の設立援助など、紛争に対処して国際の平和と安全を維持するため国連の統轄下に行われる活動と定義された。その活動は、武力紛争停止の合意、その活動を行うことに対し国及び紛争当事者間に同意がある場合にのみ行われることから、政府は、PKO参加は多国籍軍への参加などと異なり、9条の禁止する武力行使にならないどころか、憲法の平和主義の理念に合致するものだと主張した。

◆「蟻の一穴」

　しかし、PKOへの自衛隊参加に対しても大きな反対運動が起こった。公明党、民社党は法案に賛成したが、社会党、共産党は国会で強い抵抗を行った。市民や野党にとっては、PKOは後藤田正晴《まさはる》がいう「蟻の一穴」と捉えられていたのである[73]。PKO協力法反対運動の昂揚は、市民たちの間に、9条の思想、とりわけ海外での武力行使はしないという原則がいかに浸透しているかを改めて示したものであった。

　そのため、PKO協力法案は、通過のためにさまざまな制限が設けられた。活動参加に際しては紛争停止の合意をはじめとする厳格なPKO5原則の遵守が義務づけられ、対立する一方に対する武力行使となる危険のある停戦監視などの本体業務の凍結、また武器使用については「自己または自己とともに現場にある者の生命・身体の防衛」に限ることなどの制限を設けて、ようやく国会を通過したのである。ＰＫＯ活動にも厳しい９条の制約がかかり、それが、施設部隊や人材育成など日本のＰＫＯ活動の得意分野をつくることにつながったのである。

◆アメリカの戦略転換・米軍への後方支援

ところが、日本がようやくＰＫＯに乗りだしたあたりから、アメリカの世界戦略に大きな変化がみられた。

冷戦終焉直後、アメリカは、世界秩序維持のための軍事行動を、国連を道具にして行おうとした。１つは、冷戦の終焉により、ソ連＝ロシア、中国とも自由市場秩序維持の共同行動をとれる可能性が生まれたからであり、第２に、国連を使う方が軍事行動の正当性も増し参加国も多数にのぼるからである。湾岸戦争はそれを立証したかに見えた。

ところが、93年を境に、アメリカは、市場秩序維持のための軍事行動を国連を使わず単独で行うか、同盟国を募って行う方向に転換したのである。[74] 国連が必ずしもアメリカの言うとおりに動かなかったこと、国連指揮下では米軍のイニシアティブが発揮できないことが原因であった。その転換にしたがって、アメリカの日本に対する要求も、直接米軍の軍事行動への支援へと変わった。

◆新ガイドラインと周辺事態法

その大きな画期が、96年4月、クリントン大統領訪日にあわせてうち出された日米安保共同宣言、そこで約束された日米防衛協力のガイドラインの見直しであった。

日米安保共同宣言は、まず安保条約の対象を「アジア太平洋地域において安定的で繁栄した情勢を維持するための基礎」と拡大して再定義し、その上で安保体制の強化の方向をうち出した。すなわち「日本周辺地域において発生しうる事態で日本の平和と安全に重要な影響を与える場合における日米間の協力に関する研究と政策調整の促進」を提起したのである。[75]

宣言を受けて、97年に旧ガイドラインの改定として発表された新ガイドラインは、「日本周辺地域における事態で日本の平和と安全に重要な影響を与える事態」を「周辺事態」と規定し、この事態に軍事作戦を行う米軍に対し、日本は「後方地域支援」を行うと定めた。[76]そこでは、朝鮮半島や台湾での米軍の介入、軍事力行使に対する自衛隊の支援が想定されたのである。

このガイドラインを具体化するために、99年周辺事態法が制定された。周辺事態法で初めて、日本は米軍の軍事行動に対する後方支援を行うことに踏み切ったのである。

◆派兵反対運動と周辺事態法にかけられた制限

周辺事態法制定に対しては、それが自衛隊の海外派兵、とりわけ米軍の軍事作戦への後方支援を正当化するものだという点から強い反対運動が起こった。それを受けて、共産党だけでなく、できたての民主党も、国会では法案の問題点を追及した。民主党は、従来の社会党と違うという点を強調し、憲法や安保問題でも党内にはさまざまな意見が同居していたが、派兵反対の声の盛り上がりを受けて、周辺事態法に次第に批判的となっていったのである。そのため、周辺事態法は、１９９８年に橋本龍太郎政権の手で通常国会に提出されたが国会の承認をえられず継続審議となり、小渕恵三政権の下、99年の通常国会でようやく成立を見た。

その結果、周辺事態法はさまざまな制約の下に置かれた。運動の圧力の下、またしても9条の制約が法制局の手で、かけられたのである。

「周辺」の限定　まず「周辺」という言葉が当初のねらいと異なり限定された。

そもそも新ガイドラインで従来の「極東」に代わる「周辺」という聞きなれない言葉が使用されたのは、当時アメリカが主として力を入れていた中東での作戦を含め、日本が支援する米軍の軍事活動の範囲を「極東」の外に拡大するためであった。だから、わざわざ新ガイドラインではこう、強調されたのである。「周辺事態の概念は、地理的なものでなく、事態の性質に着目したもの」[77]であると。つまり、日本から遠く離れたペルシャ湾も、日本経済に密接に関係があるから日本「周辺」だ、だから、そこでの米軍の軍事作戦も支援できるというわけだ。

ところが周辺事態法案審議ではここに異論が集中し、結局、小渕首相は、「周辺」には「地球の裏側は含まない」と言わざるをえなくなり、事実上、安保条約の「極東」に近いものとなった。そのため、結局、米軍のアフガニスタン攻撃にもイラク攻撃にもこの法律は発動できなくなってしまうのである。

また、「周辺事態」とは「我が国周辺の地域における我が国の平和及び安全に重要な影響を及ぼす事態」だということで、あくまで日本の安全にかかわらせるという限定をつけざるを得なかった。

「一体化」論による制約　第2、自衛隊の後方支援が、米軍の軍事行動と「一体化」しないよう、自衛隊による米軍支援の活動は、「後方地域」に限られるとしたことだ。

この「後方地域」という独特の言葉こそ、内閣法制局の苦心の産物であったのである。「後方地域」とは、「我が国領域並びに現に戦闘行為が行われておらず、かつ、そこで実施される活動の期間を通じて戦闘行為が行われることがないと認められる」我が国周辺の公海、その上空（同法3条）と定義された。この地域で行動する限り、米軍の軍事行動との一体化を一括避けられるとして、法制局が設定したのである。これは、イラク特措法で「非戦闘地域」という言葉に「発展」させられるが、こうして、「後方地域」や「非戦闘地域」に限って米軍の軍事行動に対する後方支援をなんとか認めようとしたのである。

また、後方支援活動の中味でも、米軍の戦闘と「一体化」しないよう、武器・弾薬の輸送は認められたがその補給は禁止されるとか、また戦闘作戦行動のため発進準備中の航空機への給油も禁止されるなどの制限が設けられた。

武器使用基準　第3、9条が禁止する「武力行使」に当たらないよう、武器使用基準も、ＰＫ

O協力法のまま、拡大されなかった。

◆苛立つアメリカ

このように、周辺事態法は、初めて米軍の軍事行動に対する自衛隊の後方支援を認めた「画期的な」法律であったが、市民の反対、野党の反対、それを背景にした法制局の「一体化」論などによる制約のため、使い勝手がわるく、アメリカ側から、いっせいに反発を受けた。

のちにブッシュ政権で高官となるアーミテージが中心となって作成され2000年に発表された、いわゆる第1次アーミテージレポート「米国と日本」は、周辺事態法は「太平洋をまたぐこの同盟で日本が果たす役割の増強に向けた、上限でなく、基盤[78]」に過ぎないといい、日本が集団的自衛権を認めることが不可欠であることをいやみったらしく述べたのである。

「日本が集団的自衛権を禁止していることは、同盟間の協力にとって制約となっている。この禁止条項を取り払うことで、より密接で、より効果的な安全保障協力が可能になるであろう。これは日本国民のみが下せる決定である[79]」と。

これは、まさしくアメリカ側の苛立ちの表明であった。

(6) 小泉政権による自衛隊海外派兵強行

90年代以降の自民党政権の中で、小泉純一郎政権は特筆される政権であった。ブッシュ政権のアフガニスタン攻撃、イラク攻撃に呼応するかたちであったが、それまで憲法9条の下でできなかった自衛隊の海外への進駐を強行したからである。

2001年9・11事件を機に、アメリカはただちにアフガニスタン攻撃に踏み切り日本に対しても自衛隊派兵を求めたが、小泉政権は90年の海部政権とは対照的に、ただちにブッシュの要請に応じた。米軍の戦争への、自衛隊初の派兵であった。

湾岸とアメリカの心臓部という違いもあったが、小泉政権が迅速な行動で派兵を強行できた背景には、「政治改革」の効果があった。野党第一党の社会党から民主党への交代、党内の異論を許さない自民党中央集権体制の確立――これが「政治改革」の効果であったが、これこそ、小泉が初の海外派兵を強行できた要因であった。

◆テロ対策特措法によるインド洋海域への出動

湾岸戦争の時、自衛隊を派兵できず「屈辱」を味わい〝湾岸のトラウマ〟を抱える外務省は、9・

11事件が起るといっせいに自衛隊派兵の大合唱で政府に圧力をかけた。

小泉政権は、当初、周辺事態法の発動を考えたが、同法の適用は「周辺」についての先の見解から難しかったため、新法制定に踏み切った。テロ対策特措法である。

この法案は、周辺事態法と比べても9条にさらに大きな穴をあけようとする法律であったが、小泉政権に対する人気、9・11テロの衝撃、さらに、民主党の好意的態度もあって短時間で国会を通過し、ついに自衛隊がインド洋海域に出動し初めて米軍、多国籍軍の軍事作戦に対し後方支援活動を行ったのである。90年に自衛隊派兵を試みて10年、自民党政権はついに海外派兵を強行したのである。

テロ対策特措法は、内容面でも周辺事態法から「前進」した。第1に、テロ対策特措法は、テロ攻撃に対処する軍事行動に対してなら、どの地域の作戦であれ後方支援できるとして、地域的限定を取り払った。また周辺事態法の時にはこだわっていた、「我が国の安全に重大な影響を与える」という条件――自衛隊が「自衛のための必要最小限度の実力」であるということに伴う制約――もなくなってしまった。アフガニスタンが、日本の安全となんの関係がなくとも自衛隊が派兵できるようになったのである。

第2に、自衛隊の後方支援が米軍等の戦闘作戦行動と「一体化」しないように、法律は、自衛隊の活動地域を周辺事態法の「後方地域」から「発展」させて、「非戦闘地域」に限るとしたが、これは、「後方地域」よりもはるかに広い、「外国の領域」をも含むものであったことだ。

さらに、同法は、自衛隊の武器使用基準も拡大し、「その職務を行うに伴い自己の管理下に入ったもの」の安全のためにも使用できることにした。

9・11というテロ事件を恰好の梃子にして、自衛隊の後方支援活動の枠を一気に広げたのである。

◆イラク特措法でついに自衛隊が他国領土に派兵

小泉政権はさらに「前進」した。２００３年3月のブッシュ政権によるイラク攻撃に対し、ヨーロッパ諸国がこぞって批判的態度を表明する中、小泉政権はいち早く賛同した。トランプの行動にいち早く賛意を表明する安倍のモデルであった。同時に、小泉政権は、イラク特措法を制定して、アメリカの圧力に応えイラクでの多国籍軍への後方支援を強行したのである。
イラク特措法は、米軍主体の多国籍軍占領下のイラクに自衛隊を派兵し、「人道復興支援活動」と同時に「安全確保支援活動」を行うことを定めた法律であった。[80]
「安全確保支援活動」とは同法によれば、多国籍軍の活動に対する「医療、輸送、保管、通信、建設、修理、若しくは整備、補給、または消毒」をさし、この「輸送」のなかには武器弾薬や兵員輸送も入るから、文字通り、米軍の戦闘作戦行動と一体化した後方支援にほかならなかった。法制局は、これを認めたのである。小泉政権は、この点でも安倍政権の先生であった。

◆内閣法制局の転落――安倍政権のお手本

この法は当然多くの憲法問題を孕んでいた。まず、これは自衛隊の海外派兵禁止の違反にならないかという問題が起こった。それに対し、政府＝法制局は、この出動は、武力行使を目的とした「派兵」でなく、憲法上許される「派遣」であるとして、それを正当化した。

また、同法は、「他国の武力行使との一体化」を避けるため、「非戦闘地域」概念を踏襲したが、現実のイラクに果たして「現に戦闘行為が行われておらず、かつ、そこで実施される活動の期間を通じて戦闘行為がないと認められる」「非戦闘地域」などが存在しうるのかは極めて疑問であった。

すでにブッシュ政権のイラク侵攻には世界的に反対が盛り上がっていた。日本でも市民運動がかつてなく昂揚したが、政党間の共同、政党と労働組合の共同は成立しなかった。

その間隙を突いて、小泉政権は、ついに、２００４年1月、自衛隊をイラクに進駐させた。サマーワ、バクダッドは「非戦闘地域」であると認定して自衛隊派兵を強行した。サマーワ、バクダッドが「非戦闘地域」であるなどとは世界は誰も信じなかったが、小泉首相は04年11月の党首討論で「自衛隊が行っている地域は非戦闘地域だ」と強弁してイラクに派兵を強行したのである[81]。

ここでは法制局の「一体化」論は現実の派兵を覆い隠す隠れ蓑の役割を果たしたに過ぎなかった。9条に基づく自衛隊の活動制約に大きな穴が空いたのである。

◆イラク「日報」が示した「非戦闘地域」の真実

それから14年たって、２０１８年4月2日、安倍政権の下で、国連南スーダンＰＫＯ派遣にかかわる「日報」隠し問題をきっかけになされた文書の統合幕僚監部への一元管理、陸上自衛隊などの保持する文書の確認調査の結果、今まで存在しないと答弁されてきた、イラク派兵時の「日報」が公表された。[82] 第一次分で公表された435日分の「日報」でも、自衛隊車両近くの「爆発」「ロケット弾着弾」「銃撃戦」「戦闘が拡大」という生々しい戦闘地域の実態が記述されていた。

予想通りというか、実際に自衛隊が派兵された地域には「非戦闘地域」などは存在せず、隊員たちは常に戦闘の脅威にさらされていたことが、いまになって明らかになったのである。

◆自衛隊イラク派兵の「画期」性と限界

自衛隊のイラク派兵は9条史の中では大きな「画期」となった。にもかかわらず、アメリカにとっても日本の日米同盟派にとっても、イラク派兵は極めて不満足なものであった。

そのもっとも大きな点は、自衛隊の海外での武力行使が依然できなかったことである。また、ざる化したとはいえ、「他国の武力行使との一体化」論のため、アメリカの求めに応じて、どこにでも自由に自衛隊を派兵することには大きな制約は残ったままであった。現に、アフガニスタンには現在でも自衛隊は派兵されていない。

しかも、自衛隊の派兵は、テロ対策特措法もイラク特措法も、いずれも「特措法」形式で行われたから、アメリカの戦争が始まってからそのつど国会にかけなければならず、期限が切れれば新法を制定せざるを得ない制限付きであった。

自衛隊イラク派兵強行の後になって、皮肉にも、こうした限界の打破をめざして、再び明文改憲論が噴出し、また、アメリカや日本のタカ派集団から、集団的自衛権を認めるべきだという意見が噴出したのは、憲法9条が依然生きていたからであった。

4　明文改憲の台頭と挫折
――自衛隊海外派兵の停滞――

(1)　9条明文改憲の動き

小泉政権がついに自衛隊をイラクに派兵したのと並行して、90年代初頭以来、政府が取り上げなかった明文改憲の取り組みが自民党内で始まった。政府が明文改憲に本腰を入れたのは、50年代に次いで2度目であった。今回の場合、解釈改憲の限界が〝9条自体を変えねば〟、という動きとなって現れたのである。

◆小泉政権下、明文改憲の動き――自民党新憲法草案

　自民党は２００３年末に党憲法調査会内に「憲法改正プロジェクトチーム」をつくり、04年10月には「憲法改正案起草委員会」を設置して、同年11月「憲法改正草案大綱（たたき台）[83]」を発表した。ところが、この草案は歴史と伝統に根ざした「国柄」や家族・共同体に支えられた「品格ある国家」を前面に掲げていたためマスコミからその復古的色彩を批判されただけでなく、参議院の抜本改革を提案していたことから参院側の猛反発を受け、これを党の草案にすることはとうていできない事態となった。そのため、党は、改めて、党総裁の小泉を本部長とする新憲法制定推進本部をつくり改憲のリーダーシップを調査会から召し上げ、その下に、森喜朗を委員長とする新憲法起草委員会を設置して改憲案づくりに入り、05年11月、結党50周年記念日に「新憲法草案」を発表した。[84]条文の形で改憲案をつくり発表したのは、実に結党以来50年で初めてのことであった。そのこと自身、憲法改正に対する国民の忌避意識がいかに強いものであるかを象徴する出来事であった。

　この新憲法草案の特徴は、憲法9条を改正して念願の集団的自衛権、集団安全保障への自衛軍の参加を可能にすると同時に、国民の反対を受けやすい天皇元首化などの復古的改正を極力抑えた「現実的な」案であった。

　この案作りの過程では、たとえば、「前文」の改正で、天皇を中心とした日本の伝統を書き込もうとする中曽根康弘や安倍晋三の異議を退けたことに見られるように、改憲案づくりの中心に座った舛

添要一ら事務局幹部たちは、明らかに、9条改憲を実現することをめざし、改憲発議に障害となりそうな、つまり民主党が反発しそうな改憲項目を最小限に抑えようとしたのである。[85]

しかし、小泉首相はこの改正を自ら実施するつもりはなく、改憲具体化は、第1次安倍晋三政権に委ねられた。

◆第1次安倍政権の改憲戦略――明文・解釈改憲同時遂行

2006年9月に発足した安倍政権は、「任期中の憲法改正」を公約に掲げ、改憲実行に邁進した。

安倍政権の改憲戦略は、大きな特徴を持っていた。安倍首相は一方で、9条の明文改憲の実行により軍事大国化の前に立ち塞がる9条2項を削除し、自衛隊を正規の「自衛軍」として認めた上で、集団的自衛権、集団安全保障への参加を確保することをねらった。しかし、それと並行して、54年以来運動の圧力を受けて内閣法制局が積み重ねてきた、9条に基づく自衛隊の活動を制約する政府解釈を変える試みにも着手したのである。その焦点は、集団的自衛権行使禁止解釈の変更であった。つまり、安倍政権は、明文改憲と解釈改憲の同時遂行をめざしたのである。

後者を実行するべく、安倍は、2007年「安全保障の法的基盤の再構築に関する懇談会」（安保法制懇）を立ち上げ、自衛隊の活動を縛っている集団的自衛権の行使禁止や、他国の武力行使との一体化の禁止などの解釈の変更を求めたのである。

注目すべきは、内閣法制局が60年にわたって積み上げてきた解釈を一気に変えるために、安保法制懇には、名うての集団的自衛権解禁派をそろえたことであった。異様なことに、内閣法制局長官経験者や憲法学者は1人も入っていなかった。懇談会メンバーのほとんどが、9条解釈についての「芦田解釈」支持派であったことは当然のことであった。なぜなら、芦田解釈に立たない限り、9条の下で、集団的自衛権も可能、集団安全保障も可能、「他国の武力行使との一体化」論などは必要ない、つまり9条があっても「自衛隊は何でもできますよ」という打ち出の小槌のような解釈変更はできなかったからだ。

安倍首相の思いはあくまで、憲法明文の改憲にあった。その安倍が、同時に解釈変更をも追求したのは、明文改憲が大規模で時間もかかる事業であることを想定し、それが実現する前でも、アメリカの要請で自衛隊の海外出動が切迫した場合に対処できるようにしようという緊急避難用であったとみられる。

(2) 九条の会運動が改憲をまたしても挫折させた

ところが、こうした改憲の動きに危機感をもった9人のよびかけ人により、2004年6月、「九条の会」の結成が呼びかけられた。

◆新しい共同の試み

九条の会の運動は、2000年代初頭の新しい共同の試みであった。自衛隊のイラク派兵に反対する運動は盛り上がっていたが、共同の試みは、さまざまな模索にもかかわらずできていなかった。九条の会は、自民党が出してきた明文改憲の試みに共同で立ち向かわなければ、という思いからつくられた、新しい共同の試みであった。

04年当時、民主党は改憲反対の旗幟を鮮明にしていなかったし、改憲反対の旗を掲げる社民党と共産党の間でも共闘は難しかった。そのため、九条の会は、改憲に反対するという1点で個人が集まる共同として呼びかけられ、ほんとうに、急速に全国に広がったのである。

九条の会アピールは、その末尾で、こう訴えていた。

> 「私たちは、平和を求める世界の市民と手をつなぐために、あらためて憲法九条を激動する世界に輝かせたいと考えます。そのためには、この国の主権者である国民一人ひとりが、九条を持つ日本国憲法を、自分のものとして選び直し、日々行使していくことが必要です。それは、国の未来の在り方に対する、主権者の責任です。日本と世界の平和な未来のために、日本国憲法を守るという一点で手をつなぎ、『改憲』のくわだてを阻むため、一人ひとりができる、あらゆる努

力を、いますぐ始めることを訴えます」。

◆九条の会の新しい特徴

九条の会は、共同という点からは新しいいくつかの特徴を持っていた。[86]

個人の参加　第1の特徴は、会は9条改憲に反対する個人が集まってつくる組織であったことだ。全国7000以上にわたる組織は、それぞれ千差万別なので、全てがそうであるわけではないが、多くの会は、団体間の共同ではなく、個人の集まりとしてつくられたのである。団体間の共同が難しかったからでもあるが、個人単位の結集方式は九条の会運動に今までにない創意や活気を生みだした。この個人中心の組織は、60年安保闘争の時の共闘が団体間の共闘であったこととは大きく違っていた。

ネットワーク型組織　第2に、九条の会はよびかけ人のよびかけに応じて、地域や職場毎につくられたが、それらは1つ1つ独立した組織であり、全国単一の九条の会はつくられなかったことだ。九条の会とは、そうした7000以上の会の、いわば総称であった。

九条の会は、地域的に連携して県単位の九条の会をつくったり、ブロック単位で連絡をとりあったりしたが、それら組織もいずれも連絡・交流のつながりであった。また、よびかけ人と事務局からなる九条の会（仮に「九条の会」と呼ぶ）が全国交流集会を開催したり、さまざまな形でネットワークを

推移（読売新聞世論調査）

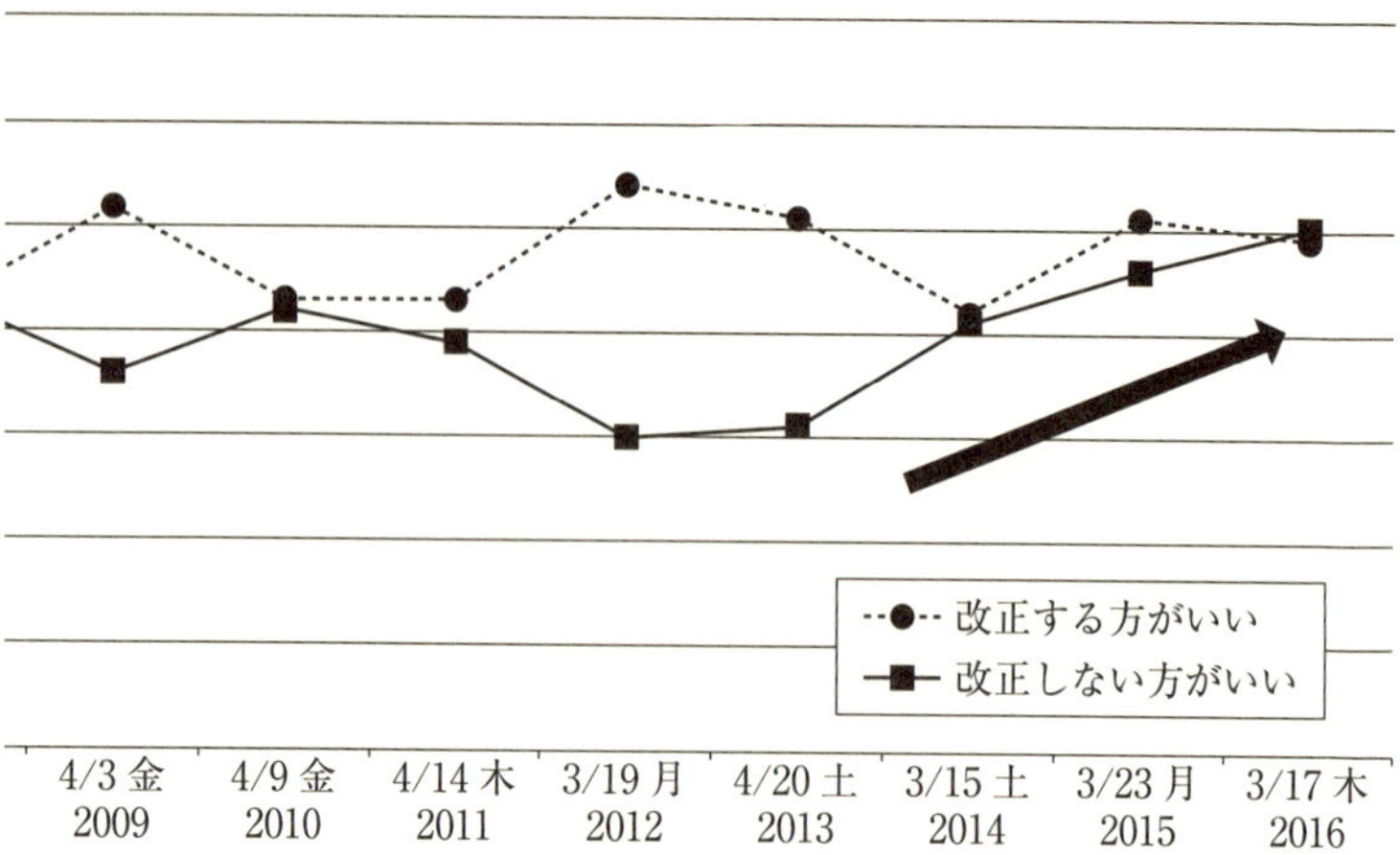

作ったものの、決して、九条の会は、「九条の会」を司令塔としたピラミッド型の組織ではなかった。この緩やかな組織形態が、会が地域や職場に急速に発展した大きな要因であった。

地域における共同の広がり　第3の特徴は、会が地域や職場、とりわけ地域に急速に広がり根を生やしたことである。会は結成を呼びかけた2004年6月からの1年で2000、05年6月からの1年で3000、06年7月から07年春までにさらに1000増え、ついに、08年4月には7000を突破した。

これらの会の多くは地域の九条の会であり、職域や「女性九条の会」、「マスコミ九条の会」など分野の九条の会も、地域毎につくられたものが多かった。地域の共同こそ、60年安保闘争の時のそれと並ぶ、大きな特徴であった。しかも地域における共同の組織のあり方は、60年安保闘争の地域共闘が地区労を中心にした共闘であったのとは大きく異っていた。

憲法改正への賛否の

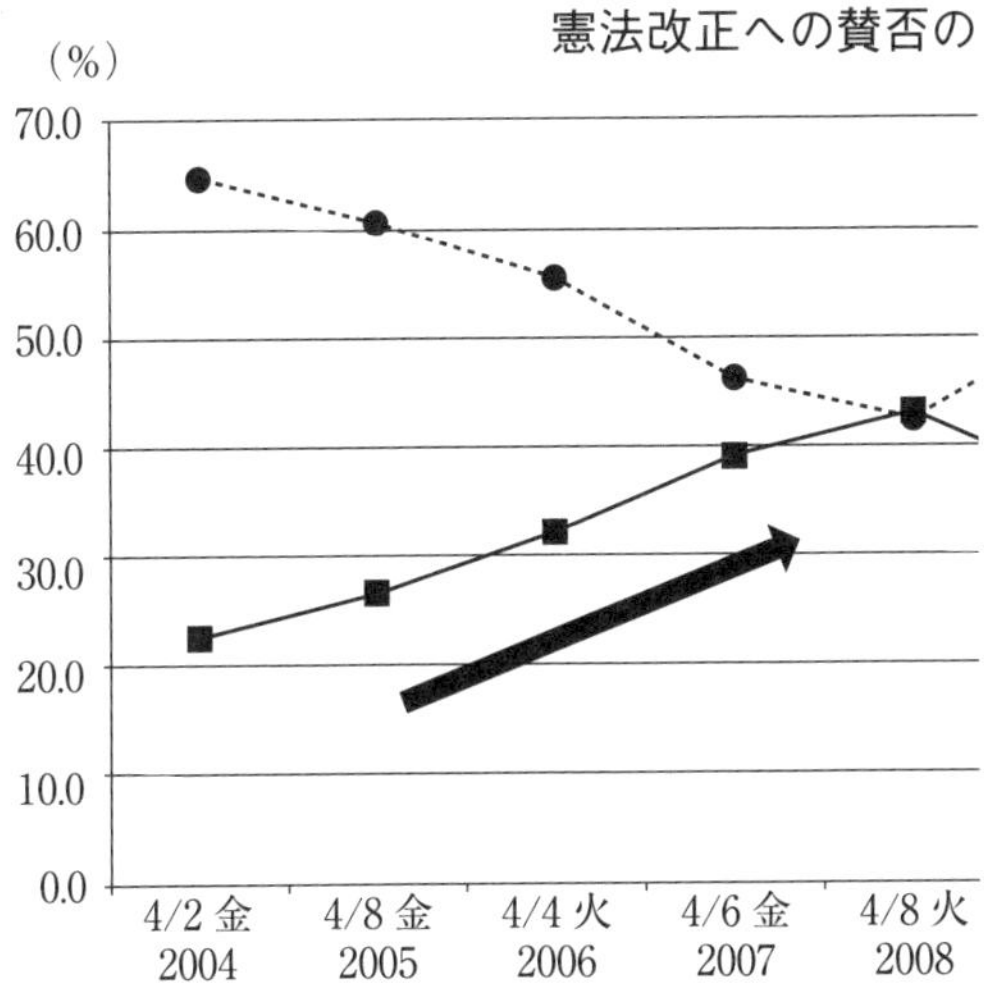

参加年齢　第4に、九条の会は、それまでの運動に比べて、50歳代以上が多いというように、参加年齢が高いことも大きな特徴であった。

60年安保闘争時に20歳であった人は2008年には68歳、大学闘争の68年に20歳だった人は、60歳だから、一見すると安保世代がそのまま平行移動したように見えるが、実際には、間に大きな断絶があった。若い頃、そうした体験をしたが長らく運動からは離れていた人、初めて運動に加わった人が少なくなかった。この世代の参加者が多かったのは、自分たちの生活経験を経て、改めて戦後憲法によってつくられた「平和」を何とか維持したいという思いを呼び起こされたことによると推測された。

◆九条の会の広がりと世論の変化

よびかけ人の結成よびかけに答えて、九条の会は文字通り燎原の火の如く広がった。九条の会は、国会前を取り巻く大集会やパレードは行わず、会がそれぞれ講演会や学習会、9条カフェなどを催す活動を積み重ねるものだったが、会の拡大は、確実に世論を変えた。

自民党が、イラク派兵後本格的に明文改憲の準備に入った２００４年の読売新聞世論調査では、改憲賛成が65％、反対が22・７％と、賛成派が６割を超えていたが、九条の会が広がるのと並行して、改憲反対派が直線的に増え、ついに、会が７０００を突破した08年４月の世論調査では、賛成42・5％に対し反対43・１％と逆転が起こった。

ちなみにその後、また改憲賛成派と反対派が逆転するが、12年末に安倍内閣が誕生した頃から改憲反対派が再び増えはじめ、安倍内閣による安保法制の強行に反対する運動が盛り上がり「戦争法」廃止の二〇〇〇万署名運動が広がった16年には再び逆転が起きる。今度の逆転は、安倍政権下での改憲反対市民運動の昂揚、安保法制反対の共同の運動の盛り上がりの結果と推測される。

こうした会の広がりが、２０００年代初頭の明文改憲の波に終止符をうったのである。第１次安倍政権の退陣後に登場した福田康夫政権は憲法改正に消極的態度をとり、麻生太郎政権もそれどころではなかったのである。

(3)　改憲第2の波の挫折

90年代以降の改憲第２の波、とりわけ自衛隊のイラク派兵以後の明文改憲の企図が急速に終熄《しゅうそく》した要因として、九条の会と並んで注目されるのは、民主党の伸張と政権奪取であった。

◆民主党の変身と伸張

民主党は結党時から、社会党との違いを強調し、また自民党と交互に政権を競い合う保守二大政党制の確立を標榜してきたこともあり、憲法改正については常にあいまいな態度できた。小泉政権期には改憲に積極的に取り組む姿勢を強め、菅直人代表時の２００３年の総選挙では、それまで打ち出してきた「論憲」から踏み込んで「創憲」つまり事実上の改憲を打ち出した。

しかし、06年、小泉政権末期になって、自民党政権が追求してきた新自由主義改革の矛盾が顕在化し、社会の貧困・格差が拡大し、地方の衰退が急速に進む中、民主党は大きく方針を転換した。

その画期となったのが、小沢一郎の民主党代表への就任であった。小沢一郎は、07年参院選において、自民党政権が強行した、新自由主義改革による地方の破壊、家族崩壊、貧困問題を取り上げ、新自由主義改革政治からの転換をアピールした。

同時に、この参院選マニフェストでは、安倍政権の力説する憲法改正に対しても、改憲慎重論に転換したのである。マニフェストはこう言った。もってまわった言い回しだが、改憲積極姿勢は影を潜めた。

> 「『憲法とは公権力の行使を制限するために主権者が定める根本規範である』というのが近代立憲主義における憲法の定義です。決して、一時の内閣が、そのめざすべき社会像や自らの重視する

伝統・価値をうたったり、国民に道徳や義務を課すための規範ではありません。民主党は、『国民主権』『基本的人権の尊重』『平和主義』という現行憲法の原理は国民の確信によりしっかりと支えられていると考えており、これらを大切にしながら、真に立憲主義を確立し、『憲法は国民とともにある』という観点から、現行憲法に足らざる点があれば補い、改めるべき点があれば改めることを、国民の皆さんに責任を持って提案していきます。民主党は2005年秋にまとめた『憲法提言』をもとに、今後も国民の皆さんと自由闊達《かったつ》な憲法論議を各地で行い、国民の多くの皆さんが改正を求め、しかも国会内の広範かつ円満な合意形成ができる事項があるかどうか、慎重かつ積極的に検討していきます」。（傍点引用者）

この民主党の転換の背景には、新自由主義改革に対抗する反貧困の運動の昂揚、安倍政権が強行しようとしている改憲に対する反対運動の盛り上がりがあった。小沢民主党は、こうした新自由主義改革是正、軍事大国化反対の運動の昂揚、新自由主義改革で衰退しその転換を求める地方の期待に応えることで躍進したのである。

07参院選で民主党は大勝し、安倍を政権からひきずり降ろした。

こうして、改憲気運は急速に縮小し、90年代以降の第2の改憲の波は終熄した。またしても、改憲の企図は国民のたたかいによって挫折を余儀なくされたのである。

◆民主党政権と改憲の停滞

２００９年の総選挙で鳩山由紀夫率いる民主党が圧勝し、改憲問題は一気に後景に退いた。

実は、鳩山由紀夫は、年来の改憲派であり、05年には、自ら憲法改正試案を発表する[87]くらい力を入れていたが、民主党政権に求められたのは、そんな課題ではなく、鳩山政権もそれを十分承知していた。鳩山は改憲論を封印した。

むしろ鳩山は、民主党の方針として、沖縄普天間基地の海外・県外移転を前面に押し出し、それを政権の主要課題に掲げて取り組んだ。そのため、日米関係は、90年代初頭以来自民党政権が続けてきた日米同盟強化どころか、ぎくしゃくが始まった。

◆自民党「日本国憲法改正草案」

他方、野に下った自民党は、２０１２年4月、自民党憲法調査会の議を経て、「日本国憲法改正草案」を発表した。この12年草案は、自民党の先の05年草案と異なり、改憲実行を求めてというより、野党時代に、自民党の「原点」である改憲を本格的に議論しようという目的のためにつくられたものであった。調査会に結集したメンバーにも改憲を唱えてきたタカ派が多数を占めていたこともあり、いわば自民党が好き放題にどんな改憲が理想かと考えたかをそのまま書いたような代物となった。

05年草案の起草の中心の１人であった舛添要一が、12年草案をこっぴどく批判した[88]が、それはその限りで当たっていた。

こうして、民主党政権下では、アメリカの軍事作戦への加担の強化、そのための改憲は、一時小休止となった。新たな改憲の動きは、安倍晋三が自民党総裁に返り咲き、12年12月総選挙で圧勝して第2次安倍政権がでてくるまで待たねばならなかったのである。

安倍改憲は、安倍自身も絡んだ、自民党の長年にわたる改憲の挫折の積み重なりと、その結果依然として日本の軍事化の前に立ちはだかっている9条、これをなんとしても打ち破らねばという、保守支配層の宿願に応えるべく登場した、いわば〝最新のバッター〟なのである。

第Ⅱ部　安倍改憲を阻む

第二章　安倍晋三はなぜ改憲に執念を燃やすのか？

1　安倍晋三が改憲に執念を燃やす理由

(1)　安倍と改憲執着の原点
——岸信介の亡霊——

本書の冒頭に書いたように、安倍晋三は、決して改憲の言い出しっぺではない。第一章で検討したように、改憲は、支配層が長年にわたり追求しながらなお果たせていない課題であり、安倍はその最新のバッターとして登場したのである。しかし、今回の改憲に、安倍晋三の個人の影響が著しく大きいのも否定することはできない。誰が首相になっても、日米同盟の再建とアメリカの戦争への加担をすすめたであろうが、安倍でなければ、ここまで強引に9条に対する解釈を変え、改憲を提起することはなかったであろう。

では、いったいなぜ安倍はここまで改憲に固執するのであろうか。本章では、この問いを考えてみたい。

なぜ、安倍は改憲に、という問いを考えると、まず、安倍がその政治家人生のなかで当初から、改憲を自らの課題と思い定めてきたことがあげられる。安倍と改憲は骨がらみである。だから、その点をまず検討しよう。

しかし、それだけでは現在の安倍改憲がなぜこんな格好で出てきたのかを理解することはできない。それを考えるには、第2次政権で安倍を改憲に突き進ませた特殊な要因をも見なければならない。

◆岸に私淑している安倍

安倍晋三は、自分の政治家人生で大きな影響を受けた人物として祖父岸信介のことをくり返し語っている。人生への影響を祖父らから受けることは珍しいことでもなんでもないが、安倍の場合は、なぜ岸信介？　という点でも変わっているだけでなく、安倍が岸のし残した課題の実現を自らの課題と決め込んでいる、その思いの強さの点でも異様である。

よく知られているように、安倍晋三の家系は、政治家で溢れている。60年代に長期政権を担当した佐藤栄作が大叔父であり、また父の安倍晋太郎も自民党の有力政治家であった。母方の祖父は岸信介であるが、父方の祖父にも、安倍寛《かん》がいる。安倍寛は岸信介とは対照的に、戦時下にあって、日本の戦争に反対し、大政翼賛会に賛同せず、非推薦の政治家として信を貫いた。そうした系譜のなかで、安倍晋三は、あえて、他の誰でもなく岸信介への尊敬を一貫して強調してきたのである。

しかも、その評価の基準はすこぶる政治的である。佐藤栄作の名がほとんど出てこないのは、岸の佐藤に対する厳しい評価を安倍自身が受け入れているからであると思われる。岸信介は、弟の佐藤栄作が自ら長期政権を担当しながら、岸が実現できず池田や佐藤らに託した憲法改正という課題を弊履《へいり》の如く投げ捨て顧みなかったことを「裏切り」として非難している。岸信介は回想録で、「（日本の）憲法改正の機運をくじいた一番の元兇は、池田勇人君ならびに私の弟の栄作が総理大臣の時に、憲法は定着しつつあるとか、私の時代にはやらんと言ったことだね。だから憲法改正論は私で切れてしまった」[89]と断定したが、それを、安倍はそっくり受け売りしたのである。

父の晋太郎に対しても、晩年安倍晋太郎が病魔に冒されながら死ぬ間際まで政治家として奮闘したことには尊敬の言を呈しつつ、その政治方針、とりわけ晩年のそれにはほとんど言及しない。それは安倍晋太郎が、アジアと日本の平和を、ソ連、中国との協調、和解により遂行しようとしていた政治姿勢を鮮明にしたことに対する違和感からであろう。

安倍晋三にとっては、父よりも祖父の方が尊敬に値するものであった。父晋太郎は、成長期に戦争を体験しているから、「そのことが非常に大きく思想形成に影を投げかけていた」ために、「どうしてあんな戦争になってしまったのかとか、それに対する世代的な反省とか、そういう懐疑的なところがやはり多かった」のに対し、祖父の岸は、青年期が「先の大戦に至る前の……日本が大変飛躍的な前進を遂げた栄光の時代」であったから、「そうした時代に極めて大きな自信をもっていた」し、そういう「国のありようを、断固として信じていました」[90]と評価する。安倍は、戦争にこだわっている父よりそういう〝帝国〟日本に何の反省ももたない祖父の方に「強い感銘を覚えた」[91]のである（!?）

◆岸の戦後史観、岸の課題をそっくり受け継ぐ

端的に言うと、安倍晋三は、祖父岸信介の政治観――厳密にいえば安倍がそう考える政治観――をそっくりそのまま受け継ぎ、それを基準にして、自らの政治家としての課題も決めただけでなく、岸信介の物差しで祖父や親の評価も行っているのである。

では一体、安倍晋三が岸信介の政治信条と考えるのはいかなるものであろうか。

安倍が考える岸信介とは、次の3つに集約される。

第1、岸は戦前、戦後にかけて一貫して日本の「国益」のために命をかけた政治家だ。戦前には、

不当なアメリカからの圧迫に対し、「自存自衛の戦争」を支持し自らも閣僚として奮闘した。

第2、戦後はアメリカによる占領と日本弱体化に抗し、日本の真の独立と日米の対等な同盟をめざして、日本とアメリカの力関係が圧倒的に不利な条件の下で、しかも、改定の意義を理解しない「安保反対」の運動に屈することなく、安保条約の改定を敢行し、戦後日本の繁栄の礎を築いた。

「占領規定の延長というのが旧安保の実態であったわけですから、それをなんとかしなければならない。……それをもっと独立的な、平等なものに改定しようというのが祖父の安保改定構想でした」[92]。

第3、しかし、日米対等化、真の独立のため、岸が終生の課題とした憲法改正は、岸自身は死ぬまで追求したにもかかわらず、大衆に迎合する自民党政治がその課題を放擲《ほうてき》したおかげで、未完に終わった、というものである。

「(安保条約改定と並ぶ)もう一つの大きな目標であった憲法改正について言えば、成し遂げることができなかった。これは本人も無念ではなかったかと思っています」。

「祖父がなぜあれだけ憲法改正に情熱を燃やしたか。それは日本の占領にほんとうの意味で終止符をうちたいと思っていたのではないかと思います。……それこそが日本人の精神的なアメリカによる占領を終わらせることにつながっていく」[93]と。

改めて強調するまでもなく、この岸信介像は、安倍自身がつくった虚像であって、後でも指摘するが(134頁)、現実の岸信介とは大きく異なるものだ。ではは安倍はどうやってこういう岸像をつくったのか。それは、岸信介が、自伝やオーラルヒストリーでくり返し語った自画像、それから安倍にくり返し語った自画像、これが安倍の岸像を形づくったのである。安倍の成長期には、現役政治家として家にも寄りつかない父の晋太郎より、祖父のほうがより身近であった。[94]

そこから、安倍晋三は自らの課題を、こう定めたのである。〝未完に終わった岸信介の課題、改憲による日米対等化こそが自らの課題だ〟、と。

◆安倍の信じるあべこべ戦後史——岸の戦後観の受け売り

その結果、安倍が自らのなかで作り上げ、改憲が不可欠と思い定める歴史像は、実際の戦後史とは著しく逆さまな像となって、彼のなかに定着している。

第1に、安倍＝岸の戦前史は著しく貧弱であるばかりか、中国やアジアに対する侵略・植民地支配に対する反省がこれっぽっちもないことである。これは、戦後の自民党政治家に共通する欠陥であるが、安倍＝岸にはこれが際立っている。とくに、岸信介の場合は、中国東北部の侵略と植民地経営が自らの政治経験の原点であるから、これを正当化する熱意という点で他の政治家とは異なっているが、それを受けついだ点で安倍も、アジア植民地支配への反省が全く欠落している。

この態度は、他の保守政治家とも異なっている。たとえば、中曽根康弘もアジア侵略と植民地支配についてはあいまいだが、アジア・太平洋戦争への反省はくり返し語っている。また、小沢一郎の場合も、アジア植民地支配、侵略についての反省の弁はないが、30年代以降の戦争については、主として対英米協調主義の放棄と孤立化という点から反省を繰り返している。安倍は、岸の受け売りで、アジア植民地支配も30年代以降の侵略戦争も、アジア・太平洋戦争の反省もない点で特異である。

第2に、安倍のなかでは、安保条約の改定は、日米対等化のための一歩、戦後日本の繁栄の基礎として高く評価され、安保条約がめざした、米軍基地容認、日米軍事同盟への契機は全く眼に入らないことだ。

実際には、岸信介による安保条約の改定は、決して単純な日米対等化をめざしたものではなく、むしろアメリカの軍事分担要求に応えることで、自覚的にアメリカへの従属・依存を選択し、日米の従属的同盟関係を強化することでアメリカの後ろ盾を得て、日本の大国としての復活をねらうものであった。岸のねらいは、安保改定をふまえて、憲法改正を実行し、名実ともに従属的軍事同盟を完成させるというものであったと思われる。改定安保条約こそ、独立への第一歩どころか、多くのリベラル派も嘆く、〝首都圏にまで米軍基地が林立する〟異常を固定化した根源であった。

ところが、安倍にとっては、安保条約こそ、日本の独立への巨歩なのである。したがって、安保反対闘争に立ち上がった国民の懸念や不安は全く理解のできないデマゴギーになり、安保反対闘争は、中ソの宣伝に乗じられた売国的行動とのみ捉えられていることだ。

実際には、安保反対闘争で岸内閣が倒されたことで、日米安保条約の軍事同盟化や改憲が妨げられたことが、自衛隊の米軍への加担を抑え、軍事化を妨げ、また日本がベトナム侵略戦争に軍事的加担だけは免れた大きな要因であったが、そうした歴史は、当然、無視されている。

第3に、こうした安保反対闘争に対するとらえ方は、当時の自民党政治家たちの感情とも乖離していることである。

先に見たとおり自民党政権は、安保反対に立ち上がった国民の平和意識の強さに衝撃を受けて、政権維持のためにも改憲を断念することで政権維持をはかったのである。

この転換が自民党政権の存続の1つの原因であったが、安倍はそうは捉えなかった。彼は、60年代以降の自民党政治が自民党の本流をはずれたものだとくり返す。

安倍は言う。もともと自民党は1955年の結党の時、2つの課題を持っていた。日本の真の独立と経済再建だ。ところがその後自民党は第1の課題——その中心が憲法改正だ——を忘れて、経済成長に走ったため、日本の真の独立は忘れ去られてしまった[95]というのである。佐藤栄作は、そうした自民党政治変質の元凶と見なされたのである。

こうした岸の受け売りの戦後観に裏づけられて、安倍は、自己の政治家としての課題を、岸の成し遂げられなかった〝真の〟日米対等化、独立に置いたのである。安倍にとっては、日米の対等化はとりもなおさず日本の大国としての復活を意味した。

そして、安倍にとって、日米対等化のためには2つのことが必要であった。1つは、占領軍により押しつけられた日本国憲法の改正であり、もう1つは、アメリカと対等に軍事同盟を結ぶための集団的自衛権の行使容認である。また、真の独立のためには、日本が敗戦によって押しつけられた極東裁判史観を払拭し、日本の自信を回復することも不可欠とされた。

安倍が第1次政権をになったとき、この3本柱——改憲、集団的自衛権容認、歴史の見直しを性急に追求したことは、そうした安倍の「信念」に基づいていた。

(2)　安倍の改憲論

安倍晋三は政治家としての出発点から、ほぼ同じことを呪文の如く、くり返してきている。そこで、次に安倍の改憲論を見てみよう。

安倍改憲論の第1の特徴は、改憲派が50年代以降唱えた教科書的な改憲論＝「押しつけ憲法」論であり、その延長線上での憲法の全面改正論であった。

◆教科書的な「押しつけ憲法」論

安倍は政治家として登場以降、改憲論をくり返し語っているが、その主たる論拠は、なんと、多くの改憲論者ですら今や捨て去った「押しつけ憲法」論である。

押しつけ憲法論とは、日本国憲法は、日本を占領したアメリカ＝GHQが、日本を再びアジアのなかで立ち上がれない国にすべく日本の軍備の保持を禁じる憲法をわずか1週間でつくって押しつけたものだ、独立した日本はすべからく自らの手で憲法を作り上げねばならないという改憲論である。安倍は自らの改憲論でくり返し、改憲を必要とする3つの理由を挙げているが、その第1に掲げるのがこの押しつけ憲法論である。こうである。

「私は三つの理由から憲法を改正すべきと考えています。一つ目は現行憲法はニューディーラーと呼ばれる左翼偏向の強いGHQ内部の軍人たちが――しかも憲法には素人だった――短期間で書き上げ、それを日本に押し付けたものであること」[96]である。押しつけの典型が、憲法9条だ。これは「日本が二度と欧米中心の秩序に挑戦することのないように」[97]設けられた規定だ、というのである。

この押しつけ憲法論は、50年代改憲論では主流の言説であったが、国民の支持を得られず、60年代以降には下火となった。ところが、安倍晋三は、この押しつけ憲法論をくり返している。

もっとも、安倍の押しつけ憲法論は、50年代以来の改憲派の押しつけ憲法論とは異なる特徴を持っていることも見逃せない。もっとも大きな違いは、50年代の押しつけ論者が――押しつけ論者です、ら、といった方がよいかも知れない――、一様に持っていた戦前の明治憲法批判が安倍には全く欠落していることだ。

どんな押しつけ論者にも、なにがしかの明治憲法批判があった。もちろん、改憲派の明治憲法批判は大きな限界をもっていた。端的に言って、改憲派のほとんどは、日本のアジアに対する植民地支配を生み出した天皇主権の体制は批判せず、ただ、日本が30年代以降、軍部独裁の下で、英米協調主義を捨て「孤立」の道をすすんだこと、それを推進した明治憲法の統帥権独立を批判するにとどまるという限界であった。しかし、安倍の押しつけ論には、そんな程度の反省すらもないのである。

50年代の押しつけ憲法論者を代表するのが、中曽根康弘であった。中曽根改憲論のポイントは、まず強い明治憲法批判があったことである。明治憲法は、天皇主権下で一部のものによってつくられ、その明治憲法の下で日本は悲惨な戦争に追いやられた。ところが、日本国憲法は、今度は、占領軍の手によって押しつけられた。だから今度こそ、明治憲法でもなく日本国憲法でもなく、自らの手で、新しい憲法を、というのが中曽根改憲論であった。

そんな中曽根改憲論を象徴する言葉が、これであった。「明治憲法は、博物館に陳列せよ、マッカーサー憲法はワシントンに返送せよ、我らは明日の日本の発展のために自主憲法をつくろう[98]」。中曽根が、日本国憲法と明治憲法を並べて批判しなければならなかった理由は、国民のなかに、天皇主権の下で日本が戦争に突入したことへの嫌悪感が強く存在し、それが戦後憲法への支持をつくっていることを改憲派といえども無視できなかったからだ。

〝明治憲法は、統帥権独立をはじめとする専制体制をつくり日本を軍国主義と戦争に追いやった。しかし、占領憲法はその反動でいきすぎた平和主義、いきすぎた人権、自由を謳って日本の弱体化、退廃を生みだしている。だから今度は〟……というのが押しつけ論者の言説であった。

ところが、これと比べると、安倍の押しつけ論には前半がすっぽりと欠落し、いきなり占領軍の日本弱体化政策が出てくるのである。これは、先に検討した岸信介譲りの歴史観――日本の侵略と植民地支配を一切認めようとしない歴史観に裏づけられていることは明らかだ。それが、数ある改憲論のなかでも特段に反省のない安倍改憲論をつくったのである。

こうした押しつけ憲法論の結果、安倍の改憲論は、日本国憲法の全取っ替えを主張する。

安倍の口癖は、新しい憲法を「白地から書く」であり、具体的に改正の条文は、と問われると、「前文から」というのが、常であった。

すでに見てきたように、憲法、とりわけ9条についての国民の思いは強く、憲法が果たしてきた役割についても、多くの人が評価している。押しつけ憲法論や憲法全面改正論が国民の要求に合わないことは改憲派のなかでも常識となった。

だからこそ、押しつけ憲法論が廃《すた》れ、逆に90年代以降には、改憲派自身が押しつけ憲法論を批判するありさまであった。たとえば、90年代の改憲を代表する読売新聞の憲法問題調査会第1次提言は、憲法制定経過を検討して「要するに憲法は、日本の非軍事化という政治的意図と、アメリカ流理想主義の入り交じった文書である」と述べたあと、「以上のようないわゆる『押しつけ』性ゆえに、憲法は否定され、改正さるべきだとは、われわれは考えない」[99]と断定していた。

ところが、安倍改憲論は、そうした改憲論の流れから言っても時代錯誤的なものであった。

◆集団的自衛権容認の解釈改憲と明文改憲論の併存

しかし、安倍の改憲論は、こうした押しつけ憲法論だけではなかった。安倍は、早くから、明文改憲と解釈による集団的自衛権行使容認を並行して主張していた。これが、安倍改憲論の第2の特徴であった。祖父の岸信介が安保条約改定と改憲をめざしたのにならい、安倍は、集団的自衛権行使容認と改憲を並行して主張しているのである。

安保条約第5条は、憲法9条の制約から、アメリカは日本が攻撃されたとき、集団的自衛権を発動して日本防衛のために武力行使するが、日本は、日本にある米軍基地が攻撃された時以外には米軍が攻撃されても反撃しない「片務的」構造をとっていた。安倍は政治家としての出発点から、日本が集団的自衛権を容認して、名実ともに日米対等を実現しろと主張したのである。

安倍が政治家として出発した90年代初頭は、第一章でみたように（80頁以下）、アメリカが日本に対し「ともに血を流せ」という圧力を加えるに至った時期であったから、安倍の主張は、アメリカや日本の自民党タカ派の主張に合っていたのである。

しかも、安倍は、集団的自衛権容認は、憲法にそれを書き込む必要はなく、解釈でそれが可能と主張してきた。それを妨げているのは内閣法制局の頑迷な解釈だと。

「現在の政府の憲法解釈では、米軍は集団的自衛権を行使して日本を防衛するが、日本は集団的自衛権を行使することはできない。……いまの日本国憲法は、この国連憲章（憲章51条が集団的自衛権を認めている――引用者）ができたあとにつくられた。日本も自然権としての集団的自衛権を有していると考えるのは当然であろう。権利を有していれば行使できると考える国際社会の通念のなかで、権利はあるが行使できない、とする論理が、はたしていつまで通用するのだろうか[100]」と。

先述のように（116〜117頁）、安倍が第1次政権の座についた時、安倍が一方で「任期中の改憲」を打ち出し、明文改憲実現に意欲を燃やすと同時に、「安全保障の法的基盤の再構築に関する懇談会」を設置して、現行憲法下での解釈変更による集団的自衛権行使容認をすすめようとしたのは、その表れであった。

少し、先走って言えば、安倍がまず政府解釈の変更である安保法制に邁進し、その強行ののち、5・3改憲提言で明文改憲に乗りだしたのは、こうした安倍の集団的自衛権行使論と改憲論の同時実現論の延長線上であった、と言える。

(3) 第2次安倍政権における改憲切迫の理由

安倍にとって、改憲は政治家としての出発当初からの願望であったことは間違いない。しかし、第2次安倍政権での安倍改憲をただ、こうした安倍の年来の持論の実行とだけ見ることはできない。安倍政権に改憲を求める新たな要因が加わって安倍改憲を後押ししているし、その新たな要因に基づいて、安倍改憲論の中味も大きく変化しているからである。

◆アメリカの負担分担圧力の増大

1つは、常に日本の改憲を促す底流となってきた、アメリカの負担分担圧力が、さらに一層強まったことである。

先に見たように、90年代冷戦後、アメリカが世界の警察官として戦争に乗り出すようになって以降、日本に対しても「ともに血を流せ」という圧力を加えるようになったが、それが、オバマ政権、さらにはトランプ政権に入りさらに強まった。

4半世紀に及ぶ戦争への米国民の不満　その要因の1つは、湾岸戦争以来アメリカが展開してきた海外での戦争が長期化し、国内で「なぜアメリカがイラクに？」という不満や反対の声が強まっていることである。そうした国民の声を受けてオバマ政権は、イラクからの米軍撤退を公約に掲げたが、期待に反して米軍の撤退はすすまなかった。2016年のアメリカ大統領選ではトランプも、そうした国民の不満に応えて、アメリカが、世界への「よけいな介入はしない」という公約を掲げたのである。

かといって、アメリカは世界の覇権国としての地位を放棄するつもりはない。その当然の帰結として、同盟国とりわけ日本や、ドイツなどＮＡＴＯ加盟国への負担分担要求が強くなったのである。

日本の民主党政権時代への苛立ち　アメリカが対日圧力を強めているもう1つの要因は、アメリカが、日本の民主党政権期の日米同盟強化の遅れに対し、不満と苛立ちを強めたことである。その分だけアメリカの要求は強く切迫したものとなった。

アメリカの分担増要求は、アメリカの軍事行動への自衛隊の加担、とりわけ集団的自衛権行使による武力での加担と後方支援であった。そのため、アメリカはこれらを妨げている憲法9条の改正を望んできたが、同時に、60年代以降、日本では明文改憲が簡単でないこともいやというほど思い知らされてきた。とくに、２０００年代に入る頃から、アメリカの対日政策担当者のなかでは、明文改憲の困難を念頭に置いて、明文改憲は回避しつつ、政府解釈を変えて集団的自衛権を認めるよう、日本に圧力を加えるようになったのである。

小泉政権の自衛隊派兵は、アメリカの派兵要求に応えるものではあったが、政府解釈の抜本変更を回避したため大きな限界があった。先に見たように、第1次安倍政権は、その限界を打破して明文改憲を試みたが、案の定挫折を余儀なくされただけでなく、民主党政権を生み、ここでは自民党政権下で追求されてきた日米同盟の強化が止まっただけでなく、逆行すら懸念された。こうして、アメリカは第2次安倍政権に日米同盟強化の強い期待をかけるに至ったのである。

◆安倍の「大国」への志向の切迫

しかし、安倍の改憲への衝動を後押ししているのは、アメリカの圧力ばかりではない。安倍が政治家志望の最初から抱いていた野望、岸信介譲りの、日本をアジアの大国として復活させたいという野望が、第1次政権以降の状況の変化によって、具体的かつ切実な課題として浮上したことも、安倍に改憲を急がせる大きな要因となったのである。

とくに安倍の注目したのは、中国の軍事大国化であった。中国は経済成長によりＧＤＰで日本を追い抜き世界第2位の地位を獲得し、日本との差を広げるとともに、軍事費も2けた成長を続け、習近平政権になると、その軍事力をふまえて、アジアの覇権国化の野望を露わにした。北朝鮮の核・ミサイル開発の進行も著しかった。

ところが、日本では、逆にこの間の新自由主義改革により経済は停滞し、格差、社会の分裂は著しい。新自由主義の財政削減の煽りも受けて、小泉政権の2002年以来軍事費は10年連続減少を続け[101]、いまや〝日本の衰退〟は露わである。

安倍の掲げる「強い日本」「日本を取り戻す」というスローガンには、こうした〝日本の衰退〟に対する安倍の危機意識、大国の復活を求める志向が如実に表れている。

日本が、アジアのなかで、中国やロシアと肩を並べる大国になるには、経済的にも、成長を回復して大国であることが必要であるばかりでなく、国益実現のために自由に軍事力を行使できねばならない。それは、アメリカの要請に応じた出動ばかりでなく、国連などの決議に基づく出兵でも同様である。日本は、憲法上、この条件が欠けている。

安倍がとりわけ、9条改正により、自衛隊の海外派兵、集団的自衛権行使や多国籍軍への出動を可能にする体制を志向するのは、こうした大国の基礎としての軍事力の威嚇や行使の自由がほしいためでもある。

安倍が第2次政権において、スタートからアベノミクスによるグローバル企業本位の経済復活と、安保法制・改憲、さらに教育改革を掲げたのは、安倍のめざす大国化には、経済、軍事、教育の3本柱が不可欠と思われたからであった[102]。

2　解釈改憲をねらった安倍首相

(1)　第2次安倍政権の解釈改憲先行戦略

しかし、再び政権の座についた安倍首相は、いきなり明文改憲に乗り出すことはしなかった。第1次政権の時掲げられた「任期中の憲法改正」などは第2次政権当初の公約には入らなかった。むしろ安倍は、憲法明文はそのままにして、その軍事大国化の「癌」である9条の政府解釈、とくに集団的自衛権行使禁止解釈の変更に乗り出すことを先行させたのである。

◆解釈改憲路線先行の理由

では安倍首相は、どうして、明文改憲を避けて、解釈改憲でその隘路《あいろ》打開を図ったのであろうか？

もっとも大きな理由は、安倍が、第1次政権における「失敗」で、改憲を警戒する国民意識の強さを改めて自覚させられたからではないかと推測される。

「任期中の改憲」を掲げる第1次安倍政権の登場は、すでにつくられていた九条の会の運動をさらに大きく発展させた。国民世論は急速に変容し、改憲反対の声が強くなり、その声の増大を受けて、民主党が、改憲消極に転じ、安倍改憲は行き詰まった。とくに安倍政権に対する国民の疑念を掻き立てたのが、安倍政権が掲げた「戦後レジームからの脱却」というスローガンや安倍の「お友達」が醸し出す復古的色彩であった。これが、安倍の改憲論に対する反対の声をさらに強めた。

第1次政権期に強調されていた安倍の改憲論、押しつけ憲法論、白地からの改憲論が、第2次政権とともに後景に退いたのは、そうした「失敗」の反省をふまえたものであった。

安倍は、政権をとるや否や、2013年2月8日、第1次安倍政権時代につくられ安倍の退陣とともに無視されていた、「安全保障の法的基盤の再構築に関する懇談会」（以下安保法制懇と呼ぶ）を復活させた。これは、安倍が第1次政権時と異なって、まず解釈改憲に重点を置く決意を示したものであった。

日本の一層全面的な加担を求めていた、アメリカのアーミテージらの勢力が、解釈による集団的自衛権行使容認を急ぐことを求めていたことも安倍の解釈改憲優先路線を後押しした。

アーミテージは近年、ある座談会で「日米同盟の深化・発展に向けて、日本がクリアすべき課題とは何でしょうか」と問われて、こう答えている。

「それは日本人が自ら決めることですね。それが第一に言えることです。次に憲法九条と集団的自衛権の問題は、この同盟関係にとって阻害要因となっています。それが二番目。三番目に言いたいのは、何も日本は憲法改正をする必要はないということです。ただ、内閣法制局による（憲法九条の）解釈を変えればいいのです[103]」と。それだけ、アメリカ側も苛立っていたのである。安倍はまずその要請に応えようとした。

◆安倍の当初ねらった解釈改憲――自衛隊を何でもできる軍隊に

安倍がねらった解釈改憲は、当初は9条の下で政府＝内閣法制局が積み上げてきた解釈を一掃し自衛隊の海外での武力行使も後方支援も自由に行える体制をめざしたものであった。その中心にすえられたのが、集団的自衛権行使解釈の変更だったのである。

もともと、安倍は、集団的自衛権行使禁止の解釈に異論を唱えていたが、この行使禁止を取り払うことが、第2次政権の解釈改憲のさしあたりの焦点になった。安保法制懇に託されたのは、そうした政府解釈の抜本変更――ちゃぶ台返しであった。

しかし、1954年以来積み上げられ、それに沿って自衛隊の活動が行われても来た解釈の体系をいったい、どうやってひっくり返すのか。その方法は、1つしかなかった。それは、50年代に9条の下での再軍備を一括して容認する「解釈」として有力視されながら、内閣法制局が採用を拒否した、あの芦田解釈の採用であった。もう1度くり返せば、9条1項は、国際紛争解決の手段としての戦争のみを禁止しているのだから、自衛や制裁のための戦争は否定していない。2項は、「前項の目的を達するため」つまり、「国際紛争解決の手段としての」戦争をしないためにのみ「戦力」保持を禁止しているのだから、自衛のために軍隊を持つことは自由。極端に言えば、「自衛のため」なら、戦争でも、集団的自衛権でも、海外派兵でも、核兵器の保持や使用でもなんでもOKというのが芦田解釈であった。

２０１３年2月、安保法制懇は、第1次の時と全く同じメンバーで再開され、当時の福田首相に答申されたものの、そのままくずかごに捨てられていた第1次報告書を安倍に提出したあと、さっそく課題を広げて、検討に入った。安保法制懇は安倍から9条政府解釈のちゃぶ台返しを頼まれたのである。

しかし、安保法制懇の活動はその後紆余曲折を経ることになった。そして、なんと、法制懇は、安倍自身から見捨てられることになったのである。なんでそんなことになったのかと言えば、またしても、改憲に対する国民の懸念、市民の運動それを背景とした野党の反対、それを受けた公明党の消極性、などのせいであった。

◆特定秘密保護法

解釈改憲の紆余曲折は、安倍政権が最初に手をつけた特定秘密保護法の制定強行に対し、政権の予想を上回る反対の声が起こったことから始まった。

安倍は、大国化の手始めに、歴代内閣が何度か挑戦しながら、なお成功していない秘密保護法の制定を選んだのである。

実は秘密保護法の制定は、すでに安倍政権前からアメリカによって強く求められていた。２０００年に発表された第１次アーミテージ報告がすでに、集団的自衛権容認と同時に、秘密保護法の制定をも求めていたのである。「日本の指導者たちは、機密情報を保護する法律の立法化に向け、国民の支持と政治的支持を得なければならない[104]」と。アメリカは米主導の日米共同作戦態勢のためにも、アメリカの提供する秘密の保護体制を求めたのである。

鳩山由紀夫政権で悪化した対米関係の修復を求めた民主党菅直人政権は、こうしたアメリカの要請に応えて秘密保護法制定を検討する懇談会「秘密保全法有識者会議」をつくり、報告もでていた[105]。それは、のちに安倍政権が制定する特定秘密保護法と同様の骨格をもつ法の制定をうち出していた。しかし、支持率が低く政治力のない民主党政権では、到底秘密保護法制定の見込みなどはなかった。

この課題を安倍は政権第１の課題として取り上げたのである。その際、安倍は、アメリカの求めに応じて秘密に携わる人間の規制を行うと同時に、この法の中に、メディアによる情報へのアクセスを制限する規定を潜り込ませようとした[106]のである。こうした安倍のもくろみに、メディアも含めて大きな反対運動が起こり、未だ共闘はできなかったが、民主党、共産党などの反対で、安倍政権は強行採決をくり返さざるを得なくなり、政権支持率の大幅下落をもたらした。

った。

◆自衛隊の外征軍化と軍事大国体制の整備

しかし安倍政権は、国民の声にめげることなく特定秘密保護法の制定強行のあとも、息もつかずに自衛隊の外征軍化と軍事大国としての体制づくりに邁進した。何かに憑《つ》かれたような取り組み方であった。

13防衛計画の大綱　まず、特定秘密保護法の余燼《よじん》さめやらぬ13年12月に、安倍政権は、2010年菅政権で改定したての防衛計画の大綱の改定を行った。すでに菅政権の時の10大綱でも、米軍との共同作戦をにらんだ自衛隊の外征軍化の方向はうち出されていた[107]。しかし中国の軍事大国化の脅威を口実とした海兵隊的機能の創設や北朝鮮の弾道ミサイル対処を口実とした敵基地攻撃能力付与のうち出しは弱く抽象的であった。安倍政権は大綱改定によってその路線の抜本的強化をはかったのである。

すでに、自民党は、この改定に向け、13年6月、大綱改定の提言[108]を発表し、そこでは「自衛隊の人員・装備・予算の大幅な拡充」をもとに「『海兵隊的機能』の付与」「『策源地攻撃能力』の保持」を謳っていた。13大綱[109]はそれに基づいて出されたのである。

ここでは、「安全保障環境」の厳しさを謳った上で、それに対処すべく事実上日本での海兵隊に当たる部隊の創設、さらに、1956年に法的には可能という解釈は打ち出した（47頁）ものの、その後、具体化は長らく放置されていた、「策源地攻撃能力」付与のための弾道ミサイル、巡航ミサイルの配備、などが抽象的な言葉ではあったが、打ち出された。

国家安全保障会議と国家安全保障局

さらに、安倍政権は同じ13年12月、日本の国家戦略を策定し、その作成、実施の司令塔に当たる国家安全保障会議と国家安全保障局を設置した。

これは、アメリカの国家安全保障局をまねて創設したものであったが、元外務次官の谷内正《しょう》太《た》郎《ろう》を局長にして67名のスタッフでスタートした。

国家安全保障戦略の発表

そして、国家安全保障会議の初仕事として、12月17日、国家安全保障戦略が発表された。

アメリカでは、国家安全保障戦略とその下での国防戦略が定期的に発表されているが、日本では、従来国家安全保障戦略の策定はされたことがなかった。国防計画も策定されず、それに代わって、1976年から、「防衛計画の大綱」が出されるようになり、改定が重ねられてきたが、今回、国家安全保障戦略――防衛計画の大綱という形で、大国としての体裁が整ったことになった。

安倍政権としては、中味はともかく、こうした大国としての体制を整えることに執着したのである。

なぜ、日本では国家戦略が策定されなかったのか？

戦後日本で、このような国家戦略、国防戦略が策定されないままにきたことには、2つの重要な理由があった。

1つは言うまでもなく、憲法、とくに9条の存在を政治が意識せざるをえなかったからである。9条の下で日本は、戦争を放棄し、「戦力」不保持を謳った。戦前の国家体制とは180度変わり、日本は国家意思貫徹の手段として武力行使や武力による威嚇をとらないことを内外に宣言したのである。ところが、国家「戦略」とは、国家目標を掲げそれを軍事的、政治的、経済的諸手段により実現する計画であり、その中心は軍事的手段であった。その軍事的手段を使えない日本は、その策定を封印せざるをえなかったのである。

2つ目に、より実質的には、戦後日本の外交・軍事は、アメリカへの従属・依存の下で、常にアメリカの世界戦略を前提にし、その枠のなかで自らの「戦略」を具体化してきたからである。

安倍政権による国家安全保障会議の創設――国家安全保障戦略――防衛計画の大綱は、そうした戦後国家からの「脱却」をめざすものであった。

但し、それは、戦前のような日本独自の覇権をめざすものではなく、あくまで、アメリカの世界戦略の枠内、アメリカの庇護の下での「覇権」をめざすものであり、安倍にとっては、こうした国家体制整備は、日米同盟強化と矛盾するどころか、むしろそれを強化するものと見なされたのである。

◆武器輸出3原則の廃棄

さらに、時期は少し遅く、2014年4月になったが、安倍政権は、これまた、憲法9条に基づく日本の「小国主義」を象徴した、武器輸出3原則の廃棄を敢行した。

武器輸出3原則の廃棄もアメリカ、日本の兵器産業界の強い要求であったが、長らく達成できないままであった。武器輸出3原則が、日本が軍事大国にならない歯止めの象徴的存在のひとつであったため、歴代内閣は何度も提起しようとしながら、これを先送りしてきたからである。

それでも、中曽根内閣の１９８３年、後藤田官房長官談話の形で米軍向けの武器技術供与が解禁され、また、小泉内閣の２００５年にはこれまたアメリカの要求に基づいて、アメリカとの弾道ミサイル防衛システムの共同開発が３原則の対象外とされた。さらに、民主党政権期になると３原則の抜本見直しの議論がはじまり、野田内閣の２０１１年には、国際共同開発などへの参加の場合等を３原則の例外とする緩和がなされた。

こうした流れ、とくにアメリカと財界の強い要求に乗って、安倍政権は、「我が国が国際社会の平和と安全にその国力に応じて一層積極的な役割を果たす」という口実の下、これを廃棄し「防衛装備移転３原則[110]」を閣議決定したのである。新３原則は、従来武器輸出を禁止していた「紛争当事国」の概念を狭く絞ることでアメリカやイスラエルを紛争当事国から外し、事実上武器輸出を解禁した。

武器輸出３原則廃棄とともに、日本の兵器産業と各国の兵器の共同開発の動きが堰を切ったように始まり、この兵器共同開発や売り込みは、原発の輸出と並んで、安倍の「戦略外交」の目玉となりつつある。

◆防衛費の対ＧＤＰ比１％枠の本格的打破の企図

安倍政権は、これまた、憲法９条に基づく日本の「小国主義」政治の象徴のひとつであった防衛費の対ＧＤＰ比１％枠の本格的打破にも手をつけた。対ＧＤＰ比１％枠については、先に述べたように

（79頁以下）中曽根首相時代にこれを破棄したが、その後もこの対ＧＤＰ比１％枠は防衛費の上限としてある程度機能し続けてきた。しかも安倍政権の前10年ほどは新自由主義改革と財政再建の影響もあって、防衛費は下がり続けた。安倍政権は発足以来、防衛費の増額を続け、防衛費の対ＧＤＰ比の引き上げに手をつけようとしている。18年5月には、安倍官邸の意を受けて、自民党が防衛計画の大綱再改訂に向けての提言[111]を発表したが、その中で「ＮＡＴＯが防衛費の対ＧＤＰ比２％を達成することを目標としていることを参考に」防衛費の大幅拡充をはかることをうち出したのである。

◆首相の靖国参拝による逆風と方針転換

安倍首相は、矢継ぎ早な政策の最後に、13年12月26日、第1次政権でできなかった靖国参拝を強行した。安倍にとってみれば、特定秘密保護法も、国家安全保障会議も、国家安全保障戦略策定も、防衛計画の大綱改定も、武器輸出三原則の廃棄も、防衛費の増額も、日本の軍事大国化のために不可欠な制度づくりであり、靖国参拝は軍事大国化のためのイデオロギーづくりを意味していた。安倍にとって、これら「改革」の集大成が集団的自衛権行使の解禁であり、憲法の改正であった。

ところが、この靖国参拝は、中国、韓国ばかりか、安倍の予想だにしなかった、オバマ政権の強い反発を買った。おまけに、安倍の政策遂行には欠かせない公明党が、特定秘密保護法、靖国参拝と続く安倍政権の強硬路線に嫌気がさして、安倍政権に距離を置き始めたのである。

とくに、公明党が危惧したのは、安倍政権が次に集団的自衛権容認に踏み込むのではないかということであった。すでに公明党は、再三政権側に、それは呑めないという意思を伝えていたが、この一連の流れを見て、ますます危機感を強めたのである。官邸も、このままでは、集団的自衛権容認に公明党を巻き込むことは困難になった。

そこで安倍政権は、集団的自衛権容認を柱とする9条関係の政府解釈の変更を実行するために、大幅な方針転換を余儀なくされたのである。公明党を支持に引き入れるためには集団的自衛権の全面容認では難しい。それには、内閣法制局が了解する案でなければならなかった。

(2)　集団的自衛権限定容認へ

◆内閣法制局への介入から「共同」へ

もともと、第1次安倍政権時代から、安倍と法制局は緊張関係にあった。[112] 第1次政権時に安倍が唱えていた集団的自衛権の解釈による容認論が法制局によって拒否されていたからである。

今度は何としても集団的自衛権容認を実現したい安倍は、第2次政権発足時から、内々で法制局長官の山本庸幸《つねゆき》に対し、集団的自衛権解釈の変更を打診したが、今度も断られていた。

そこで、安倍は、集団的自衛権の容認を実現するために強硬手段に打って出た。13年8月2日、集団的自衛権容認を受け入れない内閣法制局長官の山本を最高裁判事にするという形で事実上更迭し、内閣法制局人事の慣行を破って、外部つまり外務省から、集団的自衛権容認派の小松一郎を長官に送り込んだのである。これは明らかに、内閣法制局に、安保法制懇の見解を呑ませる手だてであった。

しかし、小松を送り込んだからといって、内閣法制局が、60年続いた解釈を変更するのは至難の業であることが分かってきた。安倍が小松に託した、集団的自衛権の全面容認への解釈変更は、法制局の解釈の積み上げの全否定になるから無理であることが改めて自覚され、小松一郎も、「法のプロ集団の力を借りたい[113]」と法制局を巻き込んで事態を突破する道を選んだのである。

◆内閣法制局、2度目の転向

小松が依拠したのは、具体的には、当時法制次長だった横畠《よこばたけ》祐介《ゆうすけ》が展開していた[114]、集団的自衛権の限定容認論であった。

内閣法制局は、安倍＝安保法制懇がめざしていた集団的自衛権の全面容認、自衛隊の活動を縛っている政府解釈の全面変更には応じられないが、従来の政府解釈の延長線上で、集団的自衛権を部分的に容認する――すなわち、集団的自衛権のうち、自国防衛に近い部分を容認する方向を模索していたのである。

時を同じくして、先に見たように、安倍政権自身が、方針転換を余儀なくされた。安倍政権が政府解釈を改変しそれを法制化するには公明党の了解を取らねばならなかったからである。集団的自衛権行使容認に反対であった創価学会婦人部を抱える公明党は、政府の予想を上回って硬かった。[115] しかし、公明党の同意がなければ、政府解釈の変更をふまえた法改正は困難であり、いわんや安倍がその先に見据えている改憲は無理であった。

こうして出てきたのが、今までの政府解釈、すなわち自衛権行使の3要件の解釈の「延長線上」で、集団的自衛権の一部を容認させる案であった。

◆限定容認論体制と安保法制懇切り

安倍政権のこうした方針転換に沿って、政府解釈変更を推進する体制の再編も行われた。それまで政府解釈変更の中心に座っていたのは、党幹事長の石破茂であった。しかし、安倍は、全面容認にこだわり、反発する公明党との折衝に消極的な石破に代えて、限定容認論を唱えていた高村正彦をこの作業のトップにすえ、公明党との協議に当たらせたのである。[116]

高村は、一方で、砂川事件最高裁判決にあった、「国の存立を全うするために必要な自衛の措置は執りうる」という一文に依拠して、最高裁判決は、国の存立を全うするためなら、集団的自衛権を排除していないという論をひっさげて、限定的集団的自衛権容認の方向で、自民党内をまとめ、公明党との協議に臨んだ。

公明党や内閣法制局が警戒していたのは、安保法制懇の報告が、芦田解釈に従い既存の政府解釈をひっくり返して集団的自衛権の全面容認論を展開することであった。こんなものがでてしまうと調整のしようがなくなり、また公明党も与党協議に入れなくなるからだ。

そこで、官邸は、安保法制懇に対して、その報告のなかに無理矢理、集団的自衛権の限定容認論を併記させた。

その結果、法制懇の最終報告は、一方で、芦田解釈に基づく集団的自衛権全面容認、多国籍軍への参加容認、「他国の武力行使との一体化」論の廃止を主張しながら、同時に、法制局の言う集団的自衛権の限定容認論も入った雑炊のような報告になったのである。

しかも、安保法制懇の報告書が提出された18年5月15日当日に、安倍は記者会見を開き、政府は、決して安保法制懇に味方していないことを宣言したのである。安倍は、安保法制懇報告が芦田解釈に依拠し集団的自衛権の全面容認を主張していた部分は採用しない、報告のうち既存の政府解釈の方向に沿って自衛隊の活動に対する制約打破を求める部分——つまりあとから政府が書き加えさせた部分のみを検討すると言い放ったのである。

安保法制懇は、安倍政権の手によって切り捨てられたのである。

◆7月1日閣議決定

安倍記者会見を受けて、自民党と公明党の与党協議が始まったが、その裏で、高村、北側一雄、官邸のスタッフと内閣法制局の横畠を加えた裏の折衝が行われ、その場で１９５４年以来の政府解釈の抜本変更の方向がつくられた。それが、２０１４年7月１日に閣議決定された政府解釈の抜本見直しであった。

そのポイントは、従来の自衛隊活動を縛っていた要である、自衛権行使の3要件の第1要件を変更し、新3要件にすること。それと、この第1要件に基づいて集団的自衛権行使の禁止を結論づけていた1972年政府見解（72頁）を変更することであった。

自衛権行使の第1要件は、先述のように（45頁）、「我が国に対する急迫不正の侵害、すなわち武力攻撃が発生したこと」をあげていたが、これでは、日本が武力攻撃を受けたときしか自衛権は行使できない。そこで新たに変更された新第1要件は、次のようなものであった。

「我が国に対する武力攻撃が発生し、または我が国と密接な関係にある他国に対し武力攻撃が発生し、これにより我が国の存立が脅かされ、国民の生命、自由及び幸福追求の権利が根底から脅かされる明白な危険があること（傍線引用者）」である。つまり、日本に対する武力攻撃が発生していなくとも、他国への武力攻撃が日本の存立を脅かすと判断されれば武力行使はできると変えてしまったのである。それをふまえて、72年見解も変更し、集団的自衛権を限定容認するに至ったのである。閣議決定は、こう言った。

「現在の安全保障環境に照らして慎重に検討した結果、我が国に対する武力攻撃が発生した場合のみならず、我が国と密接な関係にある他国に対する武力攻撃が発生し、これにより我が国の存立が脅かされ、国民の生命、自由及び幸福追求の権利が根底から覆される明白な危険がある場合において、これを排除し、我が国の存立を全うし、国民を守るために他に適当な手段がないときに、必要最小限度の実力を行使することは、従来の政府見解の基本的な論理に基づく自衛のための措置として、憲法上許容されると考えるべきであると判断するに至った」[117]と。

もってまわった言い方だが、他国つまりアメリカへの攻撃――実際に想定されたのはアメリカの攻撃に対する北朝鮮等からの反撃である――であっても、それが「我が国の存立を脅かす」と政府が認定した場合は、集団的自衛権を発動すると宣言したのである。転向した内閣法制局の「作品」であった。安倍は法制局を取り込んだ。

(3) ガイドラインと安保法制（戦争法）

安倍政権は、この閣議決定に基づいて、さっそく既存の安保関連法制の全面見直し、修正作業に入った。安保法制は、既存10法案を全面修正した平和安全法制整備法と、新たに国際平和支援法と呼ばれる法案の二本だてで、15年5月15日に国会に提出された。[118]今度も公明党と協議をしたが、前年に閣議決定を合意した段階で決着はついていた。

同時に、政府はアメリカとのガイドライン見直し協議を進め、こちらも、15年5月、97ガイドラインを改定した15ガイドラインを発表した。

◆9条に基づく制約はどこまで壊されたか？

では、いったい「戦争法」と呼ばれた大規模な法改正で、運動の圧力を受けて積み重ねられてきた9条に基づく自衛隊の活動、装備の制約はどの程度壊されたのであろうか。それを点検しておこう。安倍がねらったとおり、安保法制が既存政府解釈の限界を打破することに成功していれば、なにもわざわざ、明文改憲など必要なくなるからだ。

政府解釈の変更点を見る上で、まず注目しなければならないのは、この間の9条解釈をめぐる政府・与党内の攻防の焦点は、変更を推進する側の安倍自身にしても、それに対する公明党、内閣法制局にとっても、集団的自衛権の容認に絞られていたことである。その結果、集団的自衛権についてはは安倍の要求は100％は通らなかった代わりに、その他の部分、とりわけ自衛隊の海外での活動を縛っていた、「他国の武力行使との一体化」論やPKO活動の制限などについてはその制約を事実上なくすような大幅な変更が認められ、また「集団的自衛権」という概念を使わずに「個別的自衛権」の形をとった自衛隊と米軍との共同軍事行動の拡大も、法制局や公明党から鷹揚《おうよう》に認められたのである。

何度も繰り返すように、90年代以来のアメリカの対日要求の大きな点は、米軍に加担した武力行使もさることながら、自衛隊の後方支援であった。そしてこの後方支援に対しては、「他国の武力行使との一体化」は許さないという制約が大きく立ちはだかっていたのである。これが排除されたことは、日米共同作戦体制の構築に大きな「前進」をもたらしたのである。15日米ガイドラインの目玉も、集団的自衛権もさることながら、こうした日米の軍事的一体化にあったのである。

◆集団的自衛権の限定容認

それをふまえて、安保法制の中味を、9条に基づく制約がどこまで壊されたかという点に焦点をあてて見ていこう。

武力攻撃事態法の改正　国会に提出された安保法制の注目点は、なんといっても集団的自衛権を限定的に容認した点であった。まず、武力攻撃事態等に際しての軍事的措置、物資の収容、強制措置を定めた「武力攻撃事態法」を改正し、そこに「我が国と密接な関係にある他国に対する武力攻撃が発生しこれにより我が国の存立が脅かされる事態」すなわち「存立危機事態」を加え、この事態に対しても日本が武力行使を行えることを明記した。つまり、日本が攻撃されていなくとも米軍の軍事作戦に加担して武力行使できる道を拓いたのである。

自衛隊法の改正　また、それに対応して、自衛隊法を改正し、第3条の自衛隊の任務を拡大し、「存立危機事態」にも対処できるよう任務規定を拡大し、また、76条の「防衛出動」の対象も拡大して、「存立危機事態」でも発動できるようにした。ではいったいどんな事態が想定されているのか？

こんな事態である。朝鮮半島危機に際し、アメリカが北朝鮮を先制攻撃したが、北朝鮮は日本に対しては反撃をしていない、こんな時でも、政府が「存立危機事態」と判断すれば、自衛隊は米軍を支援して北朝鮮を攻撃する武力行使が発動できる。

あるいは、189国会で議論されたように、アメリカがイランを攻撃して戦争状態に突入し、イランがペルシャ湾に機雷を敷設した場合、日本は、イランが日本を直接攻撃していない段階でも、「我が国の存立を脅かす」と判断すれば、機雷除去などの武力行使ができるという事例である。注目されるのは、他国の戦争が日本の存立を脅かす「存立危機事態」にあるかどうかを判断するのは日本政府である、という点だ。

◆「他国の武力行使との一体化」論の事実上の空文化

しかし、集団的自衛権の限定容認と並んで、場合によればそれ以上に重大な、自衛隊の活動の制約を大きく取り払ったのが、後方支援活動の対象、内容を大拡大したことである。この分野での改正は、大きく2つある。

周辺事態法から重要影響事態法へ

1つは、周辺事態法の適用対象や活動内容を大幅に拡張したことだ。周辺事態法は、日本で初めて、米軍の軍事行動への後方支援を可能とする法律だったが、すでに述べたように（105〜108頁）、できた時から、その「使い勝手の悪さ」が、アメリカから指摘されてきた代物であった。強い反対運動を背景にした内閣法制局の主張により、同法は、まず、米軍のあらゆる軍事作戦を支援できるのではなく、ただ、「我が国周辺で」日本の平和と安全に重要な影響を与える事態にのみ支援が許された。この「我が国周辺」という縛りがあったため、イラクやアフガニスタンなどの米軍の作戦には適用できなかった。おまけに、支援する自衛隊の活動場所も、米軍の「武力行使と一体化」する活動が禁止されたため、米軍との一体化をあらかじめ避けるような「後方地域」に限られた。そのため、周辺事態法は制定以来一度も発動されたことがなかったのである。

今回の見直しで、こうした周辺事態法の制約はきれいさっぱり取り払われた。まず「我が国周辺」という限定がなくなり、法律名も「重要影響事態法」となったから、イラクでもシリアでも、日本の平和と安全に重要な影響を与える事態だとさえ日本政府が判断すれば、米軍支援ができるようになった。おまけに、現在のシリアでもアフガニスタンでも軍事作戦は米国単独ではなく多国籍軍の形をとっていることに対応できるように、重要影響事態法では米軍以外の軍にも支援できるようになったのである。

また自衛隊の活動範囲も「後方地域」という限定を取り払って「現に戦闘行為が行われている現場」以外ならどこでもよくなったため、こちらも他国領土に行って活動することが可能となった。支援活動の中味も、弾薬提供、発進準備中の航空機に対する給油など「他国の武力行使との一体化」そのものであるような活動もＯＫになった。

基本法としての「国際平和支援法」　もう１つの拡大は、今まで、インド洋に行くにもイラクに行くにも特措法を作っていかねばならなかった不便を解消し、米軍の要請があれば即座に対応でき、かつ、日本の平和と安全に直接関係ない軍事作戦にも自衛隊を派兵できるような基本法をつくったことだ。それが、新法である国際平和支援法であった。

この法は、「国際社会の平和及び安全を脅かす事態」に国際社会が共同して立ち向かうものなら、たとえ日本の平和と安全に影響がなくとも、多国籍軍の活動に「協力支援活動」つまり後方支援ができるというすこぶる便利な法律である。

しかもこの後方支援も、「一体化」論の制約を取り払ったから、「非戦闘地域」にしかいけないという制約はなくなり――これがあったからアフガニスタンやシリアには行けなかった――「現に戦闘行為が行われている現場」でなければ派遣できるし、また活動内容でも弾薬提供、発進準備中の航空機への給油も可となったのである。

◆個別的自衛権の理屈をまとった集団的自衛権行使の解禁

さらに、集団的自衛権という厳しい制約がつくので、「個別的自衛権」の理屈で、事実上集団的自衛権行使を可能とする便法も使われた。自衛隊法95条の2に加えられた「武器等防護」の規定で、「我が国の防衛に資する活動」をしているとさえ言えば、米軍への攻撃に対し自衛隊が反撃できるという規定が、これだ。これは明らかに集団的自衛権行使だが、個別的自衛権行使の理屈――「自衛隊の武器を防護する活動」とみなして――でそれを合法化したものだ。

実は、すでにふれたように（１５５～１５６頁）、安倍が内閣法制局長官の山本庸幸に集団的自衛権行使の解禁の打診をした際、長官は、「できる範囲内でやれることを考えましょう[119]」と答えていたが、この含意は「集団的自衛権」という言葉を使わずに、個別的自衛権の拡大解釈で対応するなら協力しますよというメッセージであった。野党の一部からも、「個別的自衛権でなら対処できるではないか」という「反論」（?）が加えられたこともあった。

政府は、こうした〝アドバイス〟に便乗して、米艦防護を可能としたのである。

◆ＰＫＯ協力法の拡張

最後に、安倍政権は、事のついでにＰＫＯ協力法の改正で自衛隊のＰＫＯ活動も大拡大した。国連ＰＫＯは、92年以来経験を積み重ねてきたが、ＰＫＯ活動自体は、大きくその性格を変え、武力行使に近い活動を行うＰＫＯも増えてきた。

政府は、自衛隊の活動に対する制約見直しを機に、従来、憲法上の制約からできなかったＰＫＯの諸活動を可能にし、かつ一気に、新時代のＰＫＯにも対処できるようにしようとねらったのである。

まずＰＫＯ協力法改正で、いままでできなかった「駆けつけ警護」、さらに「安全確保支援活動」と称する現地の治安維持活動にも参加が可能となった。それに応じて、武器使用の厳格な統制も一気に緩められた。

◆安倍政権の敢行した解釈改憲の規模──9条に基づく制約の2つの柱の改変

このようにざっと見ても、安倍政権による9条解釈改憲の規模は、かつてないものであった。なぜなら、この解釈改憲で、政府は、これまで内閣法制局が解釈のなかで擁護してきた2つの柱──これこそ、法制局が、9条の真髄と見なしてきた──を、2つとも改変したからである。

その2つの柱とは、改めて確認すれば、自衛隊が、憲法9条第2項が保持を禁じている「戦力」に当たらない、言い換えれば、「自衛のための必要最小限度の実力」にとどまる条件でもあった。1つは、自衛隊が海外で武力行使をしないことであり、もう1つは、たとえ海外で直接に武力行使をしない場合でも、「他国の武力行使と一体化した」とみなされる活動はできないということであった。

安倍政権は、確かに、公明党や内閣法制局の意を入れて、芦田解釈を採用して自衛隊の活動に対する制約を一括して廃棄してしまう途はあきらめた。しかし、閣議決定と安保法制を通じて、結局、限定的集団的自衛権を獲得したばかりでなく、法制局が守ってきた「一体化」論の制約をほとんど壊し、さらにPKO活動における制約も取り払ったのである。安倍は、閣議決定と安保法制の強行で、9条による自衛隊の活動に対する制約に致命的な打撃を与えたといって間違いない。

しかし、その安倍は、この安保法制を強行採決してから1年半後の、17年5月3日、読売新聞との単独インタビューなどのかたちで、明文改憲に取り組むことを宣言した。いったいなぜそれが必要だったのであろうか。次節でそれを検討しよう。

3　解釈改憲から明文改憲へ

(1)　9条は死んだのか?

安保法制が強行採決された直後、東京新聞は、「新9条論」つまり、〝立憲的立場からの〟9条改憲論を特集した。そのリードで、記者はこう言った。

「ノーベル平和賞の有力候補とうわさされた『憲法九条を保持している日本国民』と『九条の会』は受賞を逃した。だが、集団的自衛権の行使も容認する九条の惨状に思いをいたせば、そもそも平和賞に値するのか。安倍政権の暴走に憤る人たちの間からは、新九条の制定を求める声が上がり始めた。……解釈でも明文でも、安倍流改憲を許さないための新九条である[120]」と。

つまり、安保法制により憲法9条は死んだ、世間では、憲法9条にノーベル平和賞を、などと言っているが、もはや、9条にそういう資格はない、真に日本の軍事化に歯止めをかけるためには憲法改正をしなければならない、というのが特集の趣旨であった。そして、そこでは安保法制に反対した小林節ら3名が、9条改憲案を提示したのである。

しかし、ほんとうに憲法9条は死んだのか？　筆者は、この記事に怒って、反論の文章を書いたのでくわしくはそちらを見てほしい[121]が、そののち、〝9条は決して死んでいない〟ことを当の安倍が教えてくれた。17年5月3日の改憲提言は、憲法9条を殺さねばならないと決意した安倍の宣言だったからだ。もし9条が死んでいたら、今さら、こんな改憲は必要なかったからだ。

結論から言えば、憲法9条は生きている。9条をそのままにして、その解釈の抜本変更を試み、それを立法化したものの、9条を生かしておいてのこうした解釈改憲が実は大きな限界の下にあることが改めて自覚されたこと、これが、安保法制を強行採決し発動を急いだ安倍政権が、明文改憲に踏み切った理由であった。

では、一体どのように、9条は安保法制の実行による「戦争する国」づくりに立ちはだかったのか、その点を見よう。

(2)　9条の重し——その1・止まぬ安保法制違憲論

第1点は、9条をそのままにしているため、安保法制に対する違憲の声が止まずこれが安保法制廃止の運動を継続させ、安保法制の全面発動に大きな障害物となっていることであった。

安倍政権が安保法制案を国会に提出する前から、安保法制反対運動が昂揚した。後でふり返るように（第三章1節）、安保法制に反対する必要性から、55年ぶりに国民的な共闘が構築され、「総がかり行動実行委員会」（以下、「総がかり」と略称）が主導して、国会内外で反対運動が盛り上がった。

◆安保法制違憲論

この反対運動は、6月4日、安保法制審議と並行して開催された、衆院憲法審査会の参考人発言で大きく発展した。この日、参考人として招致された3人の学者が、長谷部恭男《やすお》、小林節、笹田栄司ともに、国会で審議中の安保法制は違憲だと明言したからである。[122] この日の違憲発言は、安保法制反対運動の勢いを一気に広げ、強めたのである。

3人の憲法学者の違憲論の主たる論拠は、以下の点にあった。ひとつは、安保法制の主たる柱である集団的自衛権の限定容認は、今まで長年にわたり踏襲されてきた、9条についての政府解釈——9

条の下では、個別的自衛権の行使のみが認められ集団的自衛権行使は禁止されているという解釈の基本的論理を逸脱した解釈の改変であり政府解釈の許容限度を超えて違憲だという点にあった。もうひとつは、法案が「戦闘地域」と「非戦闘地域」の区別をなくしたことによって、これまで政府解釈で禁止されているとしてきた「他国の武力行使との一体化」が生ずるおそれがあるという点であった。この後者について、小林は、「戦闘地域」と「非戦闘地域」の区別をなくした法案は「一体化そのものだと思う[123]」とまで言い切った。

この安保法制違憲論は2つの特徴を持っていた。1つは、憲法審査会においてこれら違憲を主張した参考人の3人がいずれも2014年7月の閣議決定による解釈変更以前の解釈に基づいて自衛隊は合憲だという立場から違憲論を展開していたことに象徴されるように、自衛隊合憲説に立つ立場からの違憲論が登場したことであった。その立場から言っても、安保法制は、自衛隊が憲法上認められた自衛権行使の限度を超えるとみなされたのである。

この時点で、自衛隊違憲論の立場からの安保法制違憲論と自衛隊合憲論の立場からの安保法制違憲論が合流したのである。言いかえれば、今回の安保法制反対運動では、自衛隊合憲論者が安保法制違憲に参入することで、反対運動の幅を一気に広げたのである。その後歴代内閣法制局長官経験者らが安保法制に反対表明したのも同じ立場からだった。

◆「立憲主義」論の登場

それと関連するが、安保法制違憲論の2つ目の特徴は、違憲論の論拠に「立憲主義」違反が入っていたことである。この立憲主義違反という主張は、2014年7月1日の閣議決定による政府解釈変更を機に唱えられはじめたが、それが、この時点で、閣議決定と安保法制による政府解釈の変更は、確立した政府の9条解釈の枠を逸脱し、かつそれによって法的安定性を損うという点で立憲主義違反であると主張されるようになったのである。

戦後の民主運動内で初めて、「立憲主義を守れ」というスローガンが登場したのである。

この安保法制違憲論は、安倍政権が安保法制を強行採決して成立させたあとも、安保法制廃止運動として運動が盛り上がるなかで、安保法制廃止の論拠付けとして継続して主張され、安保法制の発動の小手調べとして行われた国連南スーダンＰＫＯにおける自衛隊への新任務付与に対しても向けられたのである。

こうした反対の声が安保法制の全面発動に大きな足枷となった。これが安倍をして安保法制制定以後あえて明文改憲に踏み切らざるをえなくなった重要な要因となったのである。

◆安保法制強行採決後の運動の発展

安保法制違憲論の発展と関連して、安倍政権を苦しめたのは、通例の「悪法」反対運動と異なって、安保法制反対運動では、強行採決後も、安保法制廃止運動として盛り上がり、発動に圧力を加え続けたことである。

また、自衛隊のイラク派兵違憲訴訟を上回る規模で安保法制違憲訴訟が全国で起こされた。

◆国連南スーダンＰＫＯ派遣反対

さらに、これら運動が、２０１６年に、国連南スーダンＰＫＯへの自衛隊の新任務付与と派遣に反対する声となって安倍政権を苦しめた。とくに、政府が、２０１６年11月15日、派遣部隊に対し安保法制で新たに任務に加えられた「駆けつけ警護」「安全確保活動」の新任務を付与する、実施計画の変更を行ったことから、にわかに、南スーダンＰＫＯが、安保法制をめぐる対決の焦点となった。安倍政権は、安保法制発動の「小手調べ」のため、あえて新任務を付与してきたからだ。

すでに、南スーダンでは、大統領派と副大統領派の内戦が激化し、そもそもＰＫＯ派遣の前提が崩れているのではないかという危惧の下での新任務付与であっただけに、一層、反対や危惧の声は強くなった。

国会でも安保法制廃止の共闘が継続していたから、南スーダンへの新任務付与は大きな争点として取り上げられた。そこに、「日報隠し」が起こったのである。[124] もし首都のジュバも含めて、南スーダンが内戦状態にあるとなれば、新任務どころか、派遣自身の正当性が問われたからである。「日報隠し」は〝必然〟であった。

しかも、17年に入ると通常国会では、日報隠しに加え、森友問題が噴出した。安倍政権への追及が厳しくなるなかで、もし新任務を付与された自衛隊員に死者が出るようなことがあれば、安倍政権は持たない。こうして、政府は、17年5月、新任務を付与したての自衛隊の施設部隊の撤退を余儀なくされたのである。

こうして、あれだけの反対を押し切って強行した安保法制であったが、憲法9条の下では、その発動には茨《いばら》の道が続くことが明らかになった。安倍がめざす「大国」の条件はいつになったら実現するか覚束《おぼつか》ない、これが安保法制発動以後に改めて、安倍が明文改憲の提起に踏みきった第1の理由であった。

(3)　9条の重し――その2・安保法制の限界

安倍が安保法制の強行後に明文改憲に踏み切った第2の理由は、9条の下での解釈では、安保法制を制定したあとでも、「ふつうの」軍隊、「ふつうの国」の持つ軍事体制を持つことができないという問題であった。

◆フルスペックの集団的自衛権は認められていない

まず、すでにくわしく見たように、安倍がもっとも固執した集団的自衛権についても、閣議決定と安保法制は、集団的自衛権の全面的行使を認めてはいなかった。シリアやイラク、アフガニスタンで米軍、多国籍軍が行ってきた、また現に行っている戦争に武力で加担することは依然できないのである。

◆多国籍軍参加もできない

また、安保法制では、国連決議に基づく多国籍軍に日本が参加することもできないままであった。安倍が、政府解釈を変更する記者会見で明言したように、「自衛隊が武力行使を目的として湾岸戦争やイラク戦争での戦闘に参加するようなことは、これからも決してありません」[125]という状態は続くのである。

◆軍法、軍法会議は設置できない

さらに、自衛隊は、憲法で軍事組織＝「戦力」の保持を許されない状態のままで海外派兵に踏み込むことになったため、通例の軍隊が海外進出をする際に不可欠としている軍刑法、軍法会議もないままに、海外に出かけざるを得なくなった。派兵された地域で戦闘に巻き込まれた際、兵士たちを戦場に縛りつけるための制度がないままに海外派兵に乗りだしたのである。

これらは、詰まるところ、憲法が9条2項で「戦力」保持を否定しているところから来る限界であった。この面からも、安倍は憲法9条の下での解釈改憲の限界をいやというほど自覚せざるを得なくなったのである。

こうして、安倍は、17年5月3日、党内の議論も経ず、唐突とも思える形で改憲提言を行ったのである。

第三章　安倍5・3改憲提言は何をねらうのか？

1　なぜ、安倍は5・3改憲提言を出したのか？

――安倍改憲に立ちはだかった壁――

(1)　5・3改憲提言の異様

2017年5月3日に安倍が読売新聞とのインタビューや日本会議系の憲法集会へのビデオメッセージという形で提起した改憲提言は、安倍の周りで安保法制の作成に尽力した自民党副総裁高村正彦にも事前に一切知らされることのないままに出された[126]という点で、出し方自体が異様であった。

確かに安倍は、第2次政権についてから、解釈改憲の方針で突っ走っていた時でも、折にふれて、明文改憲への意欲を垣間見せていた。13年通常国会では、96条改正論を発言してみたり、15年の11月臨時国会では、衆院予算委員会で、緊急事態条項改憲論に言及したりして、その度に大きな非難を浴びてきた。また、16年3月には、合区の解消のための改憲も「1つの見識」だと発言した[127]。

特に、16年の参院選で、野党共闘に苦しめられながら維新の会も含めて参院で改憲勢力が3分の2を占めると、「憲法改正は、我が党の党是。自分の任期中に果たしたい」と第2次政権では封印してきた明文改憲に言及したのである。そして、17年5月1日には、「新しい憲法を制定する推進大会」に現職首相として初めて出席し、そのあいさつで、5月3日の提言を予感させるかのように、「機は熟してきた[128]。いま求められているのは具体的提案だ」と踏み込んだ。

しかし、それにもかかわらず、安倍の改憲提言が全く唐突であったことは確かだ。

石破が、「今までの自民党の議論の積み重ねにはなかった」[129]と、党内民主主義の点から反発したのも当然ではある。

しかし、5・3改憲提言の内容はもっと異様であった。すぐ後でくわしく検討するので、ここでは、指摘しておくにとどめるが、まず1つは、安倍が改憲の本命とした9条改憲については、今までの改憲派の常識であった、9条2項を削除して自衛のための軍備の保持を謳うという案ではなく、9条の1項ばかりか2項も存置して、それに加え新たな条文で自衛隊保持を明記するという案を提示したことである。

2つ目は、9条改憲とともに提起した、アメの改憲案についても今まで自民党内で出されたことのない「教育の無償化」を掲げたことである。

では一体安倍はなぜ、こんな異様な改憲論を提起したのであろうか。これを検討することで、安倍改憲のねらいとともに、安倍が改憲を実行する上で、どんな困難を感じているかを知ることができる。実は、この5・3改憲提言は、安倍改憲の前に立ちはだかる壁を乗りこえて、改憲を実行するための切り札として出された案であった。そこで、まず、安倍改憲の前に立ちはだかる壁とはなんであるかを検討することからはじめたい。

(2) 安倍改憲に立ち塞がった壁 ――市民と野党の共同――

安倍改憲の前に立ちはだかった壁とは、皮肉にも、安倍が強引に推し進めた9条解釈の改変、安保法制に反対する運動の中でつくられた、安保法制反対の市民と野党の共闘であった。

◆55年ぶりの共闘ができた

「総がかり行動」という形で作られた共闘は、安保闘争の時につくられた安保条約改定阻止国民会議の共闘が壊れて以来、実に55年ぶりに立ち上がった市民と野党の共闘であった。

先にくわしく見たように、安保共闘は、それまで、互いに敵呼ばわりしていた社会党、共産党が、安保条約改定阻止の一点で初めて共闘を構築したものであった。これがかつてない労働者や学生、市民の立ち上がりを生み、岸内閣は安保条約を強行採決したものの、国会を取り囲む市民と労働者の声に押されて総辞職を余儀なくされ、自民党政治の大転換をもたらしたのである。

ところが、条約強行採決の直後から安保共闘は開店休業となり、その後たびたび「再開」の声があがりその努力が試みられたにもかかわらず、ついに全国レベルで、社会党、共産党、総評の共闘はできないままに終わった。

冷戦後には社会党が解党し、その一部は社民党と民主党に分かれたが、それら政党と共産党との間の共闘はできなかった。

しかし、安倍政権によって繰り出される悪政を前になんとか共闘を、という努力の結果、２０１４年12月に「総がかり行動実行委員会」がつくられ、ここが呼びかけて、安保法制反対で、民主党、共産党、社民党、生活の党が初めて一堂に会したのである。

この「総がかり」の取り組みについてはくわしい検討が必要である。しかし、安保闘争の共闘と異なり、本書の読者の多くも体験し記憶に新しいので、共闘への努力、その詳細については、高田健の検討[130]などに委ねて、ここでは、この共闘が安倍改憲に与えた困難に焦点を絞ってみておこう。

当初、総がかりの提起する反対行動での政党間の共同の動きはぎくしゃくしたものではあったが、それはあたり前のことであった。何しろこれら政党、運動団体の中心的幹部といえども、長い間、共闘の経験を持ったことがなかったからだ。比喩的に言えば、各運動団体には、共闘の文化はとだえていたのである。

しかし、２０１５年安保法制の国会提出以来始められた総がかりの毎週木曜日の国会前での集会、さらにはＳＥＡＬＤｓの行動を通じて、政党と労働組合、市民団体間の共同が急速にすすんだ。それに触発された野党4党間の国会内での共同の動きもすすんだ。総がかりによる国会外での共闘の盛り上がりが国会内のたたかいを生み、支え、今度は国会内での追及・暴露が国会をとり囲む市民を励ましたのである。

安保法制反対運動は、政府・与党による衆院強行採決でさらに盛り上がり、8月30日の統一行動には、実に安保闘争以来となる12万人が国会前に集結した。しかも、注目されるのは、この30日を前後して、地域では100万人以上の人々が、行動に立ち上がったのである。[131]

こうした市民と野党の共闘には安保共闘（58〜60頁）と比べても、いくつかの特徴があった。

◆安保法制反対の共同は、地域での共同の積み重ねを土台に

まず、安保共闘と比べても、安保法制反対の共闘は、それまで長い時間をかけて積み重ねられてきた、全国津々浦々の地域レベルでの共闘の広がりを土台にしていたことである。

安保共闘も全国2000に及ぶ共闘組織を誇り、地域の共闘組織が国民会議の「全国代表者会議」を通じて、運動方針にも大きな発言力を持った。しかし、安保闘争時の地域レベルの共闘は、短期間に終わった。しかも、そうした地域の共闘を主導したのは、地区労による労働組合のイニシアティブが強かった。

地域共闘の持続性、広がりと地域共闘を支える力という点で、安保法制反対闘争の地域共闘には大きな特徴があったと言える。

先に見たように（95〜96頁）、1990年代初めから自衛隊の海外派兵反対を掲げて新たな市民運動が台頭したが、この市民運動は、その後周辺事態法、テロ対策特措法と自衛隊派兵、有事法制、自

衛隊イラク派兵反対と続く政府の企てに反対して運動に取り組むなかで、地域レベルに根を張って全国に広がっていった。[132]

さらに、２００４年以降には、こうした市民運動も加わって九条の会運動が始まった。この九条の会は、全国津々浦々の地域に拡大し現在は７５００に及ぶとともに、安保法制反対運動に至るまで長いところでは10年以上にわたり地域での運動経験を積み重ねてきていた。

さらに、労働組合運動の領域でも、２０００年代に入って、小泉政権による新自由主義攻撃が始まり、リストラ、非正規化の進行に対して、新たなたたかいが芽生えていた。これら労働組合運動の中には、個人加盟の地域ユニオンなど、地域でのリストラ、非正規化に反対して地域レベルで運動を構築する動きも活発化した。[133]

こうした地域を根城にした、さまざまな運動の積み重ねが、総がかり運動に合流し、総がかりの土台を形づくったのである。その広がりと持続性、市民運動をはじめとするイニシアティブの多様性は、安保共闘より、安保法制反対共闘の方がはるかに強かったと言える。

この地域レベルでの共闘が根強くあったからこそ、16参院選で32の１人区で共闘が成立すると、ただちに、各地域で協力が作動することができたのである。

◆安保法制の強行採決後、安保法制廃止の共同へと発展

第２の特徴は、安保法制反対の共同は、強行採決後も壊れることなく、総がかりのよびかけに応じ

て、「戦争法」（安保法制）廃止の共同へと発展したことである。これは、条約批准の成立のあとには、「あの街頭にあふれ出ていた大衆は、潮の引くように姿を消した」[134]と国民会議事務局長が評した、安保闘争との大きな違いであった。

これは2つの結果をもたらした。1つは、総がかりが中心になって提起した安保法制廃止の2000万人署名が、共同の裾野をさらに広げ、また、地域の共同を強くしたことである。

もう1つは、安保法制廃止の共同が、戦後初の参院選での野党選挙協力に結びついたことだ。安保法制が国会を通過する前なら、大規模な大衆運動で安倍政権を追い詰め辞職に追い込むか、法案を強行採決できない状況を作り出すことで法案を廃案に追い込めた。しかし、いったん、安保法制が成立してしまうとその廃止は大衆運動では無理だ。衆参両院で、安保法制廃止に賛成する政党が多数を占め（当然それら政党が連立政権を組むことになろうが）、安保法制廃止法案を提出し両院で可決して初めて、安保法制は廃止できるからだ。

つまり安保法制を廃止するには、政治を変えねばできないことになる。これが安保法制反対共闘の第3の特徴を生んだのである。

◆総がかりが、「市民連合」を生み、戦後初の野党選挙協力を生んだ

安保法制反対の共闘の第3の特徴は、共闘が、「安保法制の廃止と立憲主義の回復を求める市民連合」を生み[135]、そのイニシアティブで、戦後初の野党選挙共闘が生まれたことである。16参院選の32の

1人区では、4野党共闘がつくられ、選挙協力が実現した。この32の1人区は、定数1、つまり人口の減少しつつある県の選挙区であり、自民党の大票田の県が多くを占めていた。そんな32の1人区で共闘ができ、なんと11の選挙区で、野党統一候補が当選したのである。

(3) 共同がつくりだした2つの困難

この市民と野党の共闘が、安倍改憲に大きな2つの困難をもたらした。安倍が衆院に次いで参院選でもかろうじて3分の2を獲得したにもかかわらず、容易に改憲に動けず、また、5・3改憲提言のような常識を覆した案を出さざるを得なかったのは、この困難の故であった。

◆野党第一党・民主党→民進党が安倍改憲反対に

市民と野党の共闘がもたらした困難の第1は、この共闘の経験のなかで、野党第一党である民主党が変貌し、憲法改正反対に転じたことである。

そもそも、議会制民主主義における議会の運営において、野党第一党は特別の重要性がある。議会運営は常に与党と野党第一党との協議を通じて行われるし、野党第一党は特別の権限と責務を有している。

しかも、その役割は、憲法改正、とりわけ憲法改正作業の最初のハードルである国会での発議にも、重要なものがある。

改憲発議に行くには、以下のプロセスが必要である。まず衆院なら100名以上参院なら50名以上の議員によって（他にもあるが）衆参いずれかの院に改憲原案を提出し、憲法審査会で審議の上、過半数の議決で改憲案を了承して本会議にかけられ、同院の3分の2の多数の賛成で可決の上、他院に送られ、同様の手続きをもって可決されれば、憲法改正発議となる。この原案の提出から発議に至る全過程で、つまり憲法審査会での運営、さらに本会議への上程、審議、そして発議の議決に至る全ての局面で与党は、野党第一党との協議が必要となる。

憲法改正の発議と国民投票手続きを決めている改憲手続法（2007年法律第51号）は、国民投票手続きに比べ発議に至る手続きは簡素な規定しかもっていない。それは、その手続きの多くをこれまでの議会運営のなかでつくられた慣行にゆだねているからであるが、その点から見ても、野党第一党には大きな役割が想定されている。

しかも、憲法改正案の発議は、通例の法案審議と異なり、与野党の党派を超えた一致が必要との判断から、通例の法案以上の与野党の協議、合意形成が念頭に置かれている。

そのため、これまで自民党、公明党の与党内で改憲にかかわってきた議員たち、いわゆる「憲法族」は、憲法改正問題については、意識して野党第一党の民主党との合意形成に努力してきたのである。

98年に保守諸党を糾合して民主党が再編されて以降、野党第一党の座を確保してきた民主党は、いわゆる「55年体制」下の社会党と異なって、結党以来1度も憲法改正には反対しなかった。それどころか、２０００年代に入ると憲法改正にも積極的に取り組む姿勢を見せるようになっていた。

特に、２０００年に、国会内に設置された憲法調査会の運営、その後継として05年9月に設置された憲法調査特別委員会の運営、さらにその議をふまえて国会に提出された「憲法改正国民投票法案」（以下、改憲手続法と呼ぶ）の審議過程では、与党の自民党、公明党と、野党第一党の民主党は文字通り緊密な連携を図って合意形成に努めた。

自民党の中山太郎、船田元《はじめ》、保岡興治《やすおかおきはる》らと民主党の枝野幸男の間では頻繁な調整がなされ、信頼関係も醸成された。06年5月には与党案と民主党案が国会に提出されたが、この両案は多くの点で一致し、同年12月には両案の修正案要綱が出され、法案の一本化の一歩手前まで行ったのである。

この協調体制は、民主党代表に就任した小沢一郎が、自民党との対決姿勢を強め、片や、06年9月第1次安倍政権が誕生、改憲手続法の成立を急ぐ安倍晋三の強行採決も辞さずという態度に変わった結果、最終盤で壊れたが、このように、改憲を議論する現場ではつねに与党と野党第一党の民主党との協調が意識されてきたのである。

その結果、成立した改憲手続法も、与野党共同の改憲原案提出、発議をも想定した手続きが随所に規定されている。たとえば、同法では、改憲原案の提出は、衆議院では１００名以上参議院では50名以上の議員による提出という方法に加えもう１つ、憲法審査会会長による提出という方式が想定されているが、これは、与党、野党の圧倒的多数の合意による原案提出が想定されているのである。

ところがその民主党は、安保法制反対の共同を継続するなかで、安倍首相のねらう改憲は、安保法制の合憲化にほかならないとの判断を固め、代表の岡田克也《かつや》は、15年の安保法制強行採決後には「安倍政権下の」という限定はあるものの、憲法改正反対の態度を打ち出すに至った。そして岡田は民進党代表になって以降もその態度を継続し、16参院選時には、「安倍首相は憲法９条２項を変えようとしている。改憲勢力に３分の２を許して良いのか」[136]と３分の２阻止を訴えるまでになったのである。

野党第一党の転換は、自民党にとっては、大きな痛手となった。保守二大政党の合意による改憲発議を想定した改憲手続法と、市民と野党の共闘が改憲に反対しているため与野党共同の改憲原案提出などが全く想定できない安倍改憲の状況とは、正反対と言ってよいほど異なるため、改憲手続法の規定する手続きは、安倍改憲に重くのしかかったのである。

◆市民と野党の共闘の下では、衆院選は困難

市民と野党の共闘がもたらした困難の２番目は、より深刻なものであった。それは、もし、市民と野党の共闘が継続し、16参院選と同様、衆議院の２８９の小選挙区で野党選挙協力がなされた場合には、選挙で自公３分の２はおろか、過半数の確保さえ覚束なくなるという問題であった。

実は、16参院選の32の１人区での選挙協力は、自民党にとっては、11の選挙区での野党統一候補の勝利という以上の深刻な内容を持っていた。

◆16参院選が示したもの

参院選での結果は、2つの点で安倍改憲、それどころか自民党支配の根幹にふれかねない問題を投げかけていたのである。

32の1人区は自民党の金城湯池　第1の点は、32の1人区を構成する34県のほとんどは、自民党の金城湯池《きんじょうとうち》とでも言うべき人口の少ない「地方」であったという点である。34県のうち自民党が40％以上の得票をとっている県が18県（40％以上得票している19県のうち茨城県以外は全て1人区だ）、自民党の全国平均を上回っている県は28県に上る。

逆に、自公の合計得票率が4野党の合計得票率より下回る県は、34県のうち、岩手県と沖縄県の2県に過ぎなかった。自公の合計得票率と4野党のそれが5ポイント以内の接戦県をとってみても、福島、長野、三重の3県にとどまっていたのである。

しかも、1人区は、16参院選において自民党が戦略的重点として力を入れた地域であり、実際にも34県のうち奈良県1県を除いて自民党は、14衆院選と比べ、得票率を伸ばしていた。この1人区に野党共闘ができ、参院選の主戦場となったのである。それなのに、野党共闘は自民の善戦を上回って11選挙区で競り勝ったのである。

共闘効果　2つ目は、4野党選挙協力の効果がすさまじかったことである。メディアは、参院選で、この共闘をさして大きくは評価しなかったし、した場合でも、4野党が候補を1本化すれば

――具体的には多くの選挙区で共産党が候補を降ろし民主党に1本化すれば――野党の合計得票率が自公の合計得票率を上回る選挙区があるという点にのみ関心を持った。

しかし、これは、実際の共闘効果を過小評価していた。なぜなら、先にふれたように、自民党32の1人区のうち、4野党が統一すれば自公の票を上回るところなどは、岩手、沖縄しかなかったのである。実際には野党が合計しても自公の票に到底及ばない地域で野党統一候補が、自民候補を逆転して勝利し、あるいは肉薄していたのである。

東北6県に見る共闘効果　それを、6県の内5県で共闘候補が勝利した東北6県の事例でややくわしく見てみよう。

まず確認しておかねばならないのは、東北6県では、岩手、福島を除くと、自公の合計得票率と野党4党のそれには、18・25ポイントの差があった山形、17・87ポイントの秋田、14・39ポイントの青森をはじめ、かなりの差があったことである。

野党共闘は、5県でこの差をひっくり返し、敗れたとはいえ秋田県でも自公との差を10ポイント近くまで縮めている。野党共闘は1＋1＝2以上の力を発揮したのである。山形県を例にとると、比例区選挙では自公の合計得票率が54・27％、4野党の合計が36・02％で、実に18・25ポイントもの差があった。ところが選挙区選挙では、野党統一候補は59・05％を獲得し自公候補の38・34％を大逆転し、票数で12万票以上の差を付けたのである。

こうした大逆転が起こった要因を探るのに、出口調査の結果が、極めて注目される。14ポイント差をひっくり返した青森県では、無党派層の実に65％が、野党統一候補の田名部匡代《たなぶまさよ》候補に入れたのみならず、自民支持の15％、公明支持の25％、維新の62％が田名部に入れていることがわかる。

この傾向は、他県でも驚くほど共通している。宮城でも無党派の65％、自民支持の13％、公明支持の25％、維新支持の63％が野党統一の桜井充候補に入れているし、山形にいたっては、舟山康江候補に無党派の実に79％、自民支持の29％、公明支持の38％、維新の67％が入れている。

これを見ると、比例区選では「仕方のない支持」で自公に投票していた人々の少なくない部分が、安倍政治に代わる受け皿が提供された結果、安倍政治に代わるものを求めて、野党統一候補に入れたことがわかる。

また、こうした「仕方のない支持」層に働きかけて、野党統一候補への投票を訴える働きかけが、共闘各党、とりわけ活動力のある共産党によって精力的に行われたことも勝利の大きな要因であったと推測される。

東北各県では、安保法制に反対する共同の試みが他の地域と比べても分厚く続けられてきた。とくに、東北６県では、全国に先駆けて、市町村長九条の会ができて活動してきており、この間の安保法制反対から廃止、さらに野党選挙共闘への流れのなかで、各県で野党統一を進めるために精力的に活動してきた。

また、県内１２９団体の賛同で「戦争法の廃止を求める２０００万統一署名を推進する岩手の会」を結成して共同で取り組んだ岩手県をはじめ、２０００万署名運動が、選挙共闘の締結と推進の原動力となった。

中央での総がかりや市民連合に呼応して、野党統一を求めて、共同の運動や野党の統一を求めるさまざまな組織が結成され、野党共闘への圧力を強めた。山形県の「戦争法廃止を求めるやまがた県民の会」、宮城県の「安保法制廃止みやぎネット」「野党共闘で安保法制を廃止するオールみやぎの会」、岩手県の「参議院選挙に向けて、安保法制の廃止、立憲主義回復を求める岩手『市民ネットワーク』」、福島県の「ふくしま県市民連合」などがそれだ。

こうした運動を背景に、統一候補の政策協定への試みもぎくしゃくしながらも進められた。とくに東北各県で焦点となった原発再稼働とＴＰＰについては、各県で多様な形で取り組まれた。たとえば、福島県では野党統一候補と各党の４項目の合意に「県内原発の全基廃炉の実現」が入ったが、統一候補の増子輝彦は、さらに踏み込んで全国の原発再稼働についても反対の意思を表明し、ＴＰＰについても個人ビラでは反対を訴えるなど、運動側の要求に応え、政策的共同を強める努力がなされた。こうした共同行動の積み重ねが選挙共闘のフル稼働を可能にし、「地域」での共同を大きく前進させたのである。

◆参院選後地域ですすめられた共同

おまけに、16参院選後、地域、とりわけ、２８９の小選挙区毎に多くの地域で、市民連合や市民の会がつくられ、来るべき衆院選に向け、野党統一候補の選出もにらんだ共同の動きが起こっていた。

市民と野党の共闘が文字通り安倍改憲の前に立ちはだかった。

5・3改憲提言は、こうした市民と野党の共闘を前に、改憲を強行する方策、奥の手として出されたものであった。

2 5・3改憲提言の特徴とねらい

(1) 5・3改憲提言の特徴

安倍首相が、5月3日に提言した改憲方針は、本章冒頭で指摘したように、出し方においても、内容においても、あっと驚くような新しい特徴を持っていた。その特徴は、大きくは3つあるが、実はその3つとも、市民と野党の共闘を乗りこえて改憲を実行するという安倍改憲のねらいに深く関わって出された特徴であったのである。

◆2020年改憲施行という改憲期限を切った

第1の特徴は、提言が、2020年末までに新しい憲法を施行するという形で、改憲実行の期限を切ったことだ。安倍首相は、2020年夏の東京オリンピックをあげ、かつての東京オリンピックが日本の高度成長を象徴したように、今度のオリンピックも新たな時代の始まりとなると宣伝した。安倍のなかにはオリンピックに便乗して、2020年改憲を印象づけようという魂胆もあった。

しかし、それ以上に2020年という期限には、意味があった。20年末、新しい憲法施行というのは、2018年中に改憲を実現するという含意を秘めていたのである。

まず、20年末までには通常国会は、18、19、20年と3度ある。改憲を発議するには、少なくとも長期の会期のある通常国会を1度は使わないとできない、臨時国会では無理である。しかし、20年の通常国会で発議となると、そのあと3カ月くらいの期間をおいて国民投票、改正憲法を公布して半年程度施行に間を持たせるとすると、20年末までの施行には間に合わない。

そこで、発議に使う通常国会は、18年と19年のそれとなるが、19年7月には参院選がある。しかも19年5月には天皇代替わりがある。安倍政権は、くり返し、代替わりは「静かな環境で」と強調している手前、国民間の対立をもたらしかねない改憲は審議しにくい。また19年4月は、いっせい地方選挙だ。この時期に改憲問題が国会にかかっていれば、改憲問題がいっせい地方選の格好の争点となってしまいかねない。つまり19年通常国会も難しいのである。

となれば、実際に改憲原案を審議し発議に持ち込むのは、18年通常国会とならざるをえない。安倍は、それを見越して、20年末までの改憲施行と言ったのである。18年通常国会で発議するというのがどういう意味を持つかは、すぐ後で検討しよう。

◆9条改憲に9条「加憲」方式を採用した

安倍提言の第2の特徴は先にも指摘したように、今までの改憲案の常識を覆して、9条1項、2項を残して、9条第3項あるいは9条の2という形で、条文を新設しそこに自衛隊を明記するという9条改憲案を出したことだ。

第一章で検討したように、9条、特にその第2項は、運動の圧力と相俟って、日本の軍事化を抑制し、日本を「戦争しない国」にした大きな梃子であったから、改憲論が2項削除を求めるのは当然だった。安倍政権が苦労して穴をあけた集団的自衛権行使禁止も、自衛隊の海外派兵禁止も、「他国の武力行使との一体化」論も、弾道ミサイルや空母を持てないのも、皆9条2項のせいだったからである。

では、一体安倍は、9条1項、2項存置、自衛隊明記論をどこから仕入れてきたのだろうか？　そもそも、この改憲論はだれが発明したのであろうか[137]。

◆9条「加憲」論のルーツは?――竹花光範案

9条1項、2項を残すという案を最初に言ったのは、1981年10月、自主憲法期成議員同盟の憲法改正案を委嘱された、竹花光範《みつのり》であった。自主憲法期成議員同盟は、1955年に結成された、もっとも古くからある改憲派の議員集団であった。

竹花は、その委嘱を受けて、81年10月に「第1次憲法改正試案」を発表し、続いて「第1次憲法改正試案追加案」を発表しているが、9条1項、2項存置論は、「第1次試案」の方で提起された。[138]

竹花が、この案を提案したのは、当時、80年代前半期の、改憲をめぐる雰囲気のなかでいかに改憲論の合意を取り付けるかの苦心の結果であった。当時は、60年安保闘争以後自民党政権が改憲消極に転じた下で、自民党議員たちのなかでも憲法擁護、改憲消極の雰囲気が強かった。[139]自民党憲法調査会も会長のなり手がいないという状況であった。それでも、80年代に入り、アメリカでレーガン政権が登場し米ソの冷戦が再び激化する様相のなかで中曽根政権が登場すると、小さな改憲の山がやってきた。自民党憲法調査会も久方ぶりに再開した。しかし、自民党の憲法調査会には〝中曽根首相が改憲に走るのでは〟と憂慮して多数の改憲消極派も押しかけ、9条改憲についてすら改憲派と改憲反対派が対立し、決着がつかず党の方針さえ出せない状況であった。

こうした状況を踏まえ、竹花は、国民の憲法擁護意識の強さと、自民党内で改憲消極派が多数存在する状況のなかで、改憲という困難な事業を遂行する方式として2つのことを提案したのである。

1つは、改憲が国民の警戒するような復古的なものでないことを示すために、憲法改正案のなかに、時代の変化で要請される新しい人権などを入れることであった。

そして、もう1つが、9条改正についても、いままでの常識であった9条2項の削除でなく、9条1項、2項を残して、自衛隊の合憲化を明記する新条文を追加する案であった。

竹花は、こう言った。


「現状では、自衛隊違憲論も成り立ちうることは、周知の如くである。そこで、そのような余地をなくし自衛隊を明らかに合憲的な存在とするよう改めることが必要である。ただし、現憲法の『平和主義』の原理そのものには、手を触れないことが望ましいように思う。」その上で、竹花は案1として次の案を提案した。

「第九条第三項　『前二項は、日本国の独立と安全を防衛し、国民の基本的人権を守護することを目的とし、必要な実力（または武力）を保持し、これを行使することを妨げるものではない』」と。[140]

この竹花案は、80年代中はちっともふり返られなかったが、90年代に入り、改憲第2の波がやってくると、様子が変わった。

90年代の改憲案は、竹花が提唱した第1の方——新しい人権——を改憲案にこぞって入れるようになったのである。改憲が、国民に、〝また戦前の日本に戻そうという企みではないか〟とか、戦争する国づくりではないかという警戒をもたれないような配慮のためであった。新しい人権を入れる改憲案は、一躍流行となったのである。

しかし、9条の3項論はあまり相手にされなかった。それも当然であった。なぜなら、90年代の改憲案は、第一章で見たように、アメリカの派兵圧力に応えられるよう自衛隊の海外派兵を正当化しようというねらいをもっていたからだ。ところが、竹花案は自衛隊の海外派兵を正当化するには役立たないように見えたのである。

◆9条1項、2項存置論

それでも、90年代以降には、いくつかの改憲案でこの竹花構想が採用された。一つは93年の自主憲法期成議員同盟と自主憲法制定国民会議連名の改憲案「日本国憲法改正草案」[141]である。これは竹花案を引き継いだものであった。

また、1999年に小沢一郎名で、『文藝春秋』誌に発表した「日本国憲法改正試案」[142]も、9条1項、2項を残して第3項で「前二項の規定は第三国の武力攻撃に対する日本国の自衛権とそのための戦力の保持を妨げるものではない」という条文を入れている。これは、芦田解釈、すなわち〝自衛のためなら戦争も自由、「戦力」も持てる〟という解釈を採用することを保障した規定である。この規定があれば、個別的自衛権のみならず、当時から、アメリカに要求されていた集団的自衛権行使も認められるようになる。同時に、この小沢案は、別条で、「国際の平和と安全の維持回復のため国際社会の平和活動に」自衛隊の参加ができるという規定も置いていた。この案は、1項2項は維持したものの、当時の支配層の要求――自衛隊を米軍の戦闘作戦にも、また多国籍軍にも派兵できるという要求を満たすものであった。だから、小沢案は、9条改憲の困難さをなんとか打開したいという竹花の問題関心とは必ずしも一致してはいなかったと言える。

◆公明党、9条「加憲」論の登場

しかし、2000年代に入って竹花案を引き継いだ「本命」が登場した。公明党であった。公明党は、2000年代初頭、02年の再建第4回党大会で、「加憲」方針を打ち出し、継いで04年の第5回党大会で、9条についても「加憲」論を提唱した。「9条の1項の戦争放棄、2項の戦力不保持の規定を堅持するという姿勢に立ったうえで、自衛隊の存在の明記や、わが国の国際貢献の在り方について、『加憲』の論議の対象として、より議論を深め、慎重に検討していく[143]」と。つまり、9条1項、2項を残して、第3項に、自衛隊の保持を明記する案を、「加憲論」という言葉とともに提唱したのである。

そして公明党は、06年9月の第6回党大会で、「加憲」論にさらに踏み込んだ。9条については、「自衛隊の法的認知」として「現行憲法9条の規定は、我が国の平和と独立並びに国及び国民の安全を確保するため、自衛のための必要最小限度の実力組織として自衛隊を保持することを妨げるものではないことを明確にすべきかどうか」[144]という提起をしたのである。この公明党の9条「加憲」論がこれまでみてきた9条1項、2項存置・自衛隊明記論と違うのは、この公明党案が明らかに、政府＝内閣法制局がとってきた自衛隊合憲論、すなわち「自衛のための必要最小限度の実力」論をふまえている点であった。

この第6回党大会では、太田昭宏《あきひろ》――すぐ後で検討するように、太田が安倍に最初に9条「加憲」論を吹き込んだと推測される――が代表に選出され、北側一雄が幹事長になった。[145]公明党が、もっとも改憲に踏み込んだときであった。

◆なぜ公明党は9条「加憲」に踏み込んだのか？

この時期に公明党は、なぜ「加憲」論を提唱したのであろうか？　改憲に積極、消極相反する2つの要因が絡まって、「加憲」論に至ったのである。

自民党との連立維持　1つは、当時、公明党は、小泉政権の下で、自公連立を維持、強化することを迫られていたことだ。というのは、小渕政権の下で、官房長官の野中広務《ひろむ》の尽力により、99年に自自公（自民・自由・公明）連立政権が誕生し、以後、公明党は民主党政権で下野した時期も含めて、自公連携を基本としてきた。ところが、小泉政権は01年の9・11事件を機とした自衛隊の派兵問題や新自由主義改革の課題などで民主党との連携を重視し、公明党がごねるようなことがあれば、連携相手を変更するという脅しをかけてきた。連立政権の下で自民党との選挙協力が始まっていた公明党は、自民党との連立を維持するために、小泉自民党との政策の協調を強めることを迫られたのである。

とくに問題となったのは、小泉政権が打ち出したアメリカの要請に基づいて自衛隊を海外に出動させる安保外交政策と改憲志向の憲法政策であった。

小泉政権の態度に呼応するように、民主党も自衛隊の海外派兵支持に踏み込み、また憲法政策でも、従来の「論憲」から「創憲」へと踏み込んでいた。

そこで連立維持のためにも、公明党は従来の憲法政策を一歩踏み込んだものにすることを迫られたのである。

創価学会内の9条改憲消極論への配慮

第2に、しかし、公明党の場合には、その支持基盤である創価学会との関係で、憲法政策については、とくに慎重にならざるを得ない事情があったことである。[146]

公明党は立党の際から、「平和と福祉の党」を看板に掲げ、また憲法については、「護憲」を明確な方針として出発していた。とくに、公明党の支持基盤の創価学会、その婦人部では、憲法9条についての思いが強く、池田大作の護憲の言葉もあって、9条改憲には反対の声が強かった。創価学会婦人部は、公明党にとって選挙運動の中心部隊であり、その9条護憲意識に反する方針を出すことは難しかった。[147]

こうした2つの相反する要因の下で、公明党が苦肉の策として打ち出したのが、「加憲」論であった。これは、小泉政権の動向に合わせて、公明党が、「論憲」から改憲に一歩踏み込むことを意味していた。同時に、それが公明党の改憲政党への転換と見なされることを防ぐために、憲法の条文は変えずに、憲法をより豊富化するために憲法条文を加える――これが「加憲」であった。とくに、9条については1項、2項は変えずに、国民の多くが支持している自衛隊を第3項に書き加える9条「加憲」が提案されたのである。この「加憲」論を安倍は、そっくり拝借したのである。

◆民主党議員の9条「加憲」の提唱

安倍の9条改憲論の検討に移る前に、安倍改憲に影響を与えたかも知れない、もう一つの動きにふれておきたい。それは民主党議員のなかでの9条「加憲」の動きであった。

一つは、枝野幸男が2013年に「改憲私案」[148]で詳細な9条「加憲」論を打ち出したことである。もう一つは、前原誠司が、16年9月15日の民進党の代表選へ向けての討論のなかで、安倍改憲提言とほぼ同様の提起を行っていることである。前原はそこで、「9条の1項と2項は変えず、『加憲』で自衛隊を位置づけることを提起したい」と述べていた。[149]さらに前原は、安倍改憲提言と同時期に、今度は『週刊東洋経済』でのインタビューでも9条「加憲」論を提起[150]していた。前原は、17年9月の代表選に立候補し枝野と争った際にも、9条「加憲」論は、安倍首相より自分の方が早くから提唱していたと述べたのは、そのことを指している。

安倍が9条「加憲」論を知ったのは、すぐ後でも検討するように、枝野案の公表より早かった。また、安倍が9条「加憲」に飛びついたのも、公明党の抱き込みを念頭に置いたものであったから、こうした民主党の動きに呼応したものではなかった。けれども安倍の中には常に民主党の一部でも改憲の陣営に引き入れたいという思惑もあったから、安倍が民主党内のこうした動きに注目していた可能性は十分ある。

◆安倍はどこから9条「加憲」論を採用したのか

では、安倍は一体いつ、どういうルートで9条「加憲」論を採用したのであろうか。

公明党を意識　第1に注目したいのは、安倍がこの案に注目したのは、明らかに公明党を意識してのことであったことだ。安倍は、公明党前代表で、第2次安倍内閣から第3次安倍内閣にかけて国土交通大臣を歴任した太田昭宏から、「国交相だった当時にこの案の説明を聞き、選択肢のひとつとして温めていた[151]」というから、安倍がこの構想に相当早くから関心を持っていたことは間違いない。

しかし、安倍が実際に、9条「加憲」の採用を検討し始めたのは、16年7月の参院選で改憲勢力が3分の2を確保して以降のことであった。安倍と親しい西岡力《つとむ》は、参院選直後の16年8月16日付の産経新聞「正論」欄で、9条3項への自衛隊明記論を提唱していた。「日本人の大多数は、自衛隊を認めているのだから……、3項に『前項の規定にかかわらず自衛のために自衛隊をもつ』などと書き加えることは、おおかたの国民の常識に沿うものと言えるのではないか」と。

　すでに16年秋には、安倍は側近議員に「2項は変えるべきだが、各党がテーブルにつかない。新たに自衛隊の規定を加えることもあり得る」とやり取りしていた。[152]また、改憲問題では安倍の側近的地位にいる古屋圭司は、16年12月初めに刊行された雑誌における対談で、公明党の「加憲」論を念頭に置いて、すでに水面下で公明党議員と「相当突っ込んだ議論」[153]をしていると発言していた。

　少し遅れて、16年末には「首相に最も近い記者と言われる」産経新聞の石橋文登《ふみと》政治部長が、インターネット配信の「言論テレビ」で、自衛隊の存在を3項として書き加えることも選択肢と語っていたことを櫻井よしこが明らかにしている。[154]

　これらはいずれも、安倍提言の半年以上前の発言であるだけに、安倍が、公明党を巻き込む思惑をもって早くから9条「加憲」論を暖め、周囲にももらしていたことが推測される。

日本会議での9条「加憲」論　同時に、より戦略的に護憲派の分断、国民投票で勝つことを念頭に、同じく16年秋くらいから日本会議のメンバーも「加憲」論を提言し始めていた。

　同じ古屋の、安倍提言後の発言[155]では、9条「加憲」論が決して唐突ではなかったことの証拠として、16年秋から日本会議周辺で9条「加憲」の議論がされていたことが明らかにされている。「昨年秋口から日本会議主催の私的な勉強会で学識経験者が同じような趣旨の考えに言及していました」と。日本会議の議論が安倍の意向を受けてそれを具体的に検討したものなのか、安倍とは独立に検討が進められていたものなのかは分からないが、いずれにせよ、この議論も安倍は参考にしたと推測される。

伊藤哲夫論文　日本会議でこの「加憲」論を具体化して提言したのは、日本会議系の雑誌『明日への選択』16年9月号に載った伊藤哲夫の論文「3分の2獲得後の改憲戦略[156]」であった。

伊藤論文は、16年参院選で初めて、改憲発議のための3分の2の壁が突破されたことをふまえ、ようやく現実の出発点に立った改憲をどう実現するかの戦略を提起した論文であった。伊藤はそこで、2つの課題を提起している。1つが、「護憲派陣営への『反転攻勢[157]』」であり、2つ目が、「改憲をさらに具体化していくための思考の転換」として、公明党の「加憲」論の採用であった。この後者こそ、伊藤論文の主たる主張であったことは間違いない。

伊藤は、護憲派が改憲反対の理由として掲げている、改憲は「平和、人権、民主主義という普遍的価値の否定」だという議論がまだ国民の中に浸透していることを前提に、むしろそれを受け入れて「それをより一層確実なものにするためにも、憲法の足らざるところは補うという」「加憲」論を提起することで改憲を実現させせようと主張した。その「加憲」論の中心が、「憲法9条に3項を加え、『但し前項の規定は確立された国際法に基づく自衛のための実力の保持を否定するものではない』といった規定を入れる[158]」、9条「加憲」であった。

伊藤は、こうした9条「加憲」論は、めざす改憲から見れば「あくまでも現在の国民世論の現実をふまえた苦肉の提案である」といいながら、これこそ「護憲派にこちら側から揺さぶりをかけ、彼らに昨年のような大々的な『統一戦線』を容易には形成させせないための積極戦略でもある[159]」ことを強調した。この「加憲」論をとることで公明党との協議も「進みやすくなる」だけでなく、「場合によっては護憲派から現実派を誘い出すきっかけとなる可能性もある[160]」。要するに、伊藤がねらうのは、徹頭徹尾、改憲の前に立ちはだかる共同の分断にあるのである。

安倍がもっとも注目したもの

こうしてみると、安倍は、かなり早くからさまざまなルートによる示唆を受けながら9条「加憲」論を構想していたことが分かる。しかし、安倍がもっとも注目したのは、公明党の「加憲」案、それも太田委員長誕生の第6回党大会で提起された「加憲」論であるふしがある。なぜなら、この案だけが、内閣法制局が堅持してきた「自衛のための必要最小限度の実力」としての自衛隊を合憲とすることを明記しており、9条2項の政府解釈とも「矛盾なく両立」しうると考えられるからである。これなら、公明党や内閣法制局も抱き込み可能ではないか、これが安倍のねらいにもっとも合致するものであったと推測される。

◆教育無償化という「アメ」とのセット

さて、安倍改憲提言の特徴の第3点は、9条改憲に加えて用意したアメに、今まで自民党が主張してきた、知る権利や犯罪被害者の権利に代えて、「教育の無償化」を掲げたことであった。これまた、自民党憲法調査会がかつて、一度も掲げたことのない提案であった。

2005年、自民党が最初に条文の形で発表した改憲案「新憲法草案」で取り入れた新しい人権関係の規定は、個人情報保護規定（19条の2）、国政上の行為説明義務（21条の2）、環境保護義務（25条の2）、犯罪被害者の権利（25条の3）であった。また、12年に発表された「日本国憲法改正草案」でも同じように、個人情報保護義務、国政行為説明義務、犯罪被害者への配慮義務が掲げられていたが、いずれにおいても教育無償化は顔を出していない。

また、公明党が、先述の第6回党大会で「加憲」の検討対象に掲げた、新しい人権関係の条項にも、知る権利、プライバシーの権利、生涯学習権、犯罪被害者の権利はあるが[161]、教育無償化は掲げられていない。

ではなぜ、安倍は、こんな提案を唐突にしたのであろうか。それを考えると、ちょうど、9条「加憲」論が公明党のパクリであったのと同様に、この「教育の無償化」は、維新の会がその改憲公約の中心にすえてきた規定であることが注目されよう。

すでに、安倍が政権を奪還する2012年、おおさか維新の会が3月10日に出した「維新がめざす国家像」、あるいは7月に発表された「維新八策」[162]では、「教育改革」の最初に「格差を世代間で固定化させないために、最高の教育を限りなく無償で提供」ということが掲げられていた。安倍は、これを念頭に置いていたのである。

(2)　5・3安倍提言のねらいは何か？

では一体、このような特徴を持った安倍提言のねらいはどこにあったのであろうか？

◆２０１８年通常国会での改憲発議、秋に国民投票

そのねらいとは、ただ1つ、市民と野党の共闘がつくり出した困難を打破して改憲を強行すること、ここにあったと見られる。

市民と野党の共闘のために野党第一党の民進党が改憲反対に転じ、また野党選挙協力が継続しているとすれば、衆院選で3分の2の多数を確保することは絶望となる。この事態をふまえて、安倍がめざしたのは、衆参両院の3分の2があるこの国会の議席の下で改憲を強行するという選択であった。

市民と野党の共闘が継続していれば、衆院選をやれば確実に3分の2は失われる。また、次回19参院選にも市民と野党の共闘が継続していれば、参院でも3分の2が失われる可能性が高い。ところで、17年の5・3安倍提言が行われた時の衆議院議員の任期は、２０１８年12月までであった。とすれば、この18年12月末までに改憲を実現するしかない。そのためにどうするか。これが、安倍５・３改憲提言の方針であった。

その場合、もし改憲是非の国民投票が18年末の衆院選のあとにずれ込むようなことがあれば、衆院選の結果いかんで国民投票が反対多数で否決に終わる危険があるから、衆院任期の18年12月末までに国民投票も行わねばならない。衆院選と改憲の是非を問う国民投票を同時に行うことも、安倍政権の可否と国民投票が連動してしまう危険があるから避けねばならない。

それから逆算すると、18年の秋には国民投票を行わねばならず、そうすると、18年通常国会での発

議が不可欠となる。改憲原案の審議に少なくとも2つの会期をかけるとすれば、改憲原案は、17年秋の臨時国会には提出し、臨時国会、通常国会の審議を経て、発議というスケジュールしかない。これが安倍提言のねらった改憲スケジュールであった。

5月3日の提言直後、朝日新聞が、こう報じたのは、安倍のこうした思惑を指摘したものであった。「国会で『3分の2』が保証される期間は、いまの衆院議員が任期満了となる来年（2018年――引用者）12月中旬までで、あと一年半余り。首相側近は『3分の2があるのに、憲法改正に挑まないという選択肢はない』[162]と話す」と。

◆公明、維新をがっちりスクラムに

しかし、改めて言うまでもなく、改憲を発議するには、衆参両院の3分の2の多数の支持を得なければならない。ところが、市民と野党の共闘を前提にすると、民進党と協調して行うことは不可能に近い。となれば、かかる条件の下で3分の2を確保するには与党公明党、さらには維新の会を賛成に取り込むことが不可欠となる。両党、とくに公明党とがっちりスクラムを組んで逃がさないようにすることが至上命令となったのである。

しかも、公明党はたんに発議に不可欠であるばかりか、いざ、国民投票になった時には、その組織力により、改憲賛成票をかき集める主たる運動部隊となることは明らかだ。公明党は、「日本会議」や「美しい日本の憲法をつくる国民の会」などの改憲派の運動団体よりもはるかに強い力量を持って

いるからだ。この点が、安倍改憲提言の中味、とりわけ、9条加憲の提言が決められたもっとも大きな理由であったと思われる。

同時に、安倍が9条改憲に自衛隊明記論を採用したのには、もうひとつのより戦略的なねらいもあったと考えられる。それは日本会議の伊藤論文が指摘していた、「戦争法」反対の時に「統一戦線」をくんだ自衛隊違憲派と自衛隊合憲派の分断にほかならない。

この2つのねらいから安倍は5・3提言に踏み切ったのである。

◆安倍改憲論の変貌

安倍5・3改憲提言は、安倍改憲論の大転換であった。もともと、安倍がくり返し主張してきた改憲論は、押しつけ憲法論とそれに基づく憲法の全面改正論であった。〝新しい憲法を白地から書く、まず前文から〟というのが安倍の持論であった。

しかし、こんな空疎な全面改正論では、現行憲法支持を公言する公明党が呑むはずもない。自民党が12年に発表した日本国憲法改正草案にしても同じことが言えた。

安倍は自らの改憲論を封印し、自民党の改憲草案もたたき台にしないことを明言した。安倍が、石破茂などを念頭に置いて「与党内を説得できないのに、『自民党の憲法改正草案がいい』と言っているのは護憲運動をやっているのと同じだ」[164]と罵倒しているのは、その点を指摘したものであった。しかし、肝心の公明党は、9条改憲に対する消極的態度を崩さなかった。そこで安倍が出した最後の切り札が、9条加憲論だったのである。

実は、安倍提言には安倍の成功体験があった。それは、自衛隊の活動を制約していた政府解釈を改変した閣議決定と安保法制を強行するに際し、安倍は芦田解釈を封印して内閣法制局の転向を誘い、公明党を巻き込んだ。同じことを改憲でもやろうというのが、安倍の魂胆であった。

3　安倍改憲戦略の手直しと解散・総選挙

(1)　安倍改憲をめぐる情勢変化と解散断行への変化

安倍は、5・3改憲提言を党内で了承をとり、17年秋の臨時国会中には自民党改正案を国会に提出し、18年通常国会で発議に持ち込むことをねらって、自民党改憲族にハッパをかけた。[165] 安倍提言は、自民党内でも比較的好意的に受け取られた。公明党も、また維新の会も好意的反応を見せた。経団連も、いち早く安倍提言に賛同した。

こうした状況を踏まえ、安倍は党憲法改正推進本部長の保岡興治に改憲論議の加速化を指示した。[166]改憲推進本部の幹部内では、船田、保岡、中谷など改憲を自民党と野党第一党の民進党との協調ですすめていこうという、与野党協調派が有力であったが、安倍は、その路線に苛立ち、改憲提言のめざす、自公維だけでの発議強行路線で、改憲を急ぐことを指示したのである。そして保岡ら推進本部幹部の同意を取り付けた安倍は、17年5月21日のラジオ番組では、改正原案を「年内にまとめてお示しできれば」と期限を区切ったのである。[167]

ところが、こうした安倍の甘いもくろみが破綻する事態が起こった。

◆安倍政権に対する不信

安倍提言のねらった、17年秋の臨時国会に改憲原案を提案して18年の通常国会で改憲発議に持ち込むというスケジュールを狂わせたのは、安倍首相自らがかかわる森友問題、加計問題で、安倍政権に対する国民の不信が増大し、おまけに共謀罪法案の強行採決がそれに輪をかけ、安倍政権が改憲を強行する政治的力を喪失したことであった。7月2日に行われた東京都議会議員選挙における安倍自民党の大敗がそれを劇的に露わにした。

都議選は、東京都固有の争点以上に、安倍政権の信任を問う選挙となり、自民党は59議席から23議席へと歴史的大敗を喫したのである。さらに、その後安倍内閣の支持率も低迷を続けた。こうなると、改憲提言当初、好意的な発言をした公明党代表山口那津男は、都議選直後の記者会見で改憲は

「政権が取り組む課題ではない」[168]と切って捨てた。

そのため、5・3改憲提言のスケジュールを強行することは非常に難しいという事態になったのである。

◆市民と野党の共闘に亀裂が入る可能性

しかし、こうした「逆風」ばかりでなく、安倍改憲にとっては有利な情勢も生まれた。それは、安倍改憲の実現を阻む大きな壁であった「市民と野党の共闘」に亀裂が入るという事態が起こったことであった。

その第1は、市民と野党の共闘の中心の1つである民進党の動揺であった。

直接の契機は、都議選において民進党が自民党以上に敗北したことだ。民進党は前回、2013年の都議選でも共産党の後塵を拝する15議席の獲得にとどまり敗北したが、今回、小池百合子率いる都民ファーストの会が設立されると議員離党の動きが相次ぎ、ついに都議選では5議席まで議席を減らしてしまった。その責任をとって蓮舫《れんほう》代表が辞任し、続く代表選では、「市民と野党の共闘は保守票を逃がす」として、その見直しを訴えた前原誠司と、共闘の継続を求める枝野幸男が対決した結果、前原が代表に就任したのである。市民と野党の共闘に黄色信号がともる状況が生まれた。

第2は、小池百合子東京都知事が保守新党を起ち上げ、衆院選に打って出る構えを見せ始めたことであった。小池新党の出現は、安倍政権の存続自体にとっては極めて危機的な事態であったが、少し大きな視点＝階級的な視点に立ってみると、改憲政党がもう1つ誕生し、民進党のかなりの部分が合流するということにでもなれば、市民と野党の共闘の分断を促進するという事態を生み出す可能性を孕んでいた。

それと並んで、朝鮮半島情勢の危機を受けて、それまで選挙の争点になりにくかった安保・外交問題が争点に浮上してきたことも、安倍改憲には追い風となる可能性がでてきた。こうして、安倍改憲スケジュールを変更し、解散・総選挙断行へという状況変化が生まれたのである。

(2)　安倍首相の解散・総選挙のねらい

以上、3つの「有利な状況」、特に第1の民進党の共闘問題での動揺は、安倍首相が、5・3改憲提言でねらったスケジュールを変更して、解散・総選挙を先行させる方針転換を行う大きな要因となった。つまり、衆院選を先延ばしし、現行衆参の議席で改憲強行をはかるのではなく、早期に解散・総選挙に打って出て、それを契機に市民と野党の共闘に分断を持ち込み、改憲勢力3分の2をもう一度確保するという戦略への転換である。

安倍は、解散・総選挙に、次の3つのねらいを込めた。

第1は、解散・総選挙の衝撃で市民と野党の共闘を分断することである。それによって、自公で3

分の2、それがダメでも、維新と民進党からの離党組、小池新党などの改憲勢力で3分の2の議席を確保することである。[169]

第2は、この選挙の争点に「改憲」をうち出して勝利することで、改憲について国民の合意を取り付けた体裁をつくることである。

第3は、この選挙で再び3分の2を確保することで、改憲実行までの時間的な余裕を確保することである。この選挙で勝利できれば、衆議院に関しては、21年までは余裕ができるし、また18年秋に予定されている自民党総裁選でも勢いを駆って勝利できれば、総裁任期も21年まで確保できる。そうすれば、少なくとも19年夏の参院選までは両院で3分の2を確保できるし、総選挙で、もし市民と野党の共闘を壊すことができれば、19年参院選でも再び勝利して3分の2を確保できる展望が出てくるというもくろみだ。

この3つの狙いを持って、安倍首相は、電撃的な解散・総選挙に打って出たのである。

(3) 総選挙の結果——その1・安倍首相のねらいは半分成功

では、いったい安倍首相のこのねらいはどうなったであろうか？　総選挙の結果を、主として改憲問題に焦点を絞って分析してみよう。

安倍首相の改憲に向けての体制づくりという点で言うと、今回の総選挙の結果は「半分成功」「半分失敗」であった。まず「半分成功」の方から見ていこう。

◆一度は市民と野党の共闘を分断

「半分成功」という意味には2つある。その第1は、何といっても市民と野党の共闘を一度は分断したということである。

民進党の共闘見直し発言　9月1日の前原の民進党代表就任から野党共闘見直しの動きが始まったが、解散の可能性が濃厚になると、民進党内では、一方では野党共闘を急がねばという動きとともに、分断を図る動きも活発化した。

前原は、9月18日「基本的な理念、政策が一致しないところと協力しても、勝った後に連立を組もうとはならない」[170]と表明して、6月に野党4党が結んだ合意の見直しを示唆した。「共闘に後ろ向き」[171]が鮮明化したのである。

連合会長の神津里季生《りきお》も、民進党と共産党の共闘に反対の意思を明言した。「共産党は目指す国家像が全く違うので小異とは言い難い」[172]と。

希望の党と民進全員合流　続いて、安倍首相が9月25日に解散表明を行ったのと同じ日に希望の党が立ち上がった。小池は、記者会見で憲法改正を明言した[173]。

その翌日の9月26日、衆院選に向け、4野党共闘を何とか維持しようと市民連合が7項目の要望書

「衆議院議員総選挙における野党の戦い方と政策に関する要望」を民進、共産、社民、自由の4党に申し入れ4党がそれに合意した結果、ブリッジ共闘という形ではあったが、なんとか選挙に向けての共闘が成立した。

その第1項目には、9条改憲反対が明記されていた。「憲法違反の安保法制を上書きする形で、安倍政権がさらに進めようとしている憲法改正とりわけ第9条改正への反対」と。そして、第2項目には、安保法制ほか悪法の「白紙撤回」が掲げられていた。「特定秘密保護法、安保法制、共謀罪法など安倍政権が行った立憲主義に反する諸法律の白紙撤回」という具合である。

ところが、なんとその日の夜に前原と小池と連合会長の神津が会談し、改憲、安保法制推進を公言していた希望の党への民進党全員の合流が合意されたのである[174]。

これは、同日夕刻に結んだ4野党合意の明白な蹂躙であるだけでなく、民進党自身が、衆院選向け公約で掲げた「安全保障法制を前提に自衛隊の明記は認められない[175]」という方針をも覆すものであった。

ところが、この方針は、28日の両院議員総会で全会一致で了承された。こうして、市民と野党の共闘は破壊された。

すでに、16参院選後には、全国各地で次の衆院選に向け、２８９の小選挙区をにらんで、野党統一候補を模索する動きが、起こっていた。地域では市民連合や市民の会も設立され、そうした市民連合、総がかり、地域によっては九条の会がイニシアティブをとって、野党共闘の動きがすすめられていた。民進党で立候補を予定している候補者を野党統一候補として決めたところも少なくなかった。しかし、こうした努力は多くの地域で水の泡となった。あとで述べるように少なくない地域では、市民と野党の共闘が再建され、立憲民主党や無所属議員という形で当選を果たしたところもあったが、多くのところでは、共闘は壊れた。

その結果、自民党は２８４議席を獲得し、自公で3分の2を超す３１３議席を獲得、希望と維新を含めた改憲勢力全体では３７４議席、衆院定数の8割の議席を獲得した。これにより、安倍は、少なくとも衆議院においては今後4年間にわたって改憲発議を実行するための議席を得ることができ、安倍自民党は、改憲実行の時間的余裕を確保することに成功したのである。

◆改憲を総選挙で初めて重点公約に掲げて争点に

第2は、改憲を総選挙の争点として初めて掲げたことである。

改憲を争点に掲げられなかった自民党　自民党は１９５５年の結党時の「政綱」で「平和主義、民主主義及び基本的人権尊重の原則を堅持しつつ、現行憲法の自主的改正をはかり、また占領諸法制を再検討し、国情に即してこれが改廃を行う」と憲法改正を謳っていた根っからの改憲政党であった。ところが、それから数十回にわたる国政選挙において、自民党が改憲を主な争点に掲げたことは一度もなかった。政策集の中に改憲は入ってはいたが、位置づけとしては極めて低いものでしかなかった。

自民党が改憲政党でありながらも、改憲を正面から掲げることができなかった最大の理由は、安保闘争という痛い「失敗」から、改憲を提起すると改憲に対する国民の懸念を掻き立てかねないことを恐れたためである。選挙で改憲を前面に出せば、自民党が大きく後退するかも知れないという危惧であった。

これまでの歴史のなかで、自民党が改憲を最も強く打ち出したのは、小泉政権下の２００３年11月総選挙であった。この時に自民党は「小泉改革宣言」と謳ったマニフェストにおいて「２００５年憲法改正に大きく踏み出します」と公約し、先ほど述べたように（１９９〜２０２頁）、連立を組む公明党は「加憲」を打ち出した。民主党（菅代表、当時）も「論憲から創憲へ」という方針を出した。１９６０年以後で、改憲の気運がもっとも盛り上がったのである。[176]

２００３年総選挙の時に改憲論議が盛り上がった大きな理由は、当時、自衛隊のインド洋海域への派兵が実現し、またイラク戦争に呼応してイラク派兵が日程にのぼるなかで、９条と自衛隊派兵の矛盾が露わになっていたからであった。

しかし小泉政権は、憲法９条をそのままにしてイラク派兵を強行し、小泉政権のあとをついで登場した第１次安倍政権は「任期中の改憲」を打ち出したものの、国民の批判を浴びて１年で潰れたため、〝明文改憲はやはり難しい〟ということが改めて自覚された。改憲ムードは雲散霧消した。

改憲の決意を秘めて第２次政権を組織した安倍も、過去４回の選挙では国民意識をおもんばかって、改憲を前面に立てることを封印した。

なぜ自民党は改憲を重点公約にできたか？

ところが17年総選挙では、自民党は、重点公約として改憲を掲げたのである。

自民党の選挙公約の6番目の柱に「国民の幅広い合意を得て憲法改正を目指します」という公約を入れ、「自衛隊の明記、教育の無償化・充実強化、緊急事態対応、参議院の合区解消など4項目を中心に党内外の十分な議論を踏まえ、憲法改正原案を国会で提案・発議し、国民投票を行い、初めての憲法改正を目指します」[177]と踏み込んだのである。

なぜ改憲を争点に掲げることができたのであろうか。1番大きな理由は、ここでも市民と野党の共闘が分断されたことであった。もし市民と野党の共闘が存続していたら、そもそも安倍は、解散・総選挙に打って出られなかったし、仮にできたとしても改憲を争点にすることはできなかったと思われる。憲法改正問題を争点にして、自公と野党4党の共闘勢力が激突したら結果はどうなったか分からなかったからだ。

安倍首相は、解散の衝撃で、市民と野党の共闘が分断されることを見越したからこそ、解散・総選挙の大ばくちに打って出ることができたし、改憲を重点公約として掲げることができたのである。

希望の党が改憲を公約に

さらに、希望の党が、8番目の重点公約として9条改憲を含む改憲を掲げたことが、自民党が改憲を重点公約に掲げることができた2番目の大きな理由であった。公明党が、改憲にすこぶる消極的な公約を掲げたのとは対照的に、希望の党は「憲法九条をふくめ憲法改正論議を進めます」「自衛隊の存在を含め、時代に合った憲法のあり方を議論します」[178]と公約に明記したのである。これが、自民党が改憲を公約に入れることを大きく励ましたことは明らかだった。

これは一見、奇妙なことであった。希望の党の政策を担当していたのは細野豪志《ごうし》と若狭勝であったが、彼らは、改憲論は唱えていたもののいずれも党の公約に９条改憲を入れるつもりはなかったはずだからである。細野は『中央公論』の２０１７年５月号で憲法改正草案を打ち出していたが、[179]９条改憲には「将来的には……検討すべきである」と入ってはいたものの改憲案からは外していた。若狭も、改憲では参議院廃止論などを打ち出していただけであった。なぜ彼らが９条改憲に触れなかったかといえば、「９条改憲は安倍の改憲だからだ」という印象が定着していたため、新党が９条改憲を掲げたのでは党のイメージが固定されかねないと恐れたからであった。

そんな希望の党が９条改憲を打ち出したのは、小池百合子のイニシアティブにほかならなかった。小池の思惑は自民党の９条改憲論に乗っかることで、一方では、自民党支持派の一部を希望の党に獲得することをねらい、他方では、総選挙ののち、自民党との連立政権をもにらんでのことであった。希望の党の公約にあえて「自衛隊の存在を含め」と安倍改憲提言に迎合するような言葉を入れたのは、こうした思惑に沿った安倍自民党へのラヴコールであった。

維新の会も９条改憲

さらに、この選挙では、それまで９条改憲には消極的だった維新の会も乗っかった。日本維新の会は、９月30日の常任役員会で衆院選公約を決めたが、その柱に「９条改正」を入れたのである。「時代に適した〝今の憲法〟へ」と題して、「国際情勢の変化に対応し、国民の生命・財産を守る」ため９条を改正すると明記したのである。[180]

維新の会は従来、9条改正には消極的であったから、これは大きな転換であった。この変化は5・3改憲提言で安倍首相が教育の無償化を入れてくれたということに応えたものであった。この点では、5・3改憲提言は非常に効いていたのである。

このように、自民、希望、維新の3党が改憲を打ち出すことになり、一方の立憲民主党や共産党、社民党が改憲反対を打ち出すことによって、今回の総選挙では改憲が大きな争点の1つになった。

◆自民党はなぜ勝ったのか――その1・財政出動による地方の「仕方のない支持」

では、自民党はなぜ、安倍首相の思惑どおり大勝したのであろうか。

その要因の第1は、第2次政権発足以降5年あまりにわたるアベノミクス「第2の矢」による地方への財政出動、公共事業費撒布によって、長く続いた新自由主義改革によって疲弊した「地方」において、自民党が「仕方のない支持」を調達する構造を形成したことにある。[181] この要因は、改憲とは直接の関係はないが、安倍政権がなぜ5年半以上も存続しているのか、その理由を考える上でも、また、第Ⅲ部で検討する「安倍政治に代わる選択肢」を考える上でも重要なので、簡単にふり返っておきたい。

自民党は小泉政権以来の構造改革により、社会保障費とともに地方財政支出の過酷な削減を行った。これがグローバル化による企業の撤退と相俟って、地方の衰退に拍車をかけ、自民党は地方の支持を急速に失った。

それに対し、２０００年代前半期までは自民党以上に新自由主義的であった民主党は、06年の小沢一郎の代表就任後、新自由主義批判に転じ、07年参院選では、新自由主義で痛めつけられた地方の農業の再建政策などを打ち出し、地方における支持を拡大した。これが07年参院選での民主党の躍進、09年の自民党政権から民主党政権への交代の要因となったのである。

しかし構造改革の是正を期待されて登場した民主党政権はその期待に応えられないどころか、菅政権以降、構造改革路線に転じ、国民、地方の不信を買い、政権を失った。

そこで、政権に復帰した安倍自民党政権は、「アベノミクス」を掲げ、特にその「第2の矢」で、地方に対する湯水のような財政出動─新自由主義を否定する新自由主義、二宮厚美の言葉で言えば「ケインズ主義に助けを求めた新自由主義」[182]──によって地方の支持基盤の再建を図ったのである。これで、自民党は地方での支持を一時的に回復した上で、本格的な新自由主義改革の再起動＝「アベノミクス」「第3の矢」の発動をもくろんだのである。

このアベノミクスの結果については、5年に及ぶその歴史的推移と破綻が、「第1の矢」に焦点をあてつつ二宮により克明に解明されているが[183]、「第2の矢」に関していうと、地域支配と選挙に対しては依然として影響力を維持していた。この財政出動によって安倍自民党政権は、政権を奪還してから行われた4回の国政選挙において地方における得票を維持したのである。この構造は今回の総選挙においても変わらなかった。

次ページの表2は第2次安倍政権発足以降の国政選挙における自民党と公明党の得票率（比例・相

表2　第２次安倍政権発足以降の自民・公明の得票率（比例）の推移

（単位：％）

	2012年(衆)	2013年(参)	2014年(衆)	2016年(参)	2017年(衆)
自民党	27.62	34.68	33.11	35.91	33.28
公明党	11.83	14.22	13.71	13.52	12.51
自公計	39.45	48.90	46.82	49.43	45.79

（注）衆は衆議院議員総選挙、参は参議院議員選挙。以下同じ。

表３　自民党・得票率40％以上の都道府県数の推移

2001 参	2003 衆	2004 参	2005 衆	2007 参	2009 衆	2010 参	2012 衆	2013 参	2014 衆	2016 参	2017 衆
30	14	6	15	1	0	0	1	19	5	19	5

対、以下同じ）の推移を示したものである。２０１２年の総選挙では、自民党は民主党政権に対する国民の不信、それこそ「敵失」によって大勝した。しかし、そこでの自民党得票率は、大敗北して民主党に政権を明け渡した09年の総選挙の得票率26・73％と比べてもわずか0・89ポイントしか上がっていなかったのである。

ところが、アベノミクス「第2の矢」が発動された、13年参院選では一気に7ポイントも得票率を上昇させ、以降はほぼコンスタントに、その得票率を維持していることが分かる。

表3は、２００１年以降の国政選挙において、自民党が40％以上の得票率を獲得した都道府県数の推移を示したものであるが、これを見ると、２００１年から２００９年の政権交代まで、郵政民営化を争点にして小泉自民党が大勝した05年の総選挙を除いて、新自由主義改革が進行するにつ

表4　自民党の得票率の上位10地域

2013（参）		2014（衆）		2016（参）		2017（衆）	
石川県	49.35	富山県	46.35	島根県	48.24	山口県	48.12
山口県	48.38	福井県	45.80	石川県	48.09	富山県	43.57
福井県	47.78	山口県	44.93	山口県	46.75	石川県	43.32
富山県	46.87	石川県	42.12	熊本県	46.54	福井県	42.98
鹿児島県	46.72	島根県	41.74	鹿児島県	45.97	島根県	40.16
島根県	45.52	鹿児島県	38.64	福井県	45.29	香川県	39.64
香川県	44.06	鳥取県	38.59	富山県	44.16	青森県	39.11
群馬県	43.91	香川県	38.53	香川県	44.07	熊本県	38.83
佐賀県	43.41	宮崎県	38.38	新潟県	43.66	新潟県	38.24
熊本県	41.98	茨城県	38.36	愛媛県	43.57	秋田県	38.17

れ、直線的にその数が激減していることが分かる。新自由主義改革によって地方の支持が自民党から離れていくことを如実に示している。

ところが２０１３年以降、アベノミクスが本格的に展開されていくようになると、再び40％以上の得票率を獲得する地域が一定程度復活することが見てとれる。

表４は２０１３年以降の国政選挙における自民党得票率上位10県（ベストテン）を示したものであるが、一見すれば分かるように、自民党の上位得票県は、人口減少の続く地方に偏っており、しかも、このベストテンの地域は驚くほど変わっていない。多くの地域では、アベノミクス「第２の矢」によるインフラへの財政支出では地方の再生はできないとわかっていても「蜘蛛の糸」にすがるように、公共投資を求めているのである。

今回の総選挙では、自民党が県下の全ての小選挙区において勝利した府県は19県であった（14年は17県）が、これも地方に集中している。

歴史的に見ると、１９７０年代後半から80年代に確立した自民党利益誘導網は新自由主義改革により破壊され縮小されたにもかかわらず、安倍政権の下での「第２の矢」のカンフル注射で、一時的に「弥縫《びほう》」されたといえよう。

しかし、こうした自民党の支配構造は、全体として新自由主義による地域の崩壊を止め、地域の再生、復興を展望できるものでは全くない。そのため、アベノミクスのほころびがでてきていることも見なければならない。

また、市民と野党の共闘が、安倍政治に代わる選択肢を示せれば、この「仕方のない支持」構造を壊せることも見逃せない。

例えば高知県では、あとでもう一度ふれるように24年ぶりに、小選挙区における自民党候補の議席独占が壊れた。市民と野党の共闘が実現し、安倍政治に代わる選択肢が示されさえすれば、「仕方のない支持」の構造が壊れることが証明されたのである。

◆自民党への「仕方のない支持」はなぜ残っているのか

ではそうした自民党への「仕方のない支持」はなぜ依然として残っているのであろうか。これには大きくいって２つの要因があると考えられる。

アベノミクスに代わる選択肢の欠如　第１は、野党がアベノミクスに代わる選択肢を国民に届けられていないということである。そのため、３年前の２０１４年の総選挙時に比べ、アベノミクスの実態ははるかに明らかになり、アベノミクスへの幻滅は広がっているものの、アベノミクスへの賛否の比率は、さほど変わっていないのである。

たとえば、自民党が小選挙区で圧勝した富山県の場合、14年総選挙時の朝日新聞の出口調査では、アベノミクスを「成功」と答えた人が30％、「失敗」と答えた人が20％、「分からない」が43％であった。今回の総選挙における同じ朝日の出口調査では、聞き方は異なるが、アベノミクスを「評価する」が57％、「評価しない」が37％であった。[184] つまり、前回と今回とで、「評価する」と「評価しない」の比率は3対2でほぼ変わっていないのである。賛否の色分けがはっきりしただけである。

大都市部の東京の場合はどうか。14年総選挙時の同じく朝日新聞の出口調査ではアベノミクスが「成功」と答えた人が30％、「失敗」が33％、「分からない」が34％であった。今回は「評価する」が47％、「評価しない」が48％である。[185] 評価は、富山県より厳しいものの、富山県と同様に、３年前と比べて比率はほとんど変わっていない。大都市部における雇用・労働政策においても、地方における農業、地場産業の再建のいずれにおいても、アベノミクスは破綻しているにもかかわらず、それに対する批判の比率は増えていない。アベノミクスに対抗する選択肢が国民のもとへ届いていないからであろう。

今回の選挙公約では、野党はいずれも、アベノミクスに対する対案を提示していた。しかし、ではいったい、それをいかなる担い手で実現するかという、野党連合政権の構想を提示することはできなかった。アベノミクスによる事態の悪化は切実にそれに代わる担い手を求めていたのにである。そのため、アベノミクスに代わる対案を政権構想とともに提示しきれなかった野党は、国民の眼には現実的な選択肢とはなり得なかったと思われる。

安保・外交にかかわる選択肢

第2に、外交・安全保障政策に対しては、より一層、安倍政権に代わる選択肢が示されなかったことがあげられる。逆に、安保・外交政策はトランプ政権に追随する安倍自民党への支持を増やす要因とさえなった。

安倍政権は今回、朝鮮半島危機に便乗して「国難」論を出してきた。その結果、17年総選挙では、安保・外交政策が重視すべき論点の一つに浮上したのである。

共同通信が9月から10月にかけて3回のトレンド調査を行ったが、この中で「今回の選挙で最も重視する政策は何ですか」という質問に対し、「安保・外交」という回答が14年総選挙時に比べると、激増したのである（14年の4・4％から17年の12・3％へ）。特に20代、30代ではその比率は2割を超えた。しかも「安保・外交」が最も重要な争点だと答えた人のうち、66・9％の人が自民党に入れると答えていたのである。[186]

日米同盟、安保法制、朝鮮半島問題の軍事的対決、圧力優先という路線に代わる選択肢を政権構想とセットで、国民に提示できていないことが、こうした結果を生んだ要因であった。安倍政権への不信が増大したにもかかわらず、こうした選択肢の欠如が自民党への「仕方のない支持」を維持させ、自民党の勝利を生んだのである。

◆自民党はなぜ勝ったのか――その２・市民と野党の共闘の分断

今回、自民党が勝利した第２の要因は、何と言っても「市民と野党の共闘」に亀裂が入ったことであった。注意して強調しておきたいのは、メディアの言う「野党の分断」が敗因だというのは間違いだ。総選挙後、朝日新聞、読売新聞等が、希望と立憲、共産党の野党が１つになれば自公を逆転できた選挙区が数多くあるという報道をしたが[187]、まじめに言っているのか疑いたくなるような謬論《びゅうろん》である。「市民と野党の共闘の分断」こそが今回、自民党が勝利した大きな要因であった。この共同の分断があったからこそ安倍首相は解散・総選挙に打って出ることができたし勝利をものにできたのである。

その事例として、ここでは東北６県の結果を検討してみたい。東北６県は、先に見たように（190～192頁）、16参院選で市民と野党の共闘が最も成果を挙げた地域であった。ところが今回、民進党の希望の党への合流騒ぎで、多くの地域で市民と野党の共闘が壊れてしまった。その結果、青森県、秋田県、山形県では自民党が全ての小選挙区で勝利し議席を独占した。

山形県は16参院選後には、共同すれば野党が３小選挙区の全てで勝利できるのではないかとも言われていた地域であったにもかかわらず自民党の議席独占をもたらした。福島県では１区で共同候補が勝利したが、３区の玄葉《げんば》光一郎を除いて他は全て自民党が勝利をおさめた。共同の分断の打撃は大きかったのである。

逆に共同ができると、先ほど述べた「仕方のない支持」構造（222〜226頁）が崩れることも明らかとなった。くわしくは立憲民主党の躍進のところで検討するが、北海道3区で野党統一候補に敗北した自民党候補の弁は、それを象徴している。「新たな企業や団体を開拓した。演説の回数も増やした。思いつくことはすべてやった。それでも負けた」[188]。

(4) 総選挙の結果――その2・安倍首相の最大のねらいは失敗

しかし、安倍が解散・総選挙に込めた最大のねらいは失敗した。安倍が選挙にかけた市民と野党の共闘の分断は、一度は成功したかに見えたが、立憲民主党の結党、同党の躍進の結果、挫折を余儀なくされたからである。

◆立憲民主党の結党を生んだ市民と野党の共闘の経験と実績

民進党の希望の党への合流で「市民と野党の共闘」は、一度は分断されたが、２０１５年以来、２年半にわたる市民と野党の共闘の経験は、何とかその分断を押し返して共同を再構築し、立憲民主党の結党に結び付けるに至った。

民進党は17年9月28日の両院議員総会で、一度は希望の党への全員合流を承認した。しかし、当初から新党が民進党系に乗っ取られることを警戒していた小池は、29日の記者会見で明確に「全員合流」を否定した。「全員を受け入れるということはさらさらない」[189]と。

そして、その日のうちに、入党希望者に提示する条件、いわゆる「踏み絵」がマスコミに出回った。それには明確に憲法改正賛成、安保法制賛成が入っていた。

「一　希望の党の綱領を支持し、『寛容な改革保守政党』をめざすこと

二　限定的な集団的自衛権の行使を含め安全保障法制を基本的に容認し現実的な安全保障政策を支持すること

三　憲法改正を支持すること[190]（以下略）」である。

しかも選別される立候補者の名前まで出回ることになった。こうしたなか、「前原代表を信じて……（同じ）箱のなかで[191]」と述べていた枝野幸男が、10月2日になって、立憲民主党を結成し、ここに「選別」された民進党議員らが結集、立憲と市民連合の協定により、市民と野党の共闘が再建されたのである。

◆大きかった共闘の力

前原の希望の党への合流論は、マスコミでは彼の軽率な誤りであるという評価が専らであったが、事態はもっと根深いものであった。市民と野党の共闘を潰すための支配層一体となった攻勢の産物と捉える必要がある。

それと同時に、実は、前原のこのとんでもない決断自体、２年半に及び参院選では実績もあげた市民と野党の共闘の力が民進党内でもいかに強かったかを示すものでもあった。前原は、確かに「市民と野党の共闘の見直し」を掲げて民進党の代表になったものの、党内、とりわけ地方に根強い市民と野党の共闘派がいるため、尋常一様な形では市民と野党の共闘から離脱することはできなかった。だから希望の党が衝撃的にデビューし、同党に対する国民の高い期待が表れたところで丸ごと合流するという方法に飛びついたのである。それ以外に、市民と野党の共闘を離脱することはできないと考えたのだろう。それだけ、市民と野党の共闘の経験は大きく重かったのである。

安保法制反対派を排除した小池の「失言」が今度の選挙の「戦犯」としてくり返し言及されているが、民進党が丸ごと合流したら、民進党内の対抗が希望の党内の対抗に持ち込まれることは明らかであったから、小池が市民と野党の共闘派を切るにはあのようなやり方しかなかった。小池にも、市民と野党の共闘の重しがのしかかっていたのである。

そして何より「排除」に直面した時に枝野らが、公示を１週間後に控えた土壇場で立憲民主党を立ち上げる決断をしえたのは、市民と野党の共闘の経験と実績があったからにほかならない。立憲民主党の結党自身が市民と野党の共闘の成果であった。

◆なぜ立憲民主党は躍進できたのか――その１・共同の力

そして、この立憲民主党の躍進、野党第一党化が安倍首相の思惑の貫徹を阻んだ。

そこで、次になぜ立憲民主党は躍進しえたのか？　その点を検討しよう。

同党が躍進した最大の理由は、なんといっても、市民と野党の共闘であった。共闘が成立した選挙区では、16参院選と同様の効果が表れ、それが立憲民主党の躍進につながったのである。

◆共同の３つの内容

では立憲民主党の躍進をもたらした「共同」とは具体的には一体何なのか。３つ内容があった。

第1は、市民連合が共闘維持のために奮闘したことであった。全国の市民連合に加え、各地でつくられていた市民連合が立憲と共産、社民に働きかけた。この働きかけがなければ、かくも急速に選挙区での候補者調整、一本化はできなかったことは明らかであった。

第2は、共産党や社民党が共闘を維持するために尽力したことである。とくに、共産党は、67小選挙区で候補者を降ろすなどの妥協を行い、そして野党統一候補の当選のために奮闘した。立憲が勝利した31選挙区のうち、30選挙区で共産、社民との共闘が成立した。

メディアは共産党が候補を降ろしたことばかりを強調したが、ただ共産党が候補を降ろしただけでは、ほとんどの小選挙区では自公の合計得票率の方が立憲3野党の合計得票率よりも高かったから、それだけでは勝てなかったことは明らかであった。

それでも逆転したのは、立憲民主党に対する期待とともに、共産党の奮闘があったからである。自公の合計得票率をひっくり返すには、無党派層や保守票を野党候補に投票させなければならないが、共産党の活動がその掘り起こしの力のひとつとなった。

第3は、市民と野党の共闘に共感して選挙戦に数多くの市民が立ち上がったことであった。この総選挙には、通例選挙運動には加わらないような大量の市民層の参加が見られた。市民層が、党派選挙に参加したのは市民と野党の共闘を維持し発展させたいという思いからであった。

この3つの共同の力が立憲民主党の躍進を支えたのである。

◆東京1区の事例

その共同の力が現れた事例として、東京1区を見てみよう。

東京1区は、北海道や新潟県のように、安保法制反対運動以来の共同が活発であった地域ではなかった。しかし、ここでも〝何とか野党共闘を〟という試みは続けられており、立憲民主党の結党とともに、市民と野党の共闘を再構築しようという熱意から、各小選挙区とともに選挙共闘をつくる努力が続けられた。

10月4日に、共産党東京都委員会は、1区を含め6候補を自主的判断で降ろした。それを受けて、東京1区市民連合は、海江田万里《かいえだばんり》候補との間で12項目の基本政策合意を含む政策協定に調印したのである。[192] 海江田候補は、14年総選挙では自民党候補に敗北しただけでなく比例復活もならなかった。

しかも東京1区の自民・公明の比例合計得票率は43・01％であったのに対し、立憲3党（立憲、共産、社民）の合計は34・31％にとどまっていた。その差は8・7ポイントもあった。しかし、共闘は、この差をひっくり返したのである。

◆高知2区はなぜ勝った？

その典型的な事例として、もう1つ、高知2区を挙げて検討しよう。

同区では、野党候補の1本化のために、広田一《はじめ》候補が立憲民主党ではなく、無所属で出馬した。共産党も候補を降ろして1本化が成立した。

同区でも、自公の合計得票率は47・12％、立憲3野党の合計の33・79％を大きく引き離していた。その差は約13・3ポイントもあったのである。しかし、2区では広田候補がその差をひっくり返し、しかも自民党の山本有二候補に13ポイント近くの差をつけて圧勝した。実に、立憲3党の比例得票率に26ポイントも積み増したのである。

保守・無党派層の期待　広田候補の勝利の要因は3つあった。第1は、候補の1本化＝共闘により、安倍政治に代わる選択肢への期待が、希望や無党派層のみならず、自民や公明の支持層（＝「仕方のない支持層」）からも一定の票を呼び込んだことである。

朝日新聞の出口調査によると、共産党支持層の100％、立憲民主党支持層の94％に加え、希望の党支持層の81％、無党派層の69％が広田候補に投票している。重要なのは、それに加えて自民党支持層の24％、公明党支持層の約3割が広田候補に投票していることであった。[193] 16参院選において、東北その他で起こった現象と同じことが起こったのである。

共産党の奮闘　しかしこうした不満を力にするには運動がなければならない。第2のポイントとして挙げなければならないのは、共産党が広田候補への潜在的な期待を具体的に票として集約する組織運動の原動力になったことである。ちなみに高知県は、共産党の活動力が全国有数の地域である[194]が、広田候補の法定ビラ11万枚のうち10万枚を共産党が配ったと報じられている[195]。

自民党への「仕方のない支持」打破　第3は、共同への期待が「仕方のない支持」を打ち破ったということであった。自民党が得意とする市町村議や県議を動員したインフラ整備推進・公共事業費撒布の主張を上回って共同が勝った。

◆なぜ立憲民主党は躍進できたのか――その2・安倍政治の悪政を阻む砦としての期待

しかし立憲民主党が躍進したのは、狭い意味での共同の力によるだけではなかった。立憲は小選挙区で候補を立てていない地域でも比例で一定の得票を得ていたことを見れば、全国的な同党の躍進は、狭い意味での共同の力だけではないことが分かる。

立憲が躍進したもう1つの理由は、同党が安倍政権による改憲、安保法制推進に対抗する「平和と民主主義」の砦としての期待を担ったことであった。

京都府の事例　その典型例として京都府を事例に検討してみよう。京都府の特徴は、1つは自民党、民進党と並んで共産党が強い地域であることだ。第2に、京都では近年、民進、共産、社民間で共同が成立したことがない。第3に、民進出身議員が6選挙区すべてで希望の党から出馬したことである。そのため、立憲民主党は、希望の党候補が立候補している選挙区には候補を立てないという党の方針に従っていずれの選挙区でも立候補者をたてなかった。

ところが、京都の比例代表選挙では、立憲（18・14％）は希望（14・26％）さらには共産党（14・13％）をも抜いて野党でもっとも高い得票率を獲得したのである。

立憲民主党が獲得した18・14％という得票率は、同党の全国平均得票率である19・88％には及ばないが、選挙区候補がいないにもかかわらず野党トップの得票率であったことは注目すべきことであった。

その得票構造を見ると、立憲民主党への期待の理由が判明する。立憲民主党がどこから票を獲得したかを見ると、まず立憲民主党支持層の86・5％が同党に入れている。これは当然である。無党派層では28・3％が立憲に投票している。加えて、民進党支持者の52％、社民党支持者の30％、共産党支持者の６・４％も立憲に投票していることが注目される[196]。

悪政に抗する橋頭堡としての期待

こうした立憲の得票の要因を考えるうえで京都の地域特性も考慮に入れておくことが必要である。それは、京都は全国でも、とくに憲法や安保法制についての関心が強く、「リベラル色」の比較的強い地域だという点である。今回の総選挙で問われるべき争点について、京都新聞の出口調査によると、「憲法」をあげた人が3位に入っている[197]（11・６％）。他の地域では憲法を争点に挙げる人は非常に少数であることと比べると、京都府の特殊性がよく表れている。京都の有権者は、改憲を阻む橋頭堡になって欲しいという期待を立憲民主党に託したということができる。

こうした立憲の躍進とは対照的に、京都では、今回の選挙では、共産党が大きく後退している。同党は前回、２０１４年総選挙では18・61％の比例得票率であったが、今回は14・13％と４・48ポイントも後退したのである。

とくに注目されるのは、14年総選挙では無党派層の共産党への投票が20・２％に及んでいたのに、今回は13・１％に激減していることである。[198] 共産党支持率は前回選挙時とさほど変化していないから、共産党比例票の減少は無党派層の支持離れに因るところが大きいと考えられる。

こうしてみると、この選挙では、安倍政治の悪政に対抗する有権者の期待を、共産党に代わって立憲民主党が担ったことが比例における立憲の得票を支えたと推測される。

しかし、立憲民主党が、９条改正反対、安保法制反対の旗を掲げて立党しえたこと自体が共闘の産物であることを考えれば、この要因も、大きくは、市民と野党の共闘の産物と言うことができよう。

◆希望の党の失速

こうした立憲民主党の躍進とは裏腹に、希望の党が失速した。衆院では、50議席にとどまり、立憲民主党に野党第一党の地位さえ奪われたのである。

自民党を除けば、希望の党のみならず維新の会も含めて改憲を掲げる政党がいずれも後退を余儀なくされたことは、安倍政権の推進する改憲の前途に暗雲を垂れ込めさせる結果をもたらしたのである。

(5) 決着はこれからに持ち越された

以上、検討してきたことを踏まえると、安倍改憲をめぐる安倍自民党対市民の対抗で言えば、その決着は持ち越された。安倍自民党は、総選挙で大勝したにもかかわらずいくつかの負の要素を抱え込んだのである。

まず、安倍自民党は確かに大勝したが、改憲と安保法制反対を掲げる立憲民主党が躍進したために、今回の総選挙で改憲についての国民の合意を得たとは言えなくなった。

また、市民と野党の共闘が再建され、立憲の躍進という形で何とか踏みとどまったことを受け、9月に結成された「安倍改憲NO!全国市民アクション」が3000万人署名に向けて、改めて取り組みを開始した。

さらに、与党の公明党が選挙戦中から9条改憲にさらに消極的な姿勢を採るようになった。公明党は議席を減らし比例票も減らしたが、これは、同党が安保法制、さらに共謀罪法などで安倍政権の路線にすり寄りすぎた結果ではないかと総括された。また、改憲に反対する立憲民主党の躍進も公明党の改憲に対する慎重姿勢をさらに強める要因となった。安倍が解散・総選挙に打って出た要因の1つに、選挙で改憲を争点に掲げてその洗礼を受けてから、という公明党の要請に応えることもあったのだが、結果は、かえって、公明党の消極姿勢を強めることになってしまったのである。

また、希望の党が失速したために、本来であれば選挙後に解党するはずの民進党が解党を拒否し、参議院で民進党が残ることになった。その結果、衆議院でも参議院でも希望の党が野党第一党の座を占めることができなかった。さらに、希望の党の内部にさえ改憲反対派が残った。「踏み絵」を踏んでできたはずの同党が、その後行われた代表選では、改憲反対を公然と表明する大串博志が14票も占めることになった。53人の希望の党議員のうち、14人が改憲反対を明言したのである。代表に選出された玉木雄一郎も、党が選挙戦で掲げた改憲、安保法制賛成の立場をとりにくくなった。

4　総選挙から自民党大会へ
――安倍改憲に立ちはだかる困難――

(1)　新たに立ちはだかる2つの困難

解散・総選挙の衝撃波が収まってみると、安倍改憲の前には、市民と野党の共闘が突きつける新たな困難が立ちはだかっていた。

◆共闘が存続すると時間がない

市民と野党の共闘が再建・存続したことを前提にすると、安倍自身の改憲実行にとっての最大の困難は時間であった。総選挙で3分の2を獲得したため、衆院では、2021年10月まで4年間、3分の2は確保されることになったが、19年7月の参院選では、市民と野党の共闘が存続していれば、3

分の2をとれるかどうかは極めて疑わしいため、ここをタイムリミットと考えざるを得なくなった。ところが、19年は先にふれたように、7月の参院選の前にも、5月に天皇の代替わり、4月にはいっせい地方選があるため、その前に決着をつけねばならず、結局、18年中の発議――投票、遅くとも19年1月の通常国会冒頭発議――3月投票というスケジュールで突破しなければならないことになった。これが1つ目の困難である。

もし、これを逃せば、何とか市民と野党の共闘にひび割れを起こして、19年の参院選で勝利して参院でももう一度3分の2を確保してそれ以降に改憲実行、ということになるが、そうなると、アベノミクスの悲惨な結果が露呈し、さらに19年10月の消費税引き上げと続き、安倍自民党がこれまで4回の選挙で勝ってきた地方の「仕方のない支持」までも危うくする事態を招きかねない。そもそも19年7月までの改憲実行を逃せば参院選の結果次第で安倍改憲自体の挫折ということになりかねないのである。

◆国民投票には絶対負けられない

しかし、そうかと言って、改憲の場合は、安保法制や共謀罪法と違って、衆参両院で数を頼んだ強引な国会運営、強行採決という安倍得意のやり方は通用しないことが、安倍改憲の困難を増幅させている。なぜなら、改憲の場合は通例の法案と異なり、発議のあとに国民投票が控えているため、もし発議を強行して国民投票運動期間に突入するようなことがあれば、野党のみならず、メディアも敵に回さねばならなくなるからである。

特定秘密保護法、安保法制、共謀罪法の強行採決のあとは、２〜３カ月は支持率が低下し、支持と不支持が逆転する状況が続いたことを考慮すれば、国民投票で否決の危険が出てくるのである。

ところが、改憲国民投票は、古屋圭司が強調するように、負けることが許されない。「改憲に挑戦するからには絶対に失敗は許されません。失敗をすれば、二度とチャンスは訪れないかもしれない」[199]からだ。もし負けるようなことがあれば安倍政権が倒れるだけではすまない、二度と改憲はできなくなる危険があるし、自衛隊の合憲性にすら疑いが出てきかねないからだ。ところが、市民と野党の共闘が存続している限り改憲の審議、国会運営はひどく難しくなる。これが２つ目の立ちはだかる困難だ。

つまり、安倍改憲は、以前同様、あるいは以前に増して、困難に逢着したのである。

(2) 安倍首相の改憲戦略と誤算

総選挙後、安倍首相は、改憲実行の戦略を立て直した。２０１８年中、遅くとも19年早い時期での改憲発議を実現するため、安倍９条改憲について公明党の承認を取りつけることであった。これさえできれば、維新を引き連れて国会発議に持ち込めるが、逆に公明党の同意をとれなければ早期の発議は不可能となるからだ。

◆戦略立て直し

そこで安倍首相の新方針はおそらく以下の諸点であった。

①　まず、できるだけ早く、自民党内で、安倍改憲の構想に沿った案づくりを行い、党の決定にする。

②　党の案をできるだけ早く公明党との協議に持ち込み、同時に、18年通常国会後半の早い時期に憲法審査会にかける。但し、党の案はあくまでたたき台とし、正式の改憲原案にはしない。

③　公明党との調整、維新の会との調整を経て、できれば希望の党も加え、超党派の案を作成し、これを通常国会会期中に改憲原案として国会に提出する。

④　通常国会で、憲法審査会での審議に入り、秋の総裁選で安倍3選を果たし、秋の臨時国会で改憲発議を決める。以上である。

◆自民党憲法改正推進本部内の異論

そこで、安倍首相は、総選挙で党改憲推進本部長の保岡が引退したあと細田博之を本部長にすえるなど、憲法改正推進本部の陣容を建て直し、17年年内の改憲案の条文化、決定をめざして動き出した。ところが早くも支障が出た。

先の解散・総選挙で勝つには勝ったが、市民と野党の共闘が再建され、立憲民主党が躍進し必ずしも安倍圧勝というムードにならなかったため、党内が、安倍改憲案ですんなり決まる状態にはならなかったことだ。

党外では、本来なら、9条2項を残す案には異論を差し挟むはずの右派の面々は、日本会議メンバーが安倍提言と同じ9条加憲を提唱していたこともあり9条自衛隊明記論の応援に回ったが、自民党内はそうはいかなかった。

自民党内の動揺は、必ず、党内右翼バネの発動という形で起こる。案の定、次の総裁選での立候補をめざして、石破茂は選挙後も、9条2項削除論を引っ込める気配がなかった。

推進本部の執行部は、無理を避け、12月20日の推進本部が決めた「憲法改正に関する論点取りまとめ」では、改憲案の条文化、一本化をあきらめ、9条改憲については両論併記の方式を採ったのである。

もっとも、これは党内右派の意見を尊重して無理をしないという意味合いもあったが、実は公明党向けでもあった。自民党内で、9条改憲についても、9条2項削除論もあって執行部は苦労している点を見せること、2つの案を併記することで、世論調査にかけ、1項2項存置論への支持を確認することがねらいであった。

ところが執行部のこうしたもくろみは、必ずしもうまくいかなかった。世論調査で見ると意外な結果が表れたからだ。世論調査では、9条2項削除論が予想を上回る多くの賛成を得たからである。たとえば、18年1月の読売新聞の調査[200]では9条2項維持論が32％に対し、2項削除論が34％、明記不要論が22％であり、与党支持層では2項維持論が34％に対し削除論は40％にのぼった。また、2月に行われた共同通信調査[201]では全体で維持派は38・3％、削除派は26・0％であった。国民のなかには、9条2項削除論と2項存置論の違いが浸透しているとは言えない状況が露わになったのである。

◆森友、加計問題の再燃と安倍政権の危機

それでも、18年初めには安倍は意気軒昂であった。若干の遅れはあるものの、18年中に改憲発議という目標に向け、スタートが切れたからだ。安倍政権の支持率は回復し、通常国会で「働き方改革」を打ち出して支持率を上げながら、3月25日の党大会で、自民党案を決定の上、公明党との協議に、というスケジュールが描かれていた。

ところがこうした安倍の甘いもくろみは、再びもろくも崩れた。

はじめは、「働き方改革」のために国会に出した厚労省資料で非正規のほうが正規よりも労働時間が短いという資料が改竄《かいざん》されたものであることが判明し、安倍は陳謝に追い込まれた。続いて森友文書改竄問題が発覚した。事態は一気に厳しくなった。〝本命〟の加計問題でも悪事が次々露呈した。安倍政権支持率は急降下し、18年通常国会に改憲案など出せるのか、という疑いが出てきたのである。

◆３０００万人署名の前進

安倍政権に対する不信が高まるにつれ、３０００万人署名への取り組みも、また市民の反応も変わってきた。〝こんな安倍政権に改憲をやる資格はない〟〝安倍政権の下での改憲は反対〟という気分から、署名者も増えていった。４月30日の中間集約では、１３５０万筆が集まったのである。

◆憲法改正推進本部の動揺

国会での動揺に連動して、憲法改正推進本部の議論にも大きな動揺が走った。３月25日に向け粛々と審議をすすめ、安倍提言の線で改憲案を取りまとめ、大会で華々しく打ち上げるという予定が、狂い始めたのである。

推進本部内の議論で、３月25日に向け、９条改憲の案の中味に関してさまざまな案が噴出したのである。

(3)　自民党大会案をめぐるジグザグ

大会で決定するにしても、できるだけ「民主的な」色彩をとろうと考えて、案を募集したため、大量の試案が本部に寄せられた。

◆9条改憲をめぐる3つの案の鼎立

安倍政権の支持率が高ければ、安倍の改憲提言に沿った形で、執行部案が通る予定であったが、安倍政権の動揺が深まるにつれ、安倍改憲の方向での取りまとめに対する異論が噴出することになった。

大会に向けて、9条改憲案については、大きく、安倍改憲案支持派とそれでは9条改憲には不十分とする、より「右」よりを意向する派の2つが対決し、後者の派の中で、さらに、9条2項削除、自衛軍保持を明記する自民党日本国憲法改正草案に沿った案を掲げるグループと、2項の存置は認めつつ、「自衛権」保持を明記することで、集団的自衛権の全面行使を可能にする余地を残せないかという案を主張するグループに分かれた。

9条2項削除論に立ったのが、石破であることは言うまでもない。それに対して、自衛権明記論は、参議院議員の青山繁晴《しげはる》らが唱えた。

◆執行部案のねらい

執行部は、一貫して安倍改憲提言に沿った形で案作りを志向してきたが、大会を前にして固まった執行部案は次のようなものであった。

執行部案　9条の2　我が国の平和と独立を守り、国及び国民の安全を保つための必要最小限度の実力組織として、法律の定めるところにより、内閣の首長たる内閣総理大臣を最高の指揮監督者とする自衛隊を保持する。（傍線引用者）

この執行部案は、9条1項、2項をそのままにして、9条の2として右のような条項を付け加えるものであったが、次のような特徴を持っていた。

第1に、この案は、内閣法制局が自衛隊を9条2項の禁止している「戦力」でないと言うためにとってきた「自衛のための必要最小限度の実力」論にのっとって自衛隊を合憲とすることをめざしたものであったことである。この案は、安倍改憲提言に最も近いものであった。安倍提言のポイントは、9条改憲に消極的な公明党を巻き込むことをねらったものであったが、公明党の立場は、9条1項、2項の平和主義の規定をいじらずに、国民の多数が認めている自衛隊を憲法に明記するというものであった。同時に公明党が9条加憲で認めようとした自衛隊は「自衛のための必要最小限度の実力」としての自衛隊であり、それに伴うさまざまな制約に服する自衛隊であった。

執行部案は、こうした公明党の立場を顧慮して、自衛隊を「我が国の平和と独立を守り、国及び国民の安全を保つための必要最小限度の実力組織として」と定義づけていた。この案は、先に述べたように（199～200頁）、公明党が第6回党大会で決定した案に酷似していたのである。また、この案は、9条の2に新条文を付け加えても内閣法制局がこれまで行ってきた解釈は変えないということを示唆した案でもあった。

第2に、執行部案は、自衛隊の定義で政府解釈にも一貫してついていた、「自衛のための」という言葉を省くことで、「自衛」という言葉を残して集団的自衛権の全面行使をも認める余地をつくらないよう配慮していた。

全体として、この案は、自衛隊という存在を憲法に明記し、安保法制で新たに拡大した自衛隊の権限――限定的集団的自衛権、後方支援の形での米軍支援の拡大――を合憲とするという点にねらいを絞った、これなら公明党も呑むと見越した案であった。この危険性はのちに検討する。

◆石破案のねらい

それに対して、改正推進本部に提出された、石破案や自民党日本国憲法改正草案は、9条2項を削除し、自衛のための軍の保持を明記することで、自衛隊については、「自衛のため」なら、集団的自衛権だろうが、多国籍軍だろうが、集団安全保障への参加だろうが、また、核兵器の保持、弾道ミサイル保持だろうが、何でもOKにするという案であった。

石破案を紹介しよう。

石破茂案　9条　日本国民は、正義と秩序を基調とする国際平和を誠実に希求し、侵略の手段としての武力による威嚇及び武力の行使を永久に放棄することを、厳粛に宣言する。
⑵　我が国の独立と平和及び国民の安全と自由並びに国際社会の平和と安定を確保するため、陸海空自衛隊を保持する。

この案の特徴は、9条1項も変えてしまって、「国際紛争を解決する手段としては」という日本国憲法の文言をさらに狭く「侵略の手段としての」という点に限定してしまったことである。これで、1項はほとんど法的意味を喪失する。なぜなら、近代以降の侵略戦争で「侵略」と銘打って遂行されたものなど皆無だからである。

ついで、石破案は、第2項を削除して、自衛隊を保持すると規定しているが、自衛隊の任務を「我が国の独立と平和及び国民の安全と自由」の確保のため、と謳うことで個別的、集団的自衛権の行使を可能としたのみならず、「国際社会の平和と安定を確保するため」とも書くことで、国連の集団安全保障や多国籍軍にも参加できると明記したのである。

◆自衛権を明記する案

それに対して、第3グループは、9条1項、2項を存置する点では、安倍改憲提言、執行部案と同じだが、執行部案にあった、「必要最小限度の実力組織としての」という限定を取り外し、代わりに「自衛権の行使を妨げず」という言葉を入れることで、自衛隊に安保法制が認めた、集団的自衛権の限定行使だけではなく、集団的自衛権の全面行使も認めることを可能にしようという意図を持った案である。たとえば、本部が、第6案として紹介したのは、こうした案であった。

> 9条(3)　前2項の規定は、国の自衛権の行使を妨げず、そのための実力組織を保持することができる。

◆執行部が出した大会案

当初は執行部案が通ると見込まれたが、森友・加計問題などによる安倍官邸の力の低下は憲法改正推進本部内で、執行部案への異論を噴出させ、その結果、本部長の細田は、次の案を修正案とし、執行部案と第3グループ案の折衷をはかろうとした。これで石破らの2項削除派を孤立させようとしたのである。結局、この案が大会に持ち込まれたのである。

> 9条の2　前条の規定は、我が国の平和と独立を守り、国及び国民の安全を保つために必要な自衛の措置をとることを妨げず、そのための実力組織として、法律の定めるところにより、内閣の首長たる内閣総理大臣を最高の指揮監督者とする自衛隊を保持する。
> (2)　自衛隊の行動は、法律の定めるところにより、国会の承認その他の統制に服する。（傍線引

用者）

この大会案は、一見すると、執行部案と第3グループ案の折衷に見えた。確かに、この案は、9条1項、2項を存置するという点では、安倍提言の線を維持していたが、第3グループも取り込みをはかろうとした結果、安倍提言、執行部案より、さらに「右よりの」案になってしまったのである。なぜなら、大会案は、「前条の規定は、我が国の平和と独立を守り、国及び国民の安全を保つために必要な自衛の措置をとることを妨げず」と書くことで、「前条」1項で放棄された「戦争」も「自衛のための戦争」なら認めます、「前条」2項で持つことを禁止された「戦力」も「自衛のため」なら持てます、そのために「自衛隊を保持」します、と書くことで、事実上、前に書いた芦田解釈と同様の解釈を認める条文となり、そうすることで、9条2項を、より明確に死文化するものだったからだ。

細田執行部の意図はそこにあったのではないにせよ、この案は、公明党が呑むことを目途に提言された5・3改憲提言や執行部案からもはるかに離れたものとなった。

公明党は、モリ、カケにゆれる安倍政権を見て、自民党大会案の中味にコメントしなかった。それどころではないだろうという態度であった。

だが、安倍改憲をめぐって、自、公の協議が実際に始まった場合には、この案は、とうてい土台となり得ないような案であった。自民党自身、憲法審査会に出す場合でも修正を見越したたき台として出すことを決めてはいたものの、大会案はたたき台としても、当初自民側が出そうとしていたものとは相当かけ離れてしまったのである。

安倍にまつわる不祥事で政権が追い詰められるにつれ、安倍改憲をめぐっては、歯車が逆に回転し始めたのである。

第四章　安倍9条改憲の危険性

本章では、先の自民党大会で決定をみた改憲案の内、9条改憲案に焦点をあてて、その危険性を明らかにしよう。その際、検討の重点は、先に見た党大会での状況を踏まえて、大会案の検討にとどまらず、安倍提言の趣旨に最も近い執行部案と大会案の両方に共通する点に焦点をあてて、検討したい。先に書いたような経緯からすると、大会案がそのまま、公明党や維新の会との協議を経て、改憲原案になる可能性は薄いのと、改憲原案には、必ず9条1項、2項を残して自衛隊を明記する規定は入るからである。

1　安倍9条改憲の危険性

安倍首相は、5・3提言のあと、17通常国会でもその後においても、9条に自衛隊を明記する改憲は「自衛隊違憲論が生まれる余地をなくすためにやる」「自衛隊を憲法に書き込むだけだからちっとも変わらない」と、くり返し言明してきた。自民党憲法改正推進本部長であった保岡興治も、17年6月12日の推進本部の会合で、「9条の政府解釈を一ミリも動かさないで自衛隊を明確に位置づけるという方向性で憲法改正の具体論を進めていく」[202]と述べて、この改憲案が現状追認的性格しか持たないことを強調した。

しかし、これは真っ赤なうそだ。何も変わらないのに、そのために安倍首相が政治生命をかけることはない。確かに、9条2項を削除せずに自衛隊を9条の2で明記する改憲案は、9条2項を削除して、海外での戦争も自由な軍隊の保持を明記する改憲案から比べれば大きな「譲歩」であることは間違いない。しかし、9条2項を残して自衛隊を憲法に明記するだけでも、憲法は一変する。この改憲でも安倍首相の執念である「戦争する国」づくりを可能にすると踏んだからこそ、安倍はその政治生命をかけて挑戦しようとしているのである。

以下で、９条改憲の危険性[203]を３つの点で指摘したい。

(1)　軍事組織が憲法に明記され、９条も憲法全体も変質

９条の２で自衛隊を明記する改憲案の第１の危険性は、いくら１項、２項を残しても、自衛隊という軍事組織が憲法に明記されることで、９条の規範の意味も、日本国憲法全体も変質してしまうことだ。

◆９条の「武力によらない平和」の規範が改変

まず、自衛隊という軍事組織を憲法に明記することで９条の規範が根本的に変質する。

９条１項、２項からなる９条が政府に命じているのは、「武力によらない平和」である。政府に対し、紛争は武力で解決してはならない、そのために軍隊を持ってはならない、と命ずることの重要性、その有効性は、朝鮮半島問題の現在の推移を見ても、極めて明瞭である。それが共感されるからこそ、９条は日本国民のみならずさまざまな国の市民の間に〝９条を自分たちの国の憲法に〟という声を起こしたし、憲法９条を保持してきた日本国民がノーベル平和賞の候補にノミネートされてもきた。

ところが、9条の2で、「自衛隊を保持する」と明記されれば、その条文は、「武力によって平和」を維持すると命じることになる。「武力による平和」と「武力によらない平和」――これでは一体9条は、いかなることを政府に命じているのか分からなくなる。おまけに「後法が前法に優る」という考え方にしたがって、あとから規定された〝自衛隊＝軍事組織による平和〟という規範が1項、2項を制約するという解釈も出てきかねない。

◆軍事組織が憲法に明記され、〝戦争も軍隊もない憲法〟全体が変質

さらに看過できないのは、9条の2で自衛隊保持を明記することで、9条にとどまらず日本国憲法全体が変質することである。

そもそも、日本国憲法は全く珍しい憲法である。なぜなら、その前文と9条によって、この憲法は、戦争も軍隊も、あえて想定しない憲法だからである。だから、戦時・非常時に人権を制限・停止する緊急事態規定も、軍隊・軍人のための特殊な規律、人権制約も、軍人を規律するための特別裁判所も認めてこなかった。また、一般の行政上の秘密と区別して軍事秘密を特別に保護する規定も、安倍政権が特定秘密保護法を制定するまでは置かれてこなかった。

私たちはあたり前のこととして意識することは少ないが、こうした戦争と軍隊を認めない憲法が、他の大国と異なり、日本社会、人権状況に特殊な「明るさ」を保障している。

たとえば、マスコミも市民も、財務省の森友文書改竄や加計学園の隠蔽に対する追及と同様に、自

衛隊の「日報」隠しに対する追及を行い、防衛省・自衛隊も、日報の開示を余儀なくされている。いずれも強い隠蔽体質はあるが、メディアや市民の側から見て、財務省と防衛省・自衛隊に違いはない。しかし、たとえば戦前、明治憲法下の日本では、国民の知る権利をめぐる状況は全く異なっていた。まず、一般行政に対するマスメディアの追及や報道を阻む制限は、現代とは比較にならないくらい強いものがあった。しかし同時に、軍事上の情報については、二重三重の秘密保護法制がその開示を阻んでいたから、一般の行政情報に比べ特段に手厚く秘匿されていたのである。

また、現行憲法の下では、自衛隊基地に対する監視や調査も、平和運動の重要な活動の一つとなっているが、戦前の日本や他国ではそれは全く常識ではない。

ところが、９条の2という形で軍事組織が憲法上の組織として明記されることにより、こうした人権と社会の常識は根本的に変わる。憲法に軍隊と戦争という異物が押し込まれるからだ。

◆緊急事態規定

まず、憲法に軍事組織が明記されることで、憲法の想定しなかった「戦争」と戦争に伴う緊急事態規定が入ってくる危険性が出る。

明治憲法は、天皇が議会にはからず権限を行使できる「大権」として統帥権（11条）、軍の編成大権（12条）を規定し、しかも軍の統帥に関しては、天皇は国務を統括する内閣の意とは「独立」に権限行使を認められる「統帥権独立」の慣行まで保有していた。したがって、天皇は、議会はもちろん場合によっては内閣にもはからずに、軍隊を派兵し戦争を遂行する権限をもっていたのである。

しかも、天皇の政府は、使い切れないほどの緊急事態規定をもっていた。天皇が戦時・非常時に一定の地域に軍事独裁を敷く権限を保障した戒厳大権（14条）、非常時で議会が閉会中の場合、法律に代わる命令を発する権限を保障した緊急勅令権（8条）、緊急財政処分（70条）、さらに、非常事態には明治憲法によって乏しいながら保障されていた一切の権利や自由を停止し天皇独裁を可能とする非常大権（31条）などがそれであった。

安倍自民党が、9条改憲と同時に緊急事態規定を設けることを提案しているのは、軍事と緊急事態規定の不可分の関係を物語っている。この点については、すぐ後の緊急事態条項のところで、あらためて検討しよう。

◆軍人に特有の処罰法、軍事特別裁判所

軍隊を保持し戦争を想定する国ではどこでも、戦闘行為を行う軍人に特有の規律と処罰を科す軍刑法とそれを裁判する特別裁判の手続きを定める軍法会議法をもっている。

とりわけ、それら法は、軍隊が海外で武力行使を行う場合には不可欠の法律である。

なぜ軍人に特有の規律、特有の手続きが必要なのだろうか。いずれの国でも、海外での戦争に兵士たちを動員することは容易ではない。どんな〝精強な〟軍隊でも、他国の戦場で敵兵と戦火を交えれば、恐怖で、上官の命令を聞けなかったり、恐怖のあまり逃げ出したりすることはどこでも起こる。

しかし、そんなことを放置したら、戦場に兵士たちを縛りつけ、戦闘を強要する規律を保つことなどできない。だからどこの国でも「軍法」をつくり、特別厳しい規律と違反に対する重罰を科しているのである。

たとえば、戦前日本では陸軍刑法、海軍刑法という軍法が「抗命」や「敵前逃亡」には最高死刑を科して、兵士を戦場に縛りつけてきた。

> 陸軍刑法
> 第57条　上官ノ命令ニ反抗シ又ハ之ニ服従セサル者ハ左ノ区別ニ従テ処断ス
> 1　敵前ナル時ハ死刑又ハ無期若《モシク》ハ十年以上ノ禁固ニ処ス（以下略）
> 第75条　故ナク職役ヲ離レ又ハ職役ニ就カサル者ハ左ノ区別ニ従テ処断ス
> 1　敵前ナル時ハ死刑、無期若ハ五年以上ノ懲役又ハ禁固ニ処ス（以下略）

また、これら戦場で兵士たちを縛りつけるには、違反容疑者を内地に送り返して裁判などという悠長なことはできない。軍法会議で、即決で処断しなければならない。戦前日本では、そのために陸軍軍法会議法、海軍軍法会議法が用意されていた。

しかし、日本国憲法の下では「軍隊」をもたないため、これら軍人の特有の規律を定めた法律や特別裁判所は設けられなかった。確かに、自衛隊法は、自衛隊員に特有の処罰規定を設けているが、その量刑は一般公務員の非違に対する量刑（国家公務員法の最高刑は、3年以下の懲役又は禁固）と大きく異なることはない[204]。

すなわち、自衛隊法では、戦前の軍法にある「抗命」に対する刑は、通常の場合は3年以下の懲役又は禁固に（自衛隊法第119条第1項7号）、防衛出動時でも下記のように7年以下である。

自衛隊法

第122条　第76条第1項の規定による防衛出動命令を受けた者で、次の各号のいずれかに該当するものは、7年以下の懲役又は禁錮に処する。

1　第64条第2項の規定に違反した者

2　正当な理由がなくて職務の場所を離れ3日を過ぎた者又は職務の場所につくように命ぜられた日から正当な理由がなくて3日を過ぎてなお職務の場所につかない者

3　上官の職務上の命令に反抗し、又はこれに服従しない者

4　正当な権限がなくて又は上官の職務上の命令に違反して自衛隊の部隊を指揮した者

5　警戒勤務中、正当な理由がなくて勤務の場所を離れ、又は睡眠し、若しくは酩酊して職務を怠つた者

また、安保法制により、自衛隊の海外派兵が現実化するなかで、自衛隊員が上記の罪を国外で犯し

た場合に処罰する１２２条の２が入った（「第１２２条の２　第１１９条第1項第七号及び第八号並びに前条第1項の罪は、日本国外においてこれらの罪を犯した者にも適用する」）が、この規定でも罰条は同じであった。

　また、軍法会議については、憲法では76条２項で特別裁判所の禁止規定がある。しかし、改憲で自衛隊が「実力組織」すなわち軍事組織として憲法上の存在になれば、軍人に特有の人権の制約、差別的取り扱いも、また事実上の軍事特別裁判所の設置も可能となり、合憲となる。自衛隊法の罰条も、量刑は、他国や戦前日本の軍法に合わせて、飛躍的に重くなるであろう。

◆軍事秘密に対する処罰

　戦前の明治憲法下では、軍事に関する情報は、他の行政情報とは区別され、早い時期からさまざまな秘密保護法により手厚く保護されてきた。[205]１９００年の軍機保護法、要塞地帯法などがそれである。また、刑法は、軍事上の機密の敵国への漏泄《ろうせつ》（85条）を、スパイ罪と同じく最高死刑を科して処罰していた。陸軍刑法（27条）、海軍刑法（22条）においては、「軍事上ノ機密ヲ敵国ニ漏泄スルコト」は、例外なく死刑を科すとされていた。

　軍事秘密以外の情報が、戦争遂行との関係で広く秘密保護の対象にされたのは、後の時代、日本が、日中全面戦争に突入した「総力戦」の時代になってからであった。

　この時代には、軍機保護法は改正され対象を大拡大したのみならず、軍用資源秘密保護法、国防保安法が制定され、狭い意味での軍事秘密にかかわらない、戦争遂行にかかわる広い範囲での情報の保護がなされたのである。

ところが、戦後日本では、一転、軍事秘密に関する処罰法は、米軍の秘密に対するそれを除いて制定されなかった。戦後刑法改正で、刑法のなかからも第二編第三章の外患ニ関スル罪のうち軍事に関わる罪とともにスパイ罪や軍事機密漏泄罪も削除された。それは憲法９条が軍隊の保持を否定しているため、「軍事秘密」を特段に取り出して重罰を科すことが均衡を欠くと考えられたからであった。

それでも、自民党政権の下で国家機密法制定の動きがあったが、強い反対運動の結果、制定の試みは挫折を余儀なくされてきた。安倍政権による特定秘密保護法が保護すべき情報の第一番目に「防衛に関する事項」をあげ、イからヌまでの情報をあげて、そのうちとくに秘匿すべきものを「特定秘密」として指定し、その漏洩、取得等に重罰を科したことは、その意味では「画期的」なものであったと言える。しかし、それでも罰則は他の秘密に対する刑と均衡して特段に重罰とはなっていない。

ところが、９条改憲によって自衛隊が憲法に明記されれば、「軍事」秘密が憲法上認知されることとなるため、特定秘密保護法が改正され、軍事秘密の漏洩に対する罰則は重くなる危険がある。特定秘密保護法の運用をはじめ、軍事情報に対する市民やマスコミによるアクセスは大きな制限をかけられることとなる。防衛省による特定秘密の指定は広範になるであろう。

森友などへのマスコミのアクセスと、自衛隊の「日報」などへのアクセスにも大きな差が現れる可能性が強くなる。

◆徴兵制は合憲

他に、現在違憲とされている徴兵制は、自衛隊が憲法上の組織となることにより、少なくとも憲法上は合憲と解釈変更されるであろう。[206] もちろん、現在の国民の強い非軍事意識、強い運動の力を前提にすれば、自民党政権が徴兵制を採用する可能性は少ないが、憲法上は認められることになろう。

◆軍事的価値が幅をきかせる社会

日本国憲法の非軍事の規定は、このように、少し点検しただけで、憲法全体、日本社会全体に大きな刻印を押していることが分かる。これは、軍部、軍人が幅をきかせた戦前期日本社会の大きな転換をもたらした。

憲法の規定は、国民の非戦の意識と相俟って、軍や戦争に対する強い警戒と忌避の意識を定着させ、60年代以降の自民党政治をも規定した。先に見たように、自民党政権の手で作られた武器輸出３原則は、日本の大企業が軍需に手を出すのを押しとどめた。それが日本の民需中心の経済発展を後押しした。また、戦後日本では、驚くべきことに、戦前期日本の政治の支配的要素であった、「軍部」の再建を未だに許していない。この国では、いまでも「軍部」という言葉は死語になっている。

９条への軍事組織の明記は、こうした戦後日本が作り上げてきた社会的常識を大きく転換する危険性をもっているのである。山内敏弘の言い方を借りれば、憲法に軍事組織と戦争が書き込まれることで、「国民生活や国民の人権[207]」「日本社会全体にも多大の影響を及ぼす[208]」ことになるという危険性である。

(2)　9条2項は死文化し、国民が信頼する自衛隊は変質

第2の危険性は、9条に自衛隊が明記されることで、9条2項は存置されているとはいえ事実上死文化し、国民の多くが信頼を寄せている自衛隊は変質するということだ。

◆国民の9割はなぜ自衛隊を信頼？

安倍首相は、9条への自衛隊明記の改憲論を説くに際し、くり返し、〝国民の9割が自衛隊を支持している〟と強調している。それなのに、憲法学者や共産党は自衛隊を違憲といっているから、違憲論をなくすために、改憲をやるのだと。ビデオメッセージで、こう言っている。

「今日、災害救助を含め、命懸けで24時間、365日、領土、領海、領空、日本人の命を守り抜く、その任務を果たしている自衛隊の姿に対して、国民の信頼は9割を超えています。しかし、多くの憲法学者や政党の中には、自衛隊を違憲とする議論が、今なお存在しています。『自

衛隊は違憲かもしれないけれども、何かあれば、命を張って守ってくれ』というのは、あまりにも無責任です」と。

しかし、いったい国民は自衛隊をどうとらえ、どんな自衛隊に信頼を寄せているのであろうか？

◆世論調査が示す、自衛隊に対する信頼の中味

国民が自衛隊のいかなる姿、活動を支持しているか。それを知るには、総理府→内閣府が、１９５０年代から続けている「自衛隊・防衛問題に関する世論調査」[209]が参考になる。

この調査では、当初「自衛隊はこれまでどんなことで1番役に立ってきた」かを１つ答える、という質問があった。この問いへの答えは、50年代から一貫して、70％を越え圧倒的に「災害派遣」であり、１ケタ台の「国防」「治安維持」などを引き離していた。90年代に入り、この質問には２つ答えるように変わり、さらに、２００３年には「いくつでも」、となったにもかかわらず、断トツで「災害派遣」という回答が多く、複数回答になった97年以降は、災害派遣は、80％台後半にまで上昇した。また複数回答になって以降は、役に立ってきた2番目は「国際貢献」という回答であった。

この質問に対する回答状況は、政府にとってはあまり都合のよいものではなかったようである。おそらくもっと「国の安全確保」などの回答が上位にきてもらいたかったようである。結局この質問項目は、06年調査からは消えてしまっている。

おそらくこの結果を憂慮したのであろう、61年調査以降「役に立ってきたか」という問いに加え、「現在の自衛隊として、一番重要な任務はどれだと思いますか」（のちには「自衛隊の存在する目的は何だと思いますか」）という質問が加えられるようになった。自衛隊の本来の任務を自覚してもらいたいという質問者の意図によるものと思われる。その結果、「役に立ってきた」方は一貫して「災害派遣」が第1位であるが、自衛隊の「存在する目的」の方は、当初は「国の安全」が「災害派遣」を引き離して1位を占めた。しかし、ここでも徐々に、「災害派遣」をあげる割合が増え、複数回答になった94年以降は、存在する目的でも、トップは「災害派遣」に逆転してしまったのである。

同時に、60年代以降には、「自衛隊は今後どのような面に力を入れていったらよいか」という質問もなされるようになった。この問いに対しては、70年代から80年代にかけては、「災害派遣」と「国の安全」が拮抗していたが、90年代冷戦終焉後にはここでも「災害派遣」がトップを占め、複数回答になって以降は災害派遣が70％台を占めるようになった。

そして、最新の調査では、「自衛隊の存在目的」も、「今後どのような面に力を入れるか」という問いもなくなり、ただ1つ「自衛隊にどのような役割を期待しますか」を「いくつでも」選択するという問いに収斂した。しかし、そういう設問でも、第1位は災害派遣（79・2％）、第2位の「国の安全確保」（60・9％）を上回っているのである。

このように――おそらく「国の安全の確保」という答えを多くしたいという思惑に基づく――さまざまな工夫により「国の安全確保」という回答が大きく伸びているが、それでもいろいろな質問の仕方をしても、ほぼ一貫して「災害派遣」が1位を占めているのである。つまり、自衛隊に対する国民の信頼の中味は、災害派遣での献身的な自衛隊の活動なのである。

◆国民の見る自衛隊像と実像との乖離

ここで、まず確認しなければならないのは、世論調査に示されたような、国民の見ている自衛隊像は、自衛隊の実像とはかなりの乖離があるということだ。実際の自衛隊は、安保条約、さらには日米ガイドラインの下で、米軍のアジア・太平洋地域の軍事作戦と連携しながら、対中、対ロの軍事対決の一環を担っている。災害派遣は、そうした自衛隊の任務の本務ではない。

自衛隊法3条は、自衛隊の任務を定めているが、そこで「主たる任務」とされているのは、「我が国を防衛すること」であり、そこには、従来からの「武力攻撃事態」における防衛出動に加え、安保法制によって日本が直接攻撃されない「存立危機事態」における防衛出動も含まれることとなった。

それに加え、「必要に応じ」「公共の秩序の維持に当たる」業務として、治安出動、海上警備行動、海賊対処活動、領空侵犯に対する処置、さらに安保法制で新たに付け加えられた、自衛隊法95条の2に依る米軍等の軍事行動の援護等の行動がある。

さらに90年代以降になると、自衛隊の海外派兵にかかわる業務が、新たに、自衛隊法3条2項で、「主たる任務の遂行に支障を生じない限度において」行う従たる任務として定められ、これまた、安保法制で大幅に拡充された。我が国の平和及び安全に重要な影響を与える事態（重要影響事態）に米軍の後方支援に当たる活動、さらに、国際平和支援法に基づく多国籍軍等への後方支援、拡大したPKO活動、などがここに入る。

この3本柱の活動のいずれもが、米軍の戦略展開と緊密に連携して、いわばその補完として行われているものである。

それに対し、自衛隊の災害派遣活動は、「必要に応じ」行う「公共の秩序の維持に当たる」活動の1つとして、自衛隊法83条で定められた業務であるが、3本柱の活動から見れば、全くの周辺的・付随的任務にすぎない。

にもかかわらず、国民はほぼ一貫して災害派遣に活動する自衛隊に期待し、その故に、自衛隊によい印象を持っているのである。そのため、防衛省―自衛隊も、災害派遣には、積極的に対応し特に3・11以後には、災害派遣が一層国民の期待を高めたのである。つまり、自衛隊に対する国民の支持と期待は、自衛隊が本務としていない活動に向けられ、自衛隊も国民の支持を調達するために本務でない災害派遣に積極的な対応を余儀なくされているのである。

◆軍隊であってはならないという努力が

一体、それはなぜなのか？　結論から言えば、安倍首相が強調する〝国民の支持する自衛隊〟とは、憲法9条2項が、「戦力」＝軍隊保持を禁止しているため、政府が自衛隊を軍隊ではないと言うために努力してつくられた姿にほかならない、ということだ。

第一章で検討したように、自衛隊は、憲法９条が保持することを禁じている「戦力」でないことを証明するため、ふつうの軍隊が行っている海外での武力行使を一切行ってこなかった。自衛隊の海外出動も、厳しい国内の世論と運動の圧力で、武力行使はできず、武器使用も制限をされてきた。

また自衛隊が違憲の軍隊ではないかという疑いを払拭し、国民に信頼してもらうため、「従たる任務」としてしか位置づけられていない災害派遣にも力を入れた。つまり、自衛隊が９条２項の禁止する「戦力」に当たらないようにするための努力、自衛隊を軍隊にしないための努力が、皮肉にも自衛隊を国民に定着させたのである。〝災害救援に取り組む自衛隊〟〝海外で人を殺さない自衛隊〟である。

ところが、改憲で、９条の２を新設し、自衛隊を実力組織＝軍隊として合憲的存在と認めてしまえば、もはや政府は、自衛隊が９条２項の禁止する軍隊でないことを証明する「ムダな努力」はする必要がなくなる。あえて、災害派遣に精を出すことも必要なくなり、また海外での武力行使の禁止をはじめとした自衛隊の活動に対する厳しい制約に服する必要はなくなる。〝自衛隊は憲法が禁止する軍隊であってはならない〟という２項の要請により自衛隊に課せられた制約はただちになくならないまでも、軍隊としての自衛隊が憲法上の存在として認められれば、早晩緩められ死文化していくことは間違いない。国民の９割が支持すると首相が事ある毎に強調する自衛隊像は、改憲によって変質することは必定だ。

つまり９条の２で自衛隊を明記することで、９条２項は存続しても、それが持っていた自衛隊の活動に対する制約の力は失われる。事実上の「死文化」にほかならない。

(3)　安保法制で海外での武力行使が認められた自衛隊が合憲となる

自衛隊明記の危険性の第3は、海外での武力行使をする自衛隊の合憲化である。改憲で明記される自衛隊は、実は、安倍首相の手により強行された、あの安保法制によって海外での武力行使も一部認められた自衛隊にほかならないことだ。

◆安保法制で拡大した自衛隊の合憲化

第2章で検討したように、安倍首相は市民の反対の声を押し切って安保法制を強行採決したものの、違憲の声が収まらないため、その全面実施に大きな困難を抱えている。

改憲の最大のねらいは、安保法制によって拡大された自衛隊の活動を合憲的なものとして承認させ、アメリカの戦争に加担する自衛隊づくりを完成させることであり、それに対する違憲の声を封殺することにある。

たとえ、執行部案にあったように、国の独立を守るための「必要最小限度の実力組織」という限定を入れても、安保法制による政府解釈の改変により「自衛のための必要最小限度の実力」の下でも、限定的集団的自衛権が容認され、後方支援という名目であればアメリカの戦争をどこででも支援することができるようになっているから、安倍自民党の思惑は十分達成できる。

◆大会案の危険性

とくに、大会決定案の場合には危険はさらに大きい。

大会決定案は、先にふれたように、執行部案を変更して、「前条の規定は、……自衛のための措置を妨げず」という言葉をわざわざ付け加えた。この条文によって、９条１項が禁止している戦争や武力行使には、「自衛のための」戦争は入らない、また、２項が禁止している「戦力」には、「自衛のための」戦力には入らないことになる。

つまり、この案によれば、「自衛のため」とさえ言えば、個別的自衛権だろうが集団的自衛権だろうがなんでも認められる。これは、あの安保法制においてですら認められなかった、集団的自衛権の全面行使を容認する規定となっている。もしこの改憲案が通るようなことがあれば、今度は、安保法制を改悪して集団的自衛権を全面行使することも可能となるのである。

(4) 自衛隊明記論と緊急事態規定

自民党案の危険性に関して、以上の3つの大きな危険性に加えて、もう1つ触れておかねばならない点がある。それは、先に一言触れた緊急事態規定の危険性である。9条改憲と、同じく自民党が改憲項目として提案している緊急事態規定の改憲がドッキングすると、憲法は名実ともに、「戦争できる国」の憲法に変質するという点である。

◆自民党案になぜ緊急政令が？

安倍首相が、5・3改憲提言のなかに、緊急事態規定を入れることを提案した直接のきっかけは、安倍が仲間に引き入れたい公明党が、大災害などの緊急事態で衆参両院の議員選挙ができない時、両議員の任期延長の規定を設けるべきだという改憲を支持しているため、9条加憲と同じく公明党を巻き込む思惑からであった。

しかし、もともと改憲派が、緊急事態規定を入れろと主張していた理由は、9条改憲とセットで、戦時における市民的自由の制限と国民動員の体制づくりを可能とする憲法上の根拠がほしいからであった。

自民党憲法改正推進本部での議論でも、当然そういう意見が出された。推進本部の執行部がつくった執行部案は、安倍の思惑どおり緊急事態における議員の任期延長の規定だけであったが、憲法改正推進本部内の議論を経て、結局細田が提案した大会案には、たんに議員の任期延長だけでなく、緊急事態において政府が議会の議を経ずに法律に代わる命令を出すことのできる緊急政令を含めた案となったのである。73条の2としてつけ加えられた傍線部がそれである。

〔緊急事態条項〕

64条の2　大地震その他の異常かつ大規模な災害により、衆議院議員の総選挙又《また》は参議院議員の通常選挙の適正な実施が困難であると認めるときは、国会は、法律で定めるところにより、各議院の出席議員の三分の二以上の多数で、その任期の特例を定めることができる。

73条の2　大地震その他の異常かつ大規模な災害により、国会による法律の制定を待ついとまがないと認める特別の事情があるときは、内閣は、法律で定めるところにより、国民の生命、身体及び財産を保護するため、政令を制定することができる。

(2)　内閣は、前項の政令を制定したときは、法律で定めるところにより、速やかに国会の承認を求めなければならない。

（傍線引用者）

緊急事態規定と9条における自衛隊明記の改憲はセットで、日本がアメリカの戦争に加担して戦争に突入する際の国内体制をつくることを保障する。ここでも、「戦争する国」を拒否した日本国憲法の全面的変質が起こる。

◆大震災の時だけではない

この緊急事態規定は、「大地震その他の異常かつ大規模な災害により」と書いてあるから3・11のような災害を想定しているだけで戦時は入らないのでは、という疑問をもたれるかも知れないが、そんなことはないことも注意しておかねばならない。すでに、国民保護法の規定のなかには、「武力攻撃により直接又は間接に生ずる人の死亡又は負傷、火事、爆発、放射性物質の放出その他の人的又は物的災害をいう」（国民保護法第2条第4項）「武力攻撃災害」という概念がある。つまり、私たちが「災害」という言葉からイメージする内容とは異って、法律的には、人為的災害、すなわち戦争による被害も入るのである。

◆明治憲法の緊急勅令をまねて

この緊急政令の規定は、戦前の明治憲法下で政府によって政治危機乗り切りに愛用された、憲法8条の緊急勅令の規定にならったものである。この緊急勅令は、先に見た（259〜260頁）明治憲法の緊急事態規定のなかでも、もっとも頻繁に発動され、とりわけ、政府が通したいが議会の反対で通過しにくい法律の制定に使われた。

その著名な発動例は、１９２８年の治安維持法改正であった。政府は、28年3月15日、当時非合法下で活動していた日本共産党に対して治安維持法を発動して大弾圧を加えたが、その直後、この法の改正をめざして議会に法案を提出した。この改正案は、一方で天皇制の変革をめざす日本共産党などの活動を重罰で脅すため、「国体変革」を目的として結社を組織したりその指導者になったものに「死刑」を科すとともに、日本共産党に加入していない、広範な活動家に対しても治安維持法の網にかけることをねらった「目的遂行罪」を導入するものであった。[210] ところが、この改正案に対しては、マスメディアをはじめ強い反対の声が上がり、野党の反対で議会を通過しなかった。そこで、田中義一内閣は、この治安維持法改正案をそのまま、緊急勅令で制定したのである。

このように、緊急勅令は、時の政府にとって都合のよい制度であったため、戦後の改憲論は多くがこの緊急勅令の制度を復活させる案を持っていた。自民党政権は、その緊急政令を、緊急事態規定に入れたのである。

いずれにせよ、自民党大会で決定をみた改憲案は、安倍や保岡らが「なにも変わらない」と強調するのとは逆に、９条と憲法の根本的改変をめざしたものである。

2　9条改憲で、日本とアジアの平和は確保できるか

◆安倍9条改憲が想定する日本の「安全」

安倍のめざしている9条改憲は、現状を変更しないどころか、その根本的改変を企てるものであることを検討した。

安倍が求めている「戦争する国」は、戦前の大日本帝国のように、あるいは現代のアメリカ、中国、ロシアのような、単独で海外侵攻をねらう軍事大国ではない。安倍政権のめざしているのは、アメリカの世界戦略に追随し、あくまでアメリカの軍事行動を補完し、それと一体化する軍事行動である。

安倍が改憲によってアメリカの戦争に一層深く加担する体制をつくりたいと考えるのはなぜか。安倍政権は、以下のような理由から、それが日本の安全、さらには、日本が世界で羽ばたくために不可欠な措置と考えている。

日本や東北アジアの安全保障環境は激変している。北朝鮮の核開発、弾道ミサイル開発、中国の覇

権的軍事行動の活発化がそれである。それを抑えるのは、日本単独では無理で、日米同盟に基づく、アメリカの軍事力に頼るしかない。しかし、日本がなんの努力もしないで一方的にアメリカに頼ろうとしても、日米同盟は、機能しない。しかも、アメリカの力も相対的に低下している。

それだけに、アメリカの世界秩序維持のための軍事行動に日本も積極的に参加し、とりわけ東北アジアの安全に関しては緊密な日米同盟によって一体的に行動することで、日本の安全の危機に際してアメリカは軍事力を行使してくれる。そのためには、日本が、一層積極的にアメリカの軍事行動を補完しなければならないし、９条改憲はそのためにも不可欠だ、と。

また、日本の経済はいまやグローバルな展開をしており、安全な世界秩序の下でのみ、経済発展は可能だ。そのために、アメリカのグローバルな秩序維持行動にも積極的に協力し負担を分担することで、世界における日本の権益も守られる、というのである。

◆９条改憲は、東北アジアの軍事的対決、軍事力による解決を昂進

しかし、安倍９条改憲は、日本の安全、東北アジアの平和をより強化、前進させるのであろうか？むしろ、東北アジアの平和と日本の安全に有害な役割を果たすことになるのではないだろうか。

トランプ政権下のアメリカは、ごく最近まで、朝鮮半島の危機に対し北朝鮮に軍事的圧力をかけることで核保有を放棄させる戦略をとり、北朝鮮がそれでも核、弾道ミサイルの開発を止めようとしないならば、場合によっては北朝鮮への武力攻撃も辞さないことを公言してきた。

それに対して安倍政権は一貫してそうしたトランプ政権の圧力路線を支持、鼓舞する政策をとってきた。安倍政権が行った、14年の閣議決定─新ガイドライン─安保法制は、こうしたトランプ政権のアジア政策を補完し、アメリカの軍事作戦に一体として加担する体制づくりをめざすものであり、9条改憲はその完成である。

もし9条改憲を実現させるようなことがあれば、それは、トランプの北朝鮮への軍事対決路線に日本も同意して、軍事力発動の際には、それに加担することを表明することになる。それによりトランプの軍事的選択肢をより実行しやすくする効果を持つ。

しかし、朝鮮半島の危機は、こうした軍事的圧力─軍事対決路線では解決できない。そのことは、アメリカ自身のイラク攻撃、アフガニスタン侵攻の失敗と破局的悲劇で明らかである。しかも、すでに核を保有している北朝鮮に対する軍事攻撃は、イラクを上回る悲惨な死者とアジアの平和の致命的破壊をもたらすことも指摘されている。

◆朝鮮半島情勢の劇的変化

しかも、2018年に入って以降、朝鮮半島問題に劇的な変化が生まれた。トランプ政権と北朝鮮の双方から、武力衝突を回避し、話し合いによる解決をめざす方向が表明された。17年に誕生した韓国文在寅《ムンジェイン》政権は、この方向を強力に支持し推進しようとしている。4月27日の南北首脳会談、6月12日の米朝首脳会談という形で、朝鮮半島の非核化と朝鮮戦争終戦に向けて大きな前進が始まった。

トランプの急変が、国内向けの中間選挙目当てのものであろうが、また金正恩党委員長にいかなる思惑があろうが、米朝会談と南北首脳会談で示された、話し合いによる非核化、朝鮮戦争の終戦へ向けての動きは、朝鮮半島と東北アジアの平和にとって、これしかない道であることは確かだ。

注目すべきは、４月27日の「板門店宣言」が、北朝鮮の非核化ではなく「朝鮮半島非核化」「核のない朝鮮半島」の実現を南北共通の目標にすると謳い、また、朝鮮半島の休戦状態を終わらせるため「終戦を宣言し、休戦協定を平和協定に転換」するための協議を積極的に推進することを謳ったことである。それを受けた米朝首脳会談でも「相互の信頼醸成によって朝鮮半島の非核化を推進する」ことを確認し、また「朝鮮半島において持続的で安定した平和体制を築くため共に努力する」ことが宣言された。会談後の記者会見でトランプは米韓合同軍事演習の中止、さらには在韓米軍撤退にまで言及したのである。

まさしく、話し合いと「相互の信頼醸成」によって、半島の非核化と平和体制の構築をめざす方向がうち出されたのである。

いま必要なことは、この方向を、トランプや金正恩の一時の思いつきにとどまらせず、不可逆的にすることである。また、この方向を朝鮮半島問題から、東北アジア全体の平和に向けて拡大発展させていくことである。それに向けて日本政府が果たさねばならない責任は重い。

◆東北アジアの平和に向けての別の選択肢

この方向を不可逆的にするには、米朝2国間協議と並行して、6カ国協議を再開し、半島の非核化と平和構築のための合意をつくる必要がある。朝鮮戦争の終戦となれば、中国、韓国は実質的当事者としてかかわりがある。

また、この方向を朝鮮半島問題に留めないためにも、6カ国協議の議題を拡大し、朝鮮半島から東北アジア全体の非核化、紛争の非軍事的解決、通常軍備も含めた軍縮の方向へと発展させていかねばならない。

ところが、安倍政権が追求している9条改憲は、先にも指摘したように軍事対決による「安全」の方向に加担するものであり、今、朝鮮半島とアジアでめざすべき話し合いと信頼醸成による平和の方向とは全く逆である。

◆安倍改憲を阻む意義

日本国民が、安倍改憲にNO!を突きつけることは、いま、朝鮮半島で進行する方向に大きな励ましを与えるものとなろう。日本で、9条の改憲に国民がNO!を表明することは、アジア各国に対し、日本が今まで採ってきたアメリカ追随の軍事的対決路線を転換しそれにNO!という道を選んだというメッセージを発することになるからだ。これは日本が朝鮮半島で進行する話し合いによる非核化・平和体制構築の方向を強力に支持するメッセージともなるのである。

そして、日本の国民が安倍自民党政権を倒し安保法制を廃止すれば、朝鮮半島の平和への方向を東北アジア全体に広げる大きな梃子となるであろう。この点については、第Ⅲ部で再び検討するが、ここで、改めて確認したいことは、安倍改憲は、朝鮮半島危機の解決にも、アメリカの軍事対決路線の抑止、中国の軍事大国化の抑止、東北アジアの平和構築にも役に立たないどころか、それに逆行するものであるということだ。

第五章　安倍改憲を阻む力

――市民と野党の共闘の力――

1　憲法は死んでいない

(1)　憲法は軍事化の最強の歯止め

本章までで筆者がくり返し強調したことは、憲法は、その改正の企図を何度も打ち破るなかで生きのび、運動の力と結びつくことで、軍事化を阻む大きな力となってきたことである。確かに安保法制の強行でその力は危機に瀕しているが、それでも、依然9条は、日本の「戦争する国」づくりに立ちはだかる大きな壁となっている。安倍首相が、9条1項、2項を存置するという「譲歩」をしてまで、9条改憲に挑戦しているのは、この9条の壁の大きさを改めて自覚しているからである。

(2)　「立憲的改憲論」の批判

◆新手の改憲論の隆盛

ところが、すでに90年代初頭から、とりわけ安保法制が強行採決されたあたりから、憲法9条の役割について、筆者と正反対の見解を強調する言説が登場するようになった。9条は解釈改憲によってその機能を喪失した、9条をめぐる解釈論争はムダな「神学論争だ」という言説である。

簡単に言えば、〝9条は死んだ〟という言説である。そこからの当然の帰結として、9条を変えろ、という言説がでてくる。ただし、安倍首相ら改憲派の改憲論と違うのは、これら新手の改憲論は、9条がそれに失敗している権力に対する歯止めをかけるための改憲だ、と主張している点である。

そこで、これら改憲論は、以前は、「護憲的改憲論」と名乗り、15年安保法制強行採決後は「新9条論」あるいは「立憲的改憲論」と自称している。

これら新手の改憲論の1つ1つを批判する余裕はない[211]が、ここではそれらのうちもっとも新しく登場した「立憲的改憲論」に焦点を絞って検討し、これらの議論がほぼ共通してもっている致命的な欠陥を指摘しておきたい。ひと言で言えば、それは、憲法の力、それを支えてきた国民の力の無視、過小評価である。やや細かく、5つの点で欠陥を指摘しておきたい。こうした「立憲的改憲論」を批判的に検討することで、改めて安倍改憲を阻む意義を確認したい。

◆憲法が果たしている軍事化に対する歯止めを無視

第1は、憲法が、日本の軍事化の企図に対していかに大きな、しかもやっかいな歯止めとなってきたかについての無知、過小評価である。

憲法、とりわけ焦点になっている9条について言うと、立憲的改憲論者のほとんどが口にするのが、〝9条は現実の軍事化を規制できていない〟、〝憲法理念と現実は乖離している〟という言説である。

たとえば、「立憲的改憲論」を精力的に展開する山尾志桜理《しおり》は言う、「現行憲法は、安倍政権下の現状において、このコントロールの役割を十分に果たしているでしょうか。権力を縛り、人権を保障しきれているか。……残念ながらできていません」[212]と。ここで、念頭にあるのは9条だ。ではなぜ9条はコントロールできないのか？「憲法9条は残念ながら安保法制を阻止できなかったから」[213]だと山尾は言う。

「日本は自衛権を、憲法に明文化されていない様々な解釈・不文律・規範を通じて統制してきました。私たちは、そのスキを安倍政権に突かれてしまったのです。……我が国は戦後70年間を通じて、専守防衛政策に徹し、集団的自衛権は行使できない、という憲法9条の解釈を国家も国民も共有していました。安倍首相はこれを『集団的自衛権は行使できない』とは書かれていないとして突き崩してしまいました」と。

ここで山尾が言いたいのは、憲法9条には自衛権も書かれていないし、それを個別的自衛権に限るという限定もない、みんな政府の解釈でやってきたために、安倍首相に憲法9条には「『集団的自衛権は行使できない』とは書かれていないとして突き崩」されてしまったというのである。だから、こうした事態を避けるには、憲法にはっきりと自衛権があるということ、そして個別的自衛権に限って行使できると書く必要がある、「そのために憲法を改正する必要がある」というのである。

しかし、この議論は、二重三重におかしい。

第1。山尾は、「明文化されていない歯止め」という欠陥のスキを安倍に突かれたと言うが、そんな欠陥があったらなぜ、山尾自身も認めているように、自衛隊創設以降60年以上にわたって自衛隊は集団的自衛権行使を否定され、また海外派兵禁止の下で、今なお海外での武力行使を禁止されている状況が続いたのか、つまり60年以上にわたり軍事的権力をコントロールしてきたという重い事実を説明できないことである。

実際には、本書の第一章でくわしくふり返ったように、憲法に明文化されない、あいまいな「解釈・不文律・規範」によって、偶然、自衛隊の活動は60年以上も統制されてきたわけではない。自衛権ですら明文で認めず軍隊も明示的に禁止するという、憲法9条の極めて厳格な軍事力に対する統制規定の故に、その下でなんとか自衛隊をその武力行使を認めさせようとしてきたのである。そのため、政府は9条の「解釈・不文律・規範」によって、自衛隊に対し通例の軍隊にはない強い規制をかけ続けざるをえなかったのである。憲法9条があるが故の「解釈・不文律・規範」であったことを理解していない。

第2。とくに、山尾が認める「専守防衛政策に徹し、集団的自衛権は行使できない」という自衛隊に対する制約は、9条が2項で「戦力」＝軍隊の保持を明示的に禁止したこと、自衛隊は軍隊であってはならないこと、そのため自衛権行使にも強い制限があることに基づいてつくられた制約であるという一番肝心な点を、山尾は分かっていないことである。山尾は「我が国は戦後70年間を通じて、『専守防衛政策に徹し』などと、自民党政権が進んでこうした政策をとってきたように書いているが、決してそうではなく、そうした「専守防衛政策」も9条の下で自衛隊の存続をはかるための強いられた政策であった。

第3に、安保法制で自衛隊にかけられた憲法上の制約が撤廃されたのは、その通りだが、それは断じて「憲法9条」のせいなどではないということだ。安倍首相が「スキを突いた」などということではなく、安倍が憲法について政府ですら60年以上にわたり一貫して保持せざるをえなかった、自衛隊の活動に対する憲法上の制約を違憲的に蹂躙、改変した結果であって、だからこそ、自衛隊合憲論者も、また、内閣法制局長官経験者ですら立ち上がって違憲発言を行ったのではなかったか。山尾の言説は、自分ではそう思っていないのだろうが、安倍の違憲行為を容認するものとなっている。あとで言うように、変えるべきは安保法制であって、憲法ではない。

◆憲法改正を阻み政府解釈を強要・維持させた運動の力の無視

「立憲的改憲論」、第2の欠陥は、第1の背後にある問題だが、そもそも改憲を阻み、また自衛隊違憲の憲法裁判等を通じて自衛隊の活動を制約する解釈を政府に強要し、そうした政府解釈を維持させてきた市民や労働者の運動の力を過小評価し無視していることである。それどころか、立憲的改憲論を唱える人々は、共通して事実上護憲派＝敵論に立っているのである。

たとえば、山尾は言う。

「これまでの改憲議論は、『一文字でも変えたい改憲派』と『一文字も変えさせない護憲派』による二項対立の構図にからめとられてきた。だがもうこうした不毛な構図からはいい加減脱却すべきだ」[214]と。

また、山尾と組んで立憲的改憲論を唱えている倉持麟太郎は、こう言ってのける。

「このような議論状況を生んだのは、憲法を一文字も変えたくない〝護憲派〟と、押しつけ憲法を前提に憲法を丸ごと変えたい〝改憲派〟という、ノイジーマイノリティーが支配する憲法に関する言論空間だった。……9条を事実上死文化させてきたのは護憲派だったと言っても過言ではない。この無益な二項対立に終止符をうちたい」[215]（傍点引用者）と。

一体彼らは、安保法制に反対して立ち上がった、あの市民の力を何だと思っているのだろうか。憲法さえ変えなければいいなどという護憲派は、少なくとも筆者の周りでは、お目にかからない。「不毛な構図」「無益な二項対立」とは、彼らのみならず、実は改憲派の常套文句でもあるが、それはおいておくとしても、彼ら「立憲的改憲論」者には、戦後の「ノイジーマイノリティ」による平和運動や憲法裁判運動、さらには議会での野党による「不毛な」違憲の追及が、憲法改悪の企図を挫折させ、さらに憲法下の自衛隊の行動に縛りをかけてきたことが全く理解できないようだ。だからこそ、ありもしない「二項対立」を平気で言えるのである。

ついでに山尾に対してひと言言わせてもらうと、こうした言説は、議会における野党議員たちのそれこそ厳しい追及が法制局をしてさまざまな制約を作らせた戦後の歴史を「不毛」のひと言で片付けることで、自らの議員としての役割に泥を塗ることにはならないだろうか、と。

◆なぜ憲法を現実に合わせるのか？――9条規範の根本的否定

立憲的改憲論の第3の欠陥は、これら立憲的改憲論は、共通して、9条の掲げる「武力によらない平和」、軍隊保持の禁止を否定し現実に合わせろと主張することで、9条がもつ平和主義の理念を破棄し、9条がもつ現実への強い規制力を解体しようとしていることだ。

彼らは、9条があまりにも理想を表明しているために現実を規制できず、憲法と現実が大きく乖離しているため、憲法への信頼がなくなっている、として、せめて、自衛隊を認める、個別的自衛権だけは認める、認めた上で、それをきちんと統制すると主張している。

憲法と現実の乖離論は他でもない改憲派からくり返し述べられた言説である。

問題は、憲法と現実が乖離する時、なぜ憲法を現実に引き寄せて改変しなければならないのであろうかという点である。そもそも、憲法が掲げる規範は、どれ一つとして現実に十全に実現しているものはない。立憲主義とは、現実の違憲な状態の告発と是正を通じて、現実を憲法の理念に近づける不断の過程である。ところが、「立憲的改憲論」者は逆に現実に憲法を合わせることを「立憲的」と称する。しかし、なぜそれが「立憲的」なのであろうか。もし政治が憲法とかけ離れ、憲法を逸脱した政治を行っている場合、ただすべきは違憲な現実であり、違憲な現実をつくり出す政治ではないのか。違憲な現実を憲法の規範に沿うよう変えるのが立憲主義であって、違憲な現実に合わせて憲法を変えるのが立憲主義ではあるまい。それでは、稲田朋美《ともみ》の言う〝立憲主義に基づく改憲〟論と同類になってしまう。

稲田朋美は、党政調会長時代の2016年2月、衆院予算委員会における安倍首相への質問で、こう述べた。

「九条の下で最小限度の自衛権の行使ができるというのは、最高裁でも判示がされておるわけでありますけれども、憲法学者の多くが素直に文理解釈をすれば自衛隊を違憲であると解釈するような九条二項、もうすでに現実に全く合わなくなっている九条二項をそのままにしていくことこそが私は立憲主義を空洞化するものであろうと考えます[216]」と。

ところが、「立憲的改憲論」も不思議なことに、決して違憲な現実を変えて憲法に合わせろとは言わない。稲田と同じように、憲法と現実の乖離を理由に憲法を変えろと言うのである。改憲論と立憲的改憲論の違いは、それの方がより権力を統制できるからという口実がつくか否かに過ぎない。

なぜそうなのか？　それは、これら「立憲的改憲論」者たちが、口では認めないかあるいは逆なことを言うが、実際には憲法が掲げている「武力によらない平和」という規範は少なくとも現実にはあり得ない理想であり、もっと言えば空想に過ぎないと思っているからにほかならない。

もし、〝そんなことはない、憲法9条が掲げる規範・理想は、現実の政治で追求すべき理念である〟というなら、憲法と現実との乖離は、現実を憲法に近づける方向で解決すべきであり、そういう政治を求めるべきではないか。

そんなことはできるのか？　どうやって？　という問いに対する筆者なりの回答は、第Ⅲ部で検討するので、ここでは立ち入らない。

◆いったい、立憲的改憲をだれが実現するのか？

第4の欠陥は、そもそも、論者たちが主張する立憲的改憲とやらをいったい、だれが、どんな力で実現しようというのかを全く分かっていない点である。担い手のいないない改憲論である。これは、彼らの言説が、憲法の改悪に対して立ち向かってきた市民の運動の力を全く評価できない欠陥と裏表の関係にある。

どういう意味か？　論者たちは、たとえば、個別的自衛権だけを認めると憲法に書け、また自衛隊の海外派兵を禁止することを明記する改憲を実行しろ、そうすれば、安保法制による集団的自衛権行使という権力の横暴を防ぐことができるというのだが、これは二重三重に間違った議論である。

第1は、この改憲を実現したとしても、集団的自衛権行使をやめさせることはできないという点だ。

確かに、安保法制によって政府が限定的な集団的自衛権に踏み込んだのは事実であり、これは従来の政府解釈の延長線と政府は説明するが、実際には既存政府解釈の大幅な逸脱でもある。また、その結果、自衛隊のホルムズ海峡への出動のような形で例外的に海外派兵禁止の解釈にも穴が開けられたことも事実である。では、どうすれば、この逸脱をやめさせることができるか。

答えは「簡単」である。安保法制を廃止し、14年7月1日の閣議決定を廃棄して政府解釈をもとに戻せばいいのである。それを実現するにはどんなに大きな政治的力が必要であるかは明らかであり、その政治的力をつくるには市民と野党の共闘の強化を手始めに、いくたの政治的努力が必要であることも確かだが、それでできるし、それでしか安保法制の廃止はできない。それには、安保法制廃止を主張する諸政党が共同して、衆参両院で多数を占めなければならない。

たとえ立憲的改憲論が主張するように憲法が改正され、「個別的自衛権しか認めない」、「集団的自衛権行使禁止」、という条文が入っても、それだけでは、安保法制はただちに廃止とはならない。安保法制を廃止するには、あくまで安保法制廃止法案を提出し可決しなければならないのである。逆に言えば、ほんとうに論者が集団的自衛権容認により憲法の失ったコントロールを取り戻したいのであれば、憲法改正ではなく、安保法制を廃止すればよいのである。

第2。それでも改憲した方がよい、としよう。一体そんな改憲をだれがやるのかという問題だ。立憲的改憲を主張する論者たちは、この点で極めて不可解な態度をとっている。というのは、彼ら、彼女らが、この種の議論を展開する時、事実上「敵」として罵倒しているのは先に見たように、改憲派ではなく護憲派である。ところが、彼らがその立憲的改憲論を熱心に理解させようと説く相手もまた護憲派市民のようだからだ。

しかし、今、「安倍9条改憲NO!」を掲げて改憲に反対している市民アクションやそれに取り組む市民たちの多数がこうした〝個別的自衛権を認めよう、それをもつ自衛隊を認めよう〟、などという改憲論に賛成しないのは明らかだ。そうかと言って、改憲を推進している自民党や「美しい日本の憲法をつくる国民の会」がこんな改憲に興味を示さないこともちろんだ。

となれば、いったい、だれが国会で立憲的改憲論者が言う発議のためにがんばるのであろうか。どうしてもそれをやろうというなら、現実的には自民・公明党と協議してやるしかないが、だとすれば、間違いなく、それは改憲派陣営に手を貸すことになる。

◆変えるべきは憲法ではなく政治だ

こう検討すれば、立憲的改憲論なるものが、いかに、憲法を力あらしめてきた市民の力、運動の力を見ず、また改憲を阻止することによってつくってきた憲法による軍事化への規制を過小評価しているかが分かろう。

憲法は、戦争を放棄し、明示的に「戦力」の不保持を謳った。この憲法の下でも軍事基地が置かれ自衛隊は大きくなったが、しかし、「戦力」でないと言うためのさまざまな制約の下にも置かれた。それは少なくとも自衛隊に対する強力な歯止めとなっている。

確かに、戦後70年以上の保守政権の下で、憲法9条と現実には深刻な乖離が生まれている。しかし、この乖離の原因は、立憲的改憲論者が信じ込んでいるような、憲法のせいではない。現実が憲法とかくも深刻な乖離を生んだ原因は政治にある。したがって、変えるべきは憲法ではなく、違憲な現実を積み重ね、今また、それを1つの理由にして改憲を強行しようとしている政治なのである。

ここで急いで補足しておきたいのは、いまの現実が憲法のめざす方向を向いているとか、憲法の理念が実現したと主張したいわけではもちろんないということである。それどころか安倍政治のはるか前から、90年代以降自民党政権の手で、憲法の理念とは全く反する現実が積み重ねられてきたことは、第一章の検討を見れば明らかである。冷戦後アメリカの「ともに血を流せ」という圧力の下、日本はアメリカの軍事作戦に深く組み込まれ、自衛隊の海外派兵をすすめてきたし、安保法制の下でいまや日米の軍事的一体化も進んでいる。沖縄の米軍基地もこうしたアメリカの世界戦略の前線基地となっている。「沖縄に憲法がない」状態が一層進行している。

◆憲法と現実の乖離を拡大させない方途は立憲的改憲でなく改憲阻止

しかし、はっきりしていることは、こうした現実を変えるのに、立憲的改憲論は全くなんの力にもならないということだ。こうした現実を変え、自衛隊に対する制約を元に戻し、沖縄の辺野古基地建設を辞めさせ普天間を返還する、つまり現実を憲法の理念に近づけて行くには政治を変えねばならない。それには、違憲な現実に合わせて憲法を改変しようと執念を燃やす安倍改憲を阻むことから始めなければならない。

改憲を阻む力に依拠し、この力を大きくすることで違憲な現実を憲法に近づける道が始まるし、これしか方法はない。

2　かってない市民と野党の共闘で安倍改憲を阻もう

戦後、いくどとなく企てられた改憲の企図を挫折に追いやってきたのは、改憲反対に立ち上がった労働者や市民の運動であり、それを支えた国民であった。国民が、社会党や共産党という革新政党に投票することで改憲発議を阻む議席を維持してきたし、自民党政権に、改憲を政治日程に乗せることを躊躇させてきたのである。

そして、今、安倍改憲の前に立ちはだかっているのも、市民と野党の共闘である。メディアの中には、モリカケ問題が安倍改憲を頓挫させているような報道もあるが、それは誤りだ。安倍首相が、市民と野党の共闘による困難を乗りこえるのに四苦八苦しているところに、モリカケが追い打ちをかけたのである。

そうだとすれば、安倍改憲を阻むには、市民と野党の共闘をもっと広く、もっと強いものにしなければならない。

(1)「全国市民アクション」でかつてない共同を！

２０１７年の９月にスタートした「安倍９条改憲ＮＯ！全国市民アクション」は、こうした幅の広い市民と野党の共闘をめざして結成された組織であった。この組織の特徴は２つある。

◆かつてない組織——総がかり＋九条の会

１つは、安保法制反対運動以来、市民と野党の共闘を支えてきたのは、総がかり行動実行委員会であったが、安倍改憲を阻むにあたり、この総がかりに加え、２００４年以来全国でつくられ活動している九条の会の運動が、組織的に加わったことだ。

九条の会は、地域や職場毎につくられ、それぞれの場所で当然のことながら、共同を重視して運動を続けてきた。しかし、全国に会の結成を呼びかけた、よびかけ人と事務局からなり15年以降は世話人が加わった「九条の会」（よびかけ人＋世話人＋事務局の会を、全国７５００の会と区別するために仮にかぎ括弧をつけて「九条の会」と呼ばせてもらう）は、総がかりの共同のよびかけに対して、今までは、応じたことはなかった。たとえば、総がかりが音頭をとって多くの団体がよびかけ団体に入った、安保法制廃止の２０００万人署名の時がそれだ。

なぜなら、「九条の会」は、決して、全国７５００の会を代表した組織ではなく、７５００の会１つ１つが独立した組織であったからであり、「九条の会」は、ただ、全国に散らばる会の連絡や活動の交流を行う組織として活動してきたからだ。

しかし、今回は、「九条の会」は総がかりのよびかけに応えて、市民アクションに組織として参加を決定した。それは、２００４年によびかけ人が呼びかけた九条の会はそもそも、その結成の目的が「改憲のくわだてを阻むこと」にあり、その課題に取り組む限りで「九条の会」は全国の会を「代表」できると考えたからだ。

こうして、安倍９条改憲阻止のために、総がかりと九条の会が地域の津々浦々で共同の取り組みを展開することになったのである。

◆３０００万人署名の取り組み

市民と野党の共闘を一層広いものにする第２の特徴は、市民アクションが３０００万人署名を提起したことである。

３０００万という目標は、とてつもなく大きな数字だ。２０１７年10月22日の総選挙において、全国で投票した有権者の数は、５６００万人であった。改憲の是非を決める国民投票にこれだけの人が参加しても、３０００万はその過半数を超える。

それだけに、この数は容易ならない数字でもある。同じ10月22日の総選挙で、立憲民主党、共産党、社民党の立憲3党に投票した総数は、１６４３万人だったから、これら3党に投票した人だけでは３０００万には達しないのである。３０００万を達成するには、これら政党への投票者だけでなく、国民民主党、公明党や自民党支持者、さらに無党派の広範な市民にも声をかけ署名をしてもらうことが不可欠となる。

しかし、３０００万をやり遂げる条件はあるし、これを達成することで、世論を大きく改憲反対に組織することができる。

日経新聞が行った全国都道府県別の改憲の賛否を問う調査で、都道府県中もっとも改憲賛成の多い山口県をとってその可能性を探ってみたい。

17年10月22日の総選挙時に朝日新聞が行った山口県の出口調査[217]では、次のことが分かった。出口調査で安倍改憲への賛否を問うたところ、共産党や立憲民主党支持者のほとんどが安倍改憲反対なのは当然であるが、希望支持者の65％、さらに公明党の32％、自民党の15％までもが、安倍改憲に反対だったのである。立憲3党での総選挙の得票がほぼ１６５０万だと言ったが、この他党の改憲反対の割合を見れば３０００万は可能である。

こうした声は、放って置けば、何の力にもならない「声なき声」と言える。しかし、３０００万人署名にこの人々を組織することができれば、こうした「声なき声」は確実に、「改憲ＮＯ！」の力となるのである。この人々の声を掘り起こせば、間違いなく３０００万は可能だ。

安倍政権の不祥事が続発するなかで、安倍政権への不信が高まるにつれ、３０００万人署名の雰囲気は変わっている。それまでは、安保法制廃止の時と異なり、マスコミもほとんど報道しないなかで、署名はなかなかすすまなかったが、安倍政権の不祥事以降は、署名への関心も高まっている。

(2) 共同の取り組み、3つの力点

では、こうした市民アクションの運動は、どこに力を入れたらよいのであろうか?

その点を3つ指摘しておきたい。

◆運動の目標は発議阻止——第1の力点

1つは、運動の目標は、あくまで改憲発議を阻止することに置かれなければならないという点だ。発議を阻止することが、改憲を阻むもっとも確実な方法である。

国民投票で改憲を阻むのが1番という意見は次の2つの点から間違っている。

第1に、発議を阻むための行動と国民投票でNOを書いてもらう行動は、やることは同じだ、ということである。どちらも国民に訴えて安倍改憲NOの声を増やすことであるから、とりたてて、後で行う国民投票運動の時まで待つ必要はない。それどころか、こうした活動の先送りは、害でこそあれ、益にはならない。具体的には、3000万人署名をすすめることである。したがって、発議阻止

のために広く訴え賛同をとれれば、万が一発議された時も、国民投票でＮＯを過半数にする力となる。それだけに、早く始めることが肝要である。

第2に、改憲発議と国民投票の手続きを定める、改憲手続法は、市民の運動を規制し、改憲を通しやすくする仕組みをもつ、欠陥のある法律であることだ。だから、運動が規制されやすくなる国民投票運動期間でなく、発議をさせないという意味をもつ、現在の３０００万人署名が重要となる。発議になればなったで、改憲手続法の下で過半数のＮＯを獲得するためにがんばるが、それよりも前に、発議で止めることが1番である。

◆9条自衛隊「加害」の危険性を市民に訴える——第2の力点

力点の2つ目は、とくに9条への自衛隊明記の改憲の危険性を訴えることが重要だという点である。

世論調査でも、安倍首相の改憲に対する危惧、反対は多い。安倍首相の改憲についての世論調査では、反対が賛成を常に上回っている。

ところが、9条の改憲につき、1項、2項を残し新たに自衛隊を明記する改正案についての質問では、質問の仕方によってばらつきが大きい。

自衛隊明記の改憲につき、安倍提案の1項、2項存置の下での自衛隊明記案と、石破提案のような2項削除論と、そもそも変える必要がないという3択方式の質問では、変える必要がないというのが少なくなり、2項削除論が相当数占めるという結果も現れている。

18年3月以降、安倍政権の不祥事で政権支持率は減少しているが、9条改憲への反対はさほど増えてはいない。たとえば、日経3月26日世論調査では安倍政権の支持は前月の56％から42％へ急落し、不支持36％から49％へ急増したが、9条自衛隊明記の改憲のほうは前月に比べ、賛成47→47％、反対33→37％とあまり大きな変化がない。

こうした結果を見ると、自衛隊明記改憲の危険性はまだまだ知られていないことが分かる。安倍政権は改憲をやる資格がないという点から入り、9条改憲の危険性を訴えることが必要だ。

◆〝改憲は朝鮮半島非核化の流れへの逆行〟を訴える——第3の力点

第3の力点として重要になってきたのは、朝鮮半島情勢の歴史的転換だ。安倍の9条自衛隊明記の改憲がめざす方向は、現在進行している朝鮮半島非核化の流れを強固にするどころか、それに逆行する道にほかならない。このことを強調しなければならない。

第Ⅲ部　安倍政権のめざす日本から憲法の生きる日本への道

第六章　憲法の生きる日本への転換は野党連合政権で

1　安倍改憲阻止の力を梃子に安倍政治を変え、憲法の生きる日本へ

(1) 安倍改憲阻止の共同から安倍政治を変える共同へ

◆安倍改憲NO！はアジアと世界への大きなメッセージ

安倍改憲を阻むことができれば、日本の政治のみならず、東北アジアの平和にとって、大きな転機となる。

まず日本の政治を考えると、90年代初頭の冷戦後ずっと続いた、アメリカの戦争に加担して自衛隊を海外に派遣する流れ――それは、PKO協力法、日米安保共同宣言、97年ガイドライン、周辺事態法、テロ対策特措法による自衛隊のインド洋海域への派遣、有事法制、イラク特措法と自衛隊イラク派兵、改憲手続法、特定秘密保護法、国家安全保障会議、武器輸出3原則の廃棄、15ガイドライン、安保法制、そして安倍改憲の企てで頂点に達した――にストップをかけ、その流れを転轍《てんてつ》する画期的転換である。

しかし同時に、安倍改憲にNO！の意思を国民が表明することは、18年4月の南北首脳会談、6月の米朝首脳会談ではじまった話し合いによる朝鮮半島の平和と非核化の流れを大きく励まし、東北アジアの平和の実現に向けて日本の決意を示すアピールとなる。

◆改憲阻止は保守的課題だが……

けれども、安倍改憲を阻むという課題は、現状の改悪を許さないという意味では、現状の維持、「保守的」課題である。安倍改憲を阻み安倍政権を退陣に追いこんだからといって、沖縄辺野古の基地建設が止まるわけではなく、「沖縄に9条はない」状態は依然として続く。安倍政権が交代しても自公政権が続けば、政府は安保法制、ガイドラインに基づく米軍と自衛隊との共同作戦体制の具体化を継続するであろう。

安倍改憲を阻むことは、憲法9条を浸食してきた事態を止め9条の生きる日本をつくるという課題実現にとって、巨大ではあるが出発点に過ぎない。

しかし、安倍改憲阻止は憲法の生きる日本をつくる上でも大きな転機となることは間違いない。安倍改憲を阻む共同の力を梃子にしなければ、沖縄辺野古新基地建設の阻止をはじめ、憲法の生きる政治への転換を実現、推進することはできないからである。

そうするためには、安倍改憲阻止の共同でまず改憲を挫折させ、その共同の経験と力を梃子に、安倍政治を変える共同をつくることが必要である。

◆なぜ安倍政権支持率は下げ止まるか

一方で、安倍政治を変える共同をつくり、安倍政治に代わる選択肢を国民の前に提示することは緊急を要している。

安倍政権は、２０１８年に入ってから、森友文書偽造、加計問題、さらに自衛隊日報隠し、などが次々発生し、国民の不信の高まりで支持率は激減した。そのため、安倍改憲スケジュールにも大きな誤算が生じ、ただでさえ困難であった18年通常国会への改憲原案の提出もできなくなった。しかし、これだけ不祥事が続発したにもかかわらず、安倍政権支持率は、30％台で下げ止まったのである。

18年6月の最新の世論調査で見ても、安倍政権支持率が低めにでる朝日新聞では政権支持は、5月の36％から38％、不支持は44％から45％へと、依然不支持が支持を上回っているものの下げ止まっている。[218] 毎日新聞でも支持は前回31％より5ポイント増の36％、不支持は前回48％の8ポイント減で40％と同様である。[219] それに対して、共同通信では、支持が前回38・9％から6ポイント上がって44・9％となり、不支持は前回50・3％より7・1ポイント下がって43・2％となり、支持が不支持を上回った。[220] 日経新聞でも、5月から支持は10ポイント上がって52％となり50％を越え、不支持は11ポイント下がって42％となった不支持を4カ月ぶりに逆転した。[221]

この安倍政権の支持の構造には顕著な特徴がある。それは、安倍政権の推進するほぼ全ての政策課題で反対が多数を占め、安倍首相の引き起こした数々の不祥事に対し、国民が納得していないことである。たとえば、朝日に例をとると、森友問題で決着がついていないとする人は79％と、決着がついたの12％を大きく上回っている。加計学園問題では、安倍や学園側の説明に納得できないが75％で、納得できるの13％を圧倒している。カジノ法案を今国会で成立させる必要があるかに対し、させるべきは17%にすぎず、その必要はない」が73%[222]、毎日新聞の質問で、働き方改革法案については、賛成が30%に対して反対が43%[223]である。にもかかわらず、安倍政権の支持率はどこでも増加し、一部では支持が不支持を上回っているのである。

ではなぜ、安倍政権支持率は下げ止まったのか。

結論から言えば、安倍政治に代わる選択肢が国民の前に示されないため、国民は、安倍政権に代わるものを見いだせないからではなかろうか。安倍政権が倒れても、自公政権に代わる政権構想を持つ野党の共闘ができていなければ、首相は岸田文雄か石破茂か、自民党内のたらい回しに過ぎず、自公政権が続く。

もちろん、安倍政権が、安倍改憲NO!の声で倒れれば、安倍のあとの政権はだれがなろうと、明文改憲を持ち出すことは困難となるであろう。しかし、それ以外の課題になると、沖縄でも新自由主義改革でも消費税引き上げでも自公政治は継続する。〝安倍なき安倍政治〟は続くのである。

安倍政権に対する支持率が大きく減らないのは、2007年、第1次安倍政権が支持率を下げた事態とは対照的である。07年の時は、野党共闘はなかったが、新自由主義改革で鬱積した貧困や格差をなくす運動を背景に、小沢一郎率いる民主党が反新自由主義に転換し、自公政権に代わる受け皿を示したため、自公政治を変えたいという声が大きくなり民主党政権を生んだ。

安倍政権に対する不信が鬱積している今、安倍政治に代わる選択肢を示すことが、安倍政権を代える焦眉の課題として浮上している。

そこで、以下、本章では、安倍政治に代わる選択肢とりわけ安倍政治に代わる政治の構想とはどんなものであるかを検討したい。[224]

(2) 安倍政治を変えるには?——安倍政治に代わる選択肢

安倍改憲のめざす日本から憲法の生きる日本へと転換するためにも、また安倍政権に代わる政治を望む国民の要求に応えるためにも、安倍政治に代わる選択肢を示すことが急務である。

◆安倍政治に代わる「選択肢」とは何か——2つの柱

ここで安倍政治に代わる「選択肢」という時、あらかじめ「選択肢」とは何かを明らかにしておく必要がある。「選択肢」というには安倍政治に対抗する政治の構想と、それを実現する担い手の2つの柱が必要だ。

筆者は、今まで、安倍政治に対抗する政治の構想を「料理」とよび、それを実現する担い手のことを、料理を盛る「お皿」と言ってきたが、この比喩でいえば「料理」と「受け皿」の両方が提示されてはじめて安倍政治に代わる選択肢を国民の前に示すことができるのである。

これを共同という面で考えてみると、いま必要なのは、安保法制反対の運動の中でつくられた、市民と野党の共闘とその発展系としての安倍改憲を阻む共同を、安倍政治を変える共同へと強め豊かにするということだ。「安倍政治を変える共同」とは、安倍政治に代わる政治の構想と政権構想の合意を伴った共同を指す。

この「安倍政治を変える共同」は、いきなりつくることができるわけではなく、悪政を阻む共同、つまり安倍改憲を阻む共同の経験の積み重ねからしか生まれない。

しかし、悪政を阻む共同をいくら積み重ねても、そのままでは安倍政治に代わる共同にはならない。安倍政治に代わる共同をつくる自覚的な意思と努力が不可欠であろう。

そして安倍政治を変える共同とは、日本政治の現状では、安倍政権の悪政に反対して立ち上がった立憲野党の連合政権をめざす共同以外にあり得ないのではないだろうか。

2　野党連合政権はなぜ必要か？

安倍政権を倒したあと、自民党内のたらい回しによる安倍亜流政権を許さないためには市民と野党の共闘に集う立憲野党が、明確な安倍政治に代わる政策協定を結んで、野党連合政権をめざすしかない。

しかし、現在のところ、立憲野党が、政権をめざす共同をつくる動きは強くない。それどころか、市民と野党の共闘に結集する野党内では、政権をめざす共同を求める努力よりも次の選挙に向けて各党の「主体的」体制づくりに尽力する動きが前面に出ている。しかし、それもあたり前のことである。戦後の日本ではまだそういう政権の共同をつくった経験は8党派の連立で細川護熙《もりひろ》政権をつくった経験など数少ないからだ。市民と野党の共同が嵐にもめげず続いていることだけでも今までは考えられない経験なのである。それだけに、この未だかつてない政権共同への忍耐強い努力を市民と野党に求めたい。本書では、こうした共同の必要性緊急性についての筆者なりの思いを述べてみたい。

(1)　野党連合政権に対する異論——その1・野合論

市民と野党の共闘に結集する野党内でも、政権をめざす共同に消極的な理由としてもっともよくあげられるのは、根本的に性格の異なる政党が政権のために共同するのは、「数合わせ」「野合」に過ぎないという意見のようである。

◆性格の異なる政党間の共同は野合か？

市民と野党の共闘に異論を唱え、民進党と市民と野党の共闘を破壊した〝張本人〟であった前原誠司は、17年秋には、そうした意見をくり返していた。「今度の衆院選は政権選択の選挙だ、この政権選択をする選挙で理念、政策が合わないところと協力しても勝ったあとに連立を組もうとはならない」[225]と。また、前原は、すでに前回２０１６年9月の代表選の時からくり返し、天皇制と安保と消費税について少なくとも一致しないような政党とは政権の共同はできないと語っていた。

　前原が、なぜ共同の条件として、この３つをあげたのかは理解に苦しむ。「天皇制」などが、今の安倍政治に代わる政権をつくっていこうとする時、一致しなければならない焦眉の課題であるなどはとうてい考えられないし、「消費税」については当時の民進党内ですら意見が分かれていた。安保条約については、確かに大きな違いであるが、少なくとも、安保法制は安保条約から見ても「逸脱」でありそれには反対だという点で市民と野党の共闘各党は合意していたし、安保法制反対、廃止は、政権共同を組む上での共同できる大きな課題であった。こうした前原の言は、同じ政党でなければ政権共同はできない、という、いわば共同に反対するための屁理屈のようにも聞こえるが、しかし、こうした意見はいまでも少なくないと思われる。

◆途中駅までいくには政権共同が

政権共同に反対する人たちには、「党のアイデンティティ」、つまり党のめざす終着駅が違うのだから、政権の共同はできないととらえているところに大きな特徴がある。

政党はそれぞれが、固有の終着駅、特定のめざすべき社会・政治像の実現をめざしてつくられているのだから、終着点がそれぞれの党で違うのはあたり前である。

しかし、立憲民主党や共産党、社民党、自由党がそれぞれの社会をめざすというアイデンティティ＝終着駅の追求を真摯におこなうことと、一致している目標を実現するために政権を樹立することが不可欠の場合に、政権の共同を追求することとはけっして矛盾するものではないと思われる。

確かに東京を起点にして、例えば自民党は札幌をめざしているのに、共産党は鹿児島をめざすという真逆方向ではもともと一致点での共同もできないが、立憲野党の場合には、そうではない。だいたい、自民党と公明党の場合でも両党は、立党の基盤も、掲げる終極目標も大きく性格の違う政党であり、憲法改正をめぐっても大きな意見の違いがあるが、例えば消費税を上げる、原発には賛成する、安保体制には賛成する、日米共同作戦の強化には賛成するという諸点で一致しているために、お互い同士の終極目標、終着点は違うのだが、お互いの利益が一致する途中駅まで行くために、すでに20年近くにわたって連立を組み、選挙協力も行って一緒に歩いている。いまや自民党は、改憲をはじめ望む立法を実現するにも選挙で勝利するためにも公明党抜きでは考えられないし、公明党も同じだ。

立憲民主党と共産党、社民党、自由党は、鹿児島であれ福岡であれ広島であれどこであれ終着点はそれぞれ違うにしても、安倍政権の改憲は許さない、安保法制を廃止する、原発のない社会をつくる、アベノミクスに代表される新自由主義の自己責任社会に反対して福祉を充実するなどの点で、強力な一致点がある。「少なくとも新大阪まではいっしょに行きましょう」ということはできる。自民党と立憲民主党の社会像では北と南で大きな違いがあって、なかなか一致できないだろうが、このように途中駅まで一致しているならば、いっしょに行ける。

しかも、各政党は、鹿児島に行く、広島をめざすと言っても、まずは新大阪までいかねばならない。どの政党も新大阪までも行けなければ、いつまでたっても目的地には到達できないし、政党のめざす政治の実現は絵に描いた餅になってしまう。

安保政策に例をとると、共産党は、安保条約の廃棄をめざしているが、それには安保法制の廃止は、その第一歩をなすはずだ。片や、立憲民主党は、その綱領で「日本の外交・安全保障の基本姿勢である国際協調と専守防衛を貫き」、「健全な日米同盟を軸に、アジア太平洋地域、とりわけ近隣諸国をはじめとする世界との共生」[226]を掲げているが、「専守防衛」「健全な日米同盟」のためには、集団的自衛権行使を容認した安保法制を廃止して同盟をもとに戻さねばならないはずだ。

さらに重要なことは、途中駅にたどり着くためにも、政党が連合して政権をとらねばならないということである。

しかも、その途中駅にたどり着かないと各党がめざす終着駅にはいけないのだから、途中駅までを目標とする政権連合は、党の終着目標達成ということとは矛盾しないどころか不可欠の道ではないだろうか。

(2) 野党連合政権に対する異論——その2・時期尚早論

現在の政党は、立憲民主党にしても、国民民主党にしても結成したての政党であり、まずは基礎を固め、主体性を確立する方が先だという議論も、政権連合への消極性の一因となっている。

◆主体的力量強化論

しかし、こうした段階論は、やや非現実的ではなかろうか。

そもそも、立憲民主党は、民進党の希望の党への全員合流、希望の党の安保法制反対派の排除のなかで、何とか、安保法制反対、改憲反対の旗を守ろうという思いから、急遽つくられ、市民と野党の共闘の全面的な支援によって躍進した党であった。先に検討したように（236～238頁）、立憲民主党への国民の期待は、極めて大きいものがある。それは、同党が、安倍政権の推進する軍事化と立憲主義破壊に反対し、平和と立憲主義擁護の中軸となってもらいたいというものであった。しかも、これも先に見たように（311～312頁）、安倍政権に代わる選択肢への期待も切実で待ったなしである。

となれば、立憲が、安倍政治を変える政治をつくるためのリーダーシップをとること、そういう市民の期待に応えることこそが、立憲民主党の「主体性」なのではないだろうか。

立憲民主党が、安保法制や憲法のことを棚に上げて、その点で意見の異なる者同士が旧民進党の大合流という形で再結集することに消極的なのは、十分理解できる。憲法改正や安保法制賛成の踏み絵を拒んだことこそ立憲民主党の原点であり、その立場の明確化が多くの市民の共感と期待を呼んだ理由でもあったからだ。だからこそ、安保法制廃止、改憲反対、原発廃止で一致する政治勢力の政権共闘を呼びかけるべきではなかろうか。

それこそが立憲民主党に投票した市民の願いでもあろう。

◆共闘を選挙の当選のためにのみ追求する議論

共闘を選挙の時に限り、できれば、一方的に他党に降りてもらうことを望む議論も、よく見られる。たとえば、玄葉光一郎は、旧民進党時代、座談会で「共産党とは一定の選挙調整はしますが、政策については意識せずに作り上げていかなければならない。共産党との共闘はあくまで一過性のものであり、政治の技術、知恵ですから」[227]と言っているが、これはそうした意見の典型例である。

実際、２０１７年10月22日の総選挙では、共産党は自発的に候補を降ろし、事実上の野党共闘をめざした。これが立憲民主党や無所属候補の当選につながった。

しかし、こうした事例は、選挙公示直前、旧民進党の希望の党への全員合流の決定に始まる市民と野党の共闘の破壊策動に直面して、共産党が、市民と野党の共闘を守るためにやむを得ずとった緊急避難的措置であり、玄葉の言う選挙の共闘に限ることを承認したわけではなかろう。玄葉のように、共闘をただ選挙のための技術に限定する議論は、この間市民と野党の共闘が発展してきた方向にブレーキをかける議論ではないかと思われる。

政党間あるいは市民と政党の共同の目標は、選挙に勝利するためではなく、共同の力で単独ではできない政治を実現するためである。野党の共同を、たんに選挙で当選するための戦術とみなし共同のレベルをそこに留めようというのは、自分たちの掲げる政治目標の実現を真摯に追求するつもりがないか——なぜなら単独では政権がとれず、いつまでたっても政策の実現もできないから——、それとも他党の協力を自党の道具として使おうとしているかのどちらかである。

もちろん、その政治を実現するために多数を握るには、選挙で共同しなければならない。4野党が共同した政策を実現することを本気で考えたら、連合政権の道以外にあり得ないのではないか。

(3)　安保闘争と政権構想

1960年の安保闘争では、あれだけの闘争を展開し岸内閣を退陣に追い込みながら、批准が強行され、岸内閣が退陣したとたん運動は急速に終熄《しゅうそく》し、池田内閣に代わることで、自民党政権は安定を取り戻した。安保闘争は、「発揮された民衆のエネルギーの大きさ強さに比し、直接の政治的成果は意外に少ないものとなって一応終結した」[228]。

その最大の要因は、安保共闘あるいはそこに参加した各政党が、自民党政権に代わり「大衆の要求となりうるような政権構想を打ち出しえなかった」[229]ことであった。

安保共闘の一方の柱であった社会党が、公式には最後まで共産党との共闘は否定するという変則的な共闘の下で、安保国民会議のなかでは政権構想をめぐる議論は「タブー」であった。「もし政権構想をめぐる議論が国民会議の具体的な問題になったならば、共闘は崩壊してしまっただろう。政権構想は社・共の共闘を維持するためにはふれてはならないタブーだったのであ」[230]る。安保闘争直後、共産党は、安保反対の全民主勢力を結集する「安保反対の民主連合政府」構想を提起し、社会党も「護憲・民主・中立の政府」、総評も「新安保を承認しない民主的政府、憲法を守る中立政権」を掲げていたが、社会党は明確に共産党の参加を拒否していた[231]。

したがって、安保闘争の時には共同は、自民党政権に代わる共同にまでは発展しないまま終焉したのである。

(4)　民主党政権の教訓から学ぶ

筆者は、野党連合政権を考える際、民主党が自公政権をひっくり返して政権を奪取した経験、さらに2009年から3年強の間、政権を担った経験の教訓から学ぶことが大事だと考えている。民主党政権の経験の全面的検討はできないが、ここでは行論に必要な限りで言及したい。

◆民主党は自公政権に代わる選択肢だった

民主党政権はなぜ国民の共感を呼んで政権をとることができたのかを、まず検討しておきたい。

さきほどの「選択肢」という視点からいうと、民主党が2007年、ついで09年に掲げたマニフェストは、自公政権が続けてきた軍事大国化と新自由主義改革に反対する福祉国家的、平和主義的な方向性を打ち出し、自公の新自由主義の政治、軍事大国化の政治に代わる政治を、という国民の期待に沿おうとするものであったと言える。

もともと民主党は、自民党を上回る急進的新自由主義政策を掲げ、自民党と交互に政権を担う保守2大政党をめざして結党された。ところが、小泉政権下での新自由主義政策が、格差と貧困、社会の分裂、地方の衰退をもたらした07年以来、反新自由主義の方向に転換して国民の共感を得たのである。

同時に、民主党は自公政権に代わる受け皿として民主党単独の政権という構想を打ち出した。これは、09年の総選挙で国民の支持を受け、民主党主導政権が誕生する。確かに、この時民主党は社民党などと連立政権合意を取り結んだが、あくまで民主党主導政権をめざしていたといえる。だが、これでは、民主党が掲げる政策を実現する担い手という点では、脆弱性を免れなかったように思われる。

すぐ後で見るように、鳩山政権の掲げた普天間基地問題では、共産党や、連立合意を結んでいた社民党と共同が可能だったのに、そうした方向は自覚的には追求されなかった。

また、政権が困難に逢着した時、国民に問い国民に依拠する姿勢が弱かったことも大きな問題であった。

◆普天間国外・県外移設政策の挫折の教訓

とくに民主党政権の教訓のなかで注目したいのは、普天間基地の国外・県外移転政策であった。ここに焦点を絞って検討しよう。

筆者は、これからの野党連合政権を考える上で、とりわけ連合政権が取り組むべき第1の課題である安保法制廃止などを実行していく上で、鳩山政権があれだけ頑張った普天間基地の国外・県外移転政策の挫折から学ぶことは極めて大事だと考えている。鳩山政権の失敗からは3つの教訓を汲み取ることができる。


アメリカの沖縄基地への戦略的意欲の過小評価　1つは、民主党鳩山政権が、普天間の国外移転を掲げたことの背景には、アメリカのオバマ政権は、自分たち民主党政権が真摯に申し出ればやってくれるだろうという、アメリカの覇権主義的態度に対する過小評価があったように思われる。アメリカが普天間国外移転に応じなかったときに、それをアメリカに押しつける手だて、力が考えられていたかという問題である。

普天間移転の実現を展望した際、沖縄海兵隊がアメリカの国防戦略のなかで不必要になっているという情勢分析があったが、これも、沖縄と本土の一体的な基地撤去運動と政権内部の強固な意思があってはじめて活用できる条件であるということを過小評価してはいなかっただろうか。

国民に依拠する姿勢の弱さ　第2に、この問題が、アメリカの圧力や外務・防衛官僚の抵抗で困難に逢着した時、国民に訴えることをせず、また、国民に信を問うことをしなかったという点である。

アメリカの拒否にあうと、各閣僚は国外移転を早々にあきらめ国内移転のさまざまなプランを出してバラバラになったが、政権がまずやらねばならなかったのは、政権の方針を統一して、改めて国民に問うことではなかったか。

もし、政権が、普天間基地問題を争点に解散・総選挙に訴えていれば、たとえその時点で国民の納得・合意を得られなくて敗北したとしても、それは必ず次の民主党政権へ向けての大きな財産となった。しかし、鳩山政権は国民にこの問題を提起することなく、アメリカに屈服して迷走していったのである。

共同の志向の欠如　3つ目の教訓は、主題の全国民的性格に照らして、民主党政権の担い手が脆弱であったことである。普天間問題が深刻化するにつれ連立政権を組んでいた社民党も疎外され、普天間の国外移転あるいは普天間基地の廃止という点では一致でき、その実現を民主党政権に求めた共産党に対しても、民主党は共同を呼びかけなかった。むしろ民主党政権は、アメリカから拒否された時点で、共産、社民にとどまらず公明、自民の一部にも呼びかけて、救国の国民連合政権のよびかけをすべきではなかったか。当時の状況では無理ではあったろうが、いまから考えれば、安保法制反対と同じように、この1点で共同してたたかうというよびかけをすることも、課題の切実性、重大性から言えば必要だったように思われる。

3　憲法のめざす日本の第一歩は野党連合政権で

(1)　野党連合政権を構想する土台となる政策合意

２０１４年12月に結成された総がかりを中心に「戦争法」反対・廃止、共謀罪法案反対などの運動を通じて、市民と野党の共闘は3年半にわたり、経験を積み重ねてきた。その経験のなかで、15年10月には市民連合が生まれ、そのイニシアティブもあって市民と野党の共闘は、16参院選で戦後初の野党選挙協力をも実現させた。さらに、17年。10月22日の総選挙にむけても、いくたの困難を乗りこえて共闘を持続させ今日に至っている。

その過程で、市民連合の働きかけもあって何度か野党間の政策合意が結ばれた。この政策合意は、これから安倍政治に代わる野党連合政権のめざす政治を考える上で土台となる一致点である。

◆「衆議院議員総選挙における野党の戦い方と政策に関する要望」

そうした野党間の政策合意のうち直近のものは、市民連合が２０１７年９月26日に野党４党と取り交わした「衆議院議員総選挙における野党の戦い方と政策に関する要望」だ。それは以下の柱からなるものだ。

衆議院議員総選挙における野党の戦い方と政策に関する要望

私たち、安保法制の廃止と立憲主義の回復を求める市民連合は、４野党が以下の政策を重く受け止め、安倍政権を倒すという同じ方向性をもって、全力で闘うことを求めます。

１　憲法違反の安保法制を上書きする形で、安倍政権がさらに進めようとしている憲法改正とりわけ第９条改正への反対。

２　特定秘密保護法、安保法制、共謀罪法など安倍政権が行った立憲主義に反する諸法律の白紙撤回。
3　福島第一原発事故の検証のないままの原発再稼働を認めず、新しい日本のエネルギー政策の確立と地域社会再生により、原発ゼロ実現を目指すこと。
4　森友学園・加計学園及び南スーダン日報隠蔽の疑惑を徹底究明し、透明性が高く公平な行政を確立すること。
5　この国のすべての子ども、若者が、健やかに育ち、学び、働くことを可能にするための保育、教育、雇用に関する政策を飛躍的に拡充すること。
6　雇用の不安定化と過密労働を促す『働き方改革』に反対し、8時間働けば暮らせる働くルールを実現し、生活を底上げする経済、社会保障政策を確立すること。
7　LGBTに対する差別解消施策をはじめ、女性に対する雇用差別や賃金格差を撤廃し、選択的夫婦別姓や議員男女同数化を実現すること。

◆「『市民連合が実現を目指す政策』に関する四党の考え方」

しかし、この七項目の合意の基礎には、16年12月市民連合が発表した「市民連合が実現を目指す政策」の提起を受けて、当時の民進党、共産党、社民党、自由党の4党が17年4月5日に協議、合意した「『市民連合が実現を目指す政策』に関する四党の考え方」がある。これは、以下のようなものである。少し長くなるが、政策部分を見てみよう。

「市民連合が実現を目指す政策」に関する四党の考え方

（前略）

四年間続いた安倍政権の下、我が国の立憲主義、民主主義は危機に直面している。アベノミクスは日本経済の持続的成長をもたらすことなく、格差拡大を助長し、人口減少を放置してきた。民進、共産、自由、社民の四党は、早期の衆院解散総選挙は十分にあり得るという前提に立って、できる限りの協力を進めることで合意している。そのうえで、市民連合が実現を目指す政策について四党政策実務者による協議を進めた結果、以下のような考え方を共有することを私たちは確認した。

1.　国民生活の安定と「分厚い中間層」の復活に向け、社会経済政策を転換する

(1)　子育て・教育・若者

○就学前教育から大学まで、すべての教育について原則無償化をめざす。

○保育施設の拡充、保育士の賃金引き上げ等を通じて待機児童をなくす。

○安倍政権が放置してきた子育て・教育への投資を劇的に拡大することにより、教育の機会平

等と質の向上、持続的成長の実現、雇用の創出、女性の社会進出、人口減少対策等を後押しする。

(2)　雇用・働き方

○残業代ゼロ法案の成立を阻止するとともに、インターバル規制を含む長時間労働規制法を早期に成立させる。

○同一価値労働同一賃金の実現など非正規労働者に対する待遇の差別を禁止する。

○最低賃金の大幅引き上げなど、賃金・労働条件を改善する。

(3)　社会保障等

○国民皆保険制度を維持し、年金の最低保障機能を強化する。

○介護労働者の賃金など待遇を改善するなど、介護の充実を進める。

○働き方や性別等に中立的かつ公正な社会保障制度、税制を確立する。

(4)　女性・ジェンダー

○選択的夫婦別姓を実現する。

○政治分野で候補者割り当てクオータを導入する。

○包括的な性暴力の禁止に向け、性暴力被害者支援法を制定する。

○ＬＧＢＴに対する差別解消施策を盛り込んだ法律を制定する。

(5)　地域活性化

○霞ヶ関目線で効果の上がらない地方創生を掲げ、カジノによる地域振興に迷走する安倍政権と対峙し、地方の自主性を尊重した公正な地域活性化を進める。
○農家に対する所得補償制度を法制化する。

2.　原発ゼロを目指し、エネルギー政策を抜本的に転換する

(1)　原発ゼロを目指す
3．11を原点として新しい日本のエネルギー政策を構想する。

(2)　省エネルギーの徹底
断熱の徹底、廃熱の有効利用等をすすめ、世界一の省エネ社会を実現する。

(3)　再生可能エネルギーの飛躍的増強
太陽光発電や風力発電への支援、ソーラーシェアリングの大幅拡大等を進める。

(4)　地球温暖化対策の推進
国際社会に通用する中長期数値目標を設定し、地球環境・生態系の保全を進めるとともに新産業と雇用の創出につなげる。

3.　立憲主義を守り抜き、平和を創造する

(1)　立憲主義と平和主義を脅かす憲法改悪の阻止

自民党の憲法改正草案は、立憲主義に反し、基本的人権の尊重や国民主権、そして平和主義という基本的価値を脅かすものであり、これを基礎とした改定、特に平和主義を破壊する憲法9条の改悪を阻止する。

(2)　2015年安保法制の白紙化

安倍政権下で強行された安全保障法制は立憲主義と平和主義を揺るがすものであり、その白紙撤回を求める。

(3)　戦略的なアジア太平洋外交の推進

同盟国である米国を含め、近隣諸国、関係国との対話を促進し、地域における信頼醸成に努める。

(4)　沖縄の基地負担の軽減

沖縄の民意を踏みにじって基地建設を強引に進める政府の姿勢は、容認できない。沖縄県民の思いを尊重しながら基地負担の軽減を進める。

(5)　情報公開の推進と報道の自由の回復

安倍政権下で後退した情報公開と報道の自由は、民主政治の基盤であり、危機感を持ってその推進、回復に取り組む。　以上

これらが、いま、立憲野党間で共同できる政策の大まかな枠と考えられる。これら政策合意は、

安倍政治に代わる政治がいかなる政治をめざすべきかという点で、大まかな方向性を示していると言えよう。

(2)　野党連合政権がめざす政治の3つの柱

右に示した野党間の政策合意を見ると、安倍政権の軍事大国化、アベノミクス、立憲主義破壊に対決して、大まかに3つの柱で、安倍政治に代わる選択肢を表明していると言える。これは、これから野党が安倍政治に代わる連合政権でどんな政治をめざすかを考える上での一致点でもある。

第1は、憲法改悪の阻止、安保法制廃止、辺野古など沖縄の民意を踏みにじって行われている基地建設反対、などを内容とする平和政策の柱である。

第2は、アベノミクスによる格差、貧困の助長、地域の崩壊促進、原発再稼働に代わる社会保障と国民経済再建策の柱である。

第3は、安倍政権のすすめる情報の隠蔽、報道の自由の侵害など立憲主義破壊を食い止め、立憲主義を回復する政策の柱である。

◆憲法改悪阻止、外交・安保にかかわる柱——第1の柱

第1の柱は、憲法改悪に反対し、アジアと日本の平和と安全を、軍事的な対決の強化によらない形で実現するという柱だ。[232]

この柱の第1の課題は、憲法改悪の阻止と安保法制の廃止だ。この課題、とりわけ安保法制廃止は、市民と野党の共闘の原点ともいうべき課題であり、安倍改憲阻止も、安保法制反対運動に参加するなかで野党各党が確信にしてきた課題である。

先の「7項目要望」も、「憲法違反の安保法制を上書きする形で、安倍政権がさらに進めようとしている憲法改正とりわけ第9条改正への反対」を第1に掲げ、第2項には、「安保法制」の「白紙撤回」が、「立憲主義」の見地から掲げられている。「四党の考え方」でも、憲法改悪と安保法制の白紙化が、立憲主義と平和主義の両方の見地から明記されている。こうした点から、憲法改悪に反対し安保法制を廃止する課題は、立憲野党が一致して推進できる課題である。

しかも、安倍政権が、アメリカの戦争に加担して自衛隊が海外で武力行使のできる体制をつくるため安保法制の強行と憲法9条の改悪を自己の最大の課題にすえているだけに、野党連合政権が、改憲NO!を表明し、安保法制を廃止することは、日本のみならず朝鮮半島さらには東北アジアに対しても、大きなアピールとなることは間違いない。

安保法制の廃止は今まで歴代自民党政権が進めてきた日米軍事同盟強化の路線を転換し、話し合い

による紛争解決、専守防衛の方向に舵を切ることを宣言することになるため、アメリカ政府や、外務省、防衛省などの強い反対や妨害が待ち受けているだろうが、野党連合が国民の意思を背景に一致して事に当たれば、実現することができる大きな事業である。

この柱の第2の課題は、沖縄辺野古の基地建設を阻止し、普天間基地問題の解決を図る課題であろう。

7項目の要望には、緊急性のせいか、辺野古の基地建設問題は入っていないが、その土台となった「四党の考え方」には「沖縄の民意を踏みにじって基地建設を強引に推し進める政府の姿勢は容認できない」という形で辺野古基地建設反対が入っている。

この問題について、17年10月総選挙における共産党の公約[233]をみると、「沖縄県民の民意を無視した新基地建設をストップさせます」「普天間基地の無条件撤去を求めます」と明記している。また、社民党の選挙公約[234]も「辺野古新基地建設に反対し、普天間飛行場の閉鎖・撤去、県内への移設の断念を求めます」と謳っている。高江のヘリパッド建設・運用の即時中止などほかの沖縄基地関係の政策もくわしく記されている。

他方、立憲民主党の選挙公約[235]を見ると、「立憲主義を回復させます」という柱の第3番目に「辺野古移設について再検証し、沖縄県民の理解を得られる道をゼロベースで見直す」と明記し、同党は、この公約に基づいて、沖縄に関しては名護市長選の始まった18年1月26日に検証委員会を立ち上げて検討を開始するとともに、18年2月4日に行われた名護市長選では、辺野古基地建設阻止を掲げる稲嶺進候補を支持して選挙応援に入っている。

こうした点から、辺野古基地問題も議論を詰めれば十分連合政権の柱となりうると考えられる。

この柱の第3の課題は、今、朝鮮半島で進行している、話し合いによる朝鮮半島の非核化、平和構築の方向を積極的に推進する外交を展開するという課題である。これは、事態の進展が急であるため、7項目の合意にも入っていないが、安倍政権では絶対に取り組めない課題であり、野党連合政権こそが解決できる課題ではなかろうか。

また、連合政権では、自公政権がなかなか正面から向き合おうとしない、侵略戦争と植民地支配に対する反省と謝罪も協議の上すすめてほしい。

◆アベノミクスに変え、福祉国家型財政、経済を――第2の柱

第2の柱は、「アベノミクス」の名による新自由主義の政治に対して、福祉国家型の政治、福祉国家型地域を建設することだ。原発の廃止もこの柱の重要な中味である。

この柱は、安保・平和の柱とともに、国民の関心のとりわけ強いところであり、同時に、地方での安倍自民党に対する「仕方のない支持」の原因となっているところなので、連合政権の政策づくりにおいては、十分な検討が不可欠である。

この柱に関しては、「7項目要望」は、6項目めに「『働き方改革』に反対し、8時間働けば暮らせる働くルールを実現し、生活を底上げする経済、社会保障政策を確立すること」というアベノミクス

に代わる選択肢を掲げてはいるが、抽象的にとどまっている。この柱については、「四党の考え方」が土台となると考えてよいであろう。

この柱につき、連合政権に期待される課題の第1は、アベノミクスによって加速された、貧困と格差の是正のための緊急の施策である。最低賃金の大幅引き上げ、非正規労働者の均等待遇、安倍「働き方改革」による雇用の不安定化や労働時間制限のルール破壊をもとに戻すこと、また子どもの貧困の是正のための保育、教育改革などが緊急に求められている。この点は、「7項目要望」の第5、第6がそれを明記しており、また「四党の考え方」の1ではより詳細にふれられている。

この柱の第2の課題は、自公政権の新自由主義政策、さらに安倍政権の「地方創生」の結果、さらに進行している地方の破壊、衰退の是正である。この点も急を要する待ったなしの課題であるが、「四党の考え方」の1の(5)「地域活性化」が正面からこれを取り上げている。

それから、連合政権の課題として、見逃せないのが、「四党の考え方」の2番目の柱として重視されている、「原発ゼロ」である。

◆立憲主義、民主主義の回復、強化——第3の柱

第3の柱は、安倍政治の行政の私物化や共謀罪法案の強行採決などのなかであらためてその必要性が見直された民主主義の拡充、立憲主義の回復の課題である。この柱は、緊急性があるにもかかわらず、具体的に検討が進められるまでにはいたっていない。この課題も政権をめざす共同では、政策的

検討が必要である。

市民連合の「7項目要望」では第2項目で、特定秘密保護法、共謀罪法の白紙撤回を掲げ、また第4項目でモリカケ問題にふれ「透明性の高い公平な行政」が掲げられている。これに加えて、少なくとも以下の諸点が立憲主義の制度化という視点からぜひとも検討してもらいたい。

○　加計学園問題で改めてクローズアップされた国家戦略特区を廃止する。新自由主義政策の方向を事実上決定する「経済財政諮問会議」を、野党も含めた政党代表、労働組合のナショナルセンター毎の代表を含む国民経済会議に改組する。

○　特定秘密保護法を廃止し、国民の知る権利を拡充するような情報公開法の改正をはじめとした制度改革が必要である。

○　安倍政権の下で問題になったＮＨＫの会長人事の民主的改革をはじめ、人事の民主的統制が必要である。

○　裁判所が、原発問題でも、現在の国民の意識や、憲法の実現にそった形になっていないもとで、戦後72年間で一度も手がつけられたことがない最高裁判所の人事制度などを民主的に改革していく、などである。

以上の3つの柱に沿って野党連合政権をつくり、その共同の政策を豊かにしていくことが重要であろう。

第七章　憲法の生きる日本とアジアをめざして

1　憲法の生きる日本をめぐる2つの構想

(1)　連合政権下の日本とアジア

◆連合政権で変わる日本

連合政権の下で、東北アジアの平和のためのリーダーシップをとり、安保法制を廃止し、辺野古基地建設を止め普天間基地を廃棄することができれば、日本と東北アジアの環境が大きく変化することは間違いない。

日本国憲法下で戦後70年以上が経過したが、その間保守政権が続く中、日本の政治が、憲法9条に基づく外交を展開したことはほとんどなかった。逆に、日本は安保政策においても、外交においても、対米追随を続け、国連においても、あるいは6カ国協議においても独自の存在感を打ち出せないできた。近年における核兵器禁止条約反対は、その典型例であった。

連合政権の日本が、こうした政治を転換することができれば、日本はアジアの平和、世界の紛争についても、大きな役割を果たすことができる。

◆終着駅が問題に

こうした連合政権の政治を続けることができれば、その下で野党の共同も少なからず深化が進むであろう。

その共同のなかで各政党の終極目標―終着駅についても議論を行うべきだと思う。

連合政権のための共同をつくるに当たっては、お互いが、自らの終着駅を共同の課題に提出することは控えるべきであろう。終着駅を出してきたとたんに大きな対立が起こり、共同の協議は破綻する危険があるからだ。

もちろん、政党の本質――つまり終着駅に関する主張が、当面の共同の課題にかかわる場合、たとえば憲法改正の是非が共同の目的にかかわる場合、終着駅に関する意見の相違は、共同の成否にかかわるからその議論は避けるべきでないどころか、このような場合には共同は成立しないであろう。しかし先に検討したように、焦眉の課題に関して意見が一致した場合には、その先の論点の違いは意見の違いとして確認した上で、連合政権の政策協定では棚上げすることができるし、すべきである。

けれども、こうした論点の違い、その背後にある終着駅の違いは、政権の共同を続けている期間も決してあいまいにすべきでなく、むしろそのつど議論を深め、検証を続けることがよいのではないか。それこそが、共同と独自を両立させるのみならず、共同の政治の経験と実践を通じて、各政党が自らの目標を絶えず再検証することを通じて変わっていくことを保障するのではなかろうか。

たとえば、選挙戦においても、共同政党は、連合政権の共通政策を訴えるとともに、その共同のなかでの自らの党の役割、その後の展望についても積極的に市民に訴えていくべきと考える。

重要なのは、政権共同と独自の主張の宣伝についてのルールを自覚的に作ることだ。

(2)　将来日本に関する2つの平和・安保構想

◆「60年安保＋専守防衛自衛隊」構想――第1の構想

日本社会の構想を考えると、連合政権に参加する各政党の間では、大きくは、２つの相異なる安保・外交構想が予想される。

１つは、冷戦後の日米同盟の軍事的強化とアメリカの戦争に加担する形で日本の安全を守るという安倍政権の選択した方向、安保法制、15ガイドラインの方向には反対だが、日本の安全は、安保条約による米軍の駐留と自衛隊により確保していくという路線を堅持する以外にないという構想である。この構想にはいくつかの含意がある。

１つは、90年代以降の歴代自民党政権により推進された方向には反対だが、現在の日本を取り巻く中国や北朝鮮の脅威に対しては、米軍の存在による抑止力で安全を守るしかない、また自衛隊も米軍と共同して日本の安全を守るのに不可欠であるという含意である。

２つ目。この構想の想定する安保体制は、おおむね90年代以降に肥大化する以前のそれだという含意である。安保条約は、旧安保から新安保、さらに90年代以降はグローバル安保へと変容を遂げているが、あるべき姿は、比喩的にいえば、60年安保条約の体制、つまり米軍は日本の全土に駐留し日本の安全と「極東における平和及び安全」のために活動する。日本はそうした米軍のために基地を提供するが、90年代以降のように、米軍の軍事作戦行動に自衛隊が加担しろという要請には応えない。3つ目。自衛隊は、「専守防衛」を堅持し、それを強化するが、アメリカの戦争に加担することはしないという含意である。

立憲民主党もおおむねこうした構想を持っていると推測される。たとえば、立憲民主党の綱領を見ると、こう述べられている。

「私たちは、歴史の教訓を胸に刻み、日本の外交・安全保障の基本姿勢である国際協調と専守防衛を貫き、現実に即した政策を推進します。健全な日米同盟を軸に、アジア太平洋地域、とりわけ近隣諸国をはじめとする世界との共生を実現します」と。

このポイントは、「専守防衛」と「健全な日米同盟」である。もっとも、立憲民主党の基本政策では、「専守防衛のための自衛力を着実に整備し」ますとか、「領域整備法の制定、周辺事態対処の強化」とも言っているので、90年代以降の防衛政策も一部容認していると見られる部分もある。

こうした「専守防衛」60年安保条約への復帰論は、また、安保法制に激しく反対して論陣を張ったいわゆる「リベラル派」の論客の少なからぬ部分も、将来構想については、こうしたあり方を共有しているように見える。[236]

それだけでなく、世論調査から推測すると、この構想が今の日本国民の多数を占める考えではないかと思われる。

内閣府の最新の世論調査[237]では、「あなたは日本の安全を守るためにはどのような方法をとるべきだと思いますか」という問いに対し、日米安全保障体制＋自衛隊という回答が8割を超えている（81・9％）のに対し、安保廃棄＋自衛隊は7・1％、安保も自衛隊も辞め、縮小するは、2・9％にとどまっている。安保＋自衛隊という方法が日本の安全保障の方法と認められている。とくに安保条約が日本の安全に「役立っている」と答えた人は、77・5％に達している。

他方、自衛隊に対する質問では、自衛隊の増強に関しては「今の程度でよい」が60・1％で、増強した方がよい、の29・1％を上回っている点が注目される。これは一貫した傾向となっている。国民の多く（85・5％）は、日本が戦争に巻き込まれる可能性があると答え、この比率は飛躍的に高まっている。防衛問題の関心の第1が朝鮮半島情勢であり、第2が中国問題である点から、朝鮮、中国に脅威を感じていると考えられる。にもかかわらず自衛隊増強より現状維持が多いのは、注目される。

◆安保条約と米軍のおかげで日本は平和だったのか？

筆者は、こうした将来日本の構想に疑問を持っている。そのくわしい検討は、別著で書いたのでそちらを見てほしい[238]が、要約すれば以下のような疑問である。

第1に、日本の安全は安保条約と米軍によって守られてきたわけではないのではないかという疑問である。

冷戦下で日本の平和は米軍により守られていたのか　冷戦下には米ソ対決の下で、安保条約と米軍により日本の安全が守られたという論者は多い。しかし、実際には、ソ連もアメリカも、ある日突然に対立する陣営の一国に対し侵略を開始したなどという事例はない。ソ連もアメリカも他国への武力侵攻のほとんどは、自らの陣営に属していた従属国がその陣営から離脱する動きを見せたり、その国の体制が転覆される危険が生じた時に生じている。それも、突然というわけではなく、従属国に対する長い干渉と介入、攻防のあげくである。突然に見えた、１９８０年のソ連によるアフガニスタン侵略もそうであった。

またそれ以外に戦争に巻き込まれるのは逆に同盟国の要請、すなわち、アメリカやソ連の武力侵攻に集団的自衛権で加担せざるを得なかった時である。

とすれば、もし日本が講和時に安保条約を結んで米軍駐留を継続しなかったとしても、冷戦下で日本が戦争に巻き込まれる危険は、なかったと言える。領土紛争が武力衝突に「発展」する可能性はあったが、それは安保条約で米軍が駐留している下でも起こった。

但し、講和時に安保条約を締結し米軍が駐留することを辞めることは、アメリカによる事実上の単独占領下にありかつ米軍が朝鮮戦争を戦っている当時にあっては、不可能に近かった。

したがって、米軍がいようがいまいが、ソ連軍などからの侵攻の可能性はなかった。当時日本が戦争に巻き込まれる危険性は、安保条約の下で、アメリカの武力攻撃に集団的自衛権で加担させられる時に限られたが、そうした事態は日本国憲法９条のために、安保条約が日米対等の攻守同盟条約にならなかったこと、また同じく憲法9条のもとで日本は集団的自衛権行使を否定していたために起こらなかった。

それでも、米軍がいたからソ連や中国は侵攻しなかったのではという疑念はあるだろうが、そうした事態に際して米軍が日本防衛のために馳せ参ずるかどうかは、あくまでアメリカの世界戦略上必要かどうかで決まることであった。

冷戦後に日米同盟は戦争の危機を救ったか　冷戦後には、多くの論者も、日本の安全のために米国の抑止力が不可欠であるかどうかについては疑っているとおり、さらに根拠のないものとなっている。

冷戦後における日本の脅威は、北朝鮮と中国と見なされているが、両国ともに、ある日突然ミサイル攻撃をしてくることはない。日本が両国と戦闘状態に入る危険は、領土紛争が軍事衝突になる場合（中国との尖閣をめぐる紛争の軍事化以外にない）を除けば、ただ1つ。アメリカの北朝鮮攻撃、あるいは中台紛争への軍事介入に際し、日本が米軍に加担して攻撃参加する場合であり、そこまで行かなくとも日本の米軍基地が米軍の攻撃の全面的な拠点になる場合である。

前者の領土紛争の場合には、紛争を武力で解決しないという合意を取り結ぶことで解決できる。安保条約による保障と言うが、冷戦下と同様、いやそれ以上に、アメリカは戦略的利益がなければ中国と日本の領土紛争に介入してくることはない。

それに対して後者、米軍の攻撃への日本の加担の可能性は安倍政権が安保法制を制定したため、一層強くなってきたが、連合政権で安保法制を廃止すれば、その可能性は、劇的に少なくなる。いずれにせよ、安保条約は日本の安全の保証とはならない。

むしろ日本の平和を強めるには、領土紛争を軍事衝突にエスカレートさせないルール、朝鮮半島や東北アジアの平和を保証するような二国間、多国間取り決め、アメリカや中国、北朝鮮の軍事力行使の威嚇をやめさせるイニシアティブなどが先行されねばならない。

◆自衛隊は「専守防衛」の軍隊だったのか？

第2に、自衛隊は、日米同盟下にあっては、果たして論者たちがいうような「専守防衛」の軍隊なのか、という疑問である。この「専守防衛」論は、自衛隊の違憲論を回避するために唱えられた方針であった。１９７０年の『防衛白書』で登場したこの考え方は、76年の防衛計画の大綱で具体化された。しかし、この「専守防衛構想」は、あくまで、攻撃的な核装備を備えた米軍と一体のものとして構想されたものであり、槍は米軍、盾は自衛隊というセットでのみ考えられてきたことを忘れてはならない。

冷戦下のソ連や冷戦後の中国、ロシアは自衛隊を単独としては見ておらず米軍と一体、米軍の補完的戦力と見なしてきたから、決して自衛隊を「専守防衛」とは見なしていない。確かに、自衛隊は、冷戦下ではソ連の領海、領空侵犯、冷戦後は中国やロシアのそうした侵犯に対し日常的対処を続けてきたし、それは「専守防衛」の自衛隊の役割に見えるが、中国、ロシアのそうした行動がなぜ起こるか、それは、尖閣などの領土問題を除けば極東地域における米軍との戦略的対峙の一環にほかならない。

自衛隊が、真の意味で、「専守防衛の軍隊」になるには、安保条約を廃棄して、自衛隊が米軍の戦略の補完部隊であることをやめねばならないのではなかろうか。

◆安保条約を廃棄し、自衛隊を縮小・廃止する構想――第2の構想

さて、将来日本の平和と安全に関するもう1つの構想は、安保条約を廃棄して、日本全土から米軍基地を撤去し、まずは自衛隊による真の「専守防衛」の日本をつくったのち、東北アジアの平和と軍縮の進行に合わせ、自衛隊を縮小・廃止することによって、憲法9条のめざす日本をつくる構想である。

この構想にもいくつかの含意がある。

安保廃棄と米軍撤退が鍵　第1の含意は、この構想の要は、日米安保条約の廃棄と米軍基地の撤廃にあることだ。安保条約は、さまざまな意味で、日本とアジアの平和にとって大きな障害物となっている。

1つは、安保条約に基づく米軍の駐留、とくに沖縄を中心として全土に展開する米軍基地網は、先に検討したように（344〜344頁）、日本の安全に役立たないどころか、アメリカの戦略の不可欠の拠点としてアジアと世界の戦争に大きく「貢献」してきたことである。条約を廃棄して米軍基地を

撤去することで、アジアの軍事的緊張と戦争の危険は減退する。

2つ目は、アメリカは第2次世界大戦後、アジア諸国とも安保条約同様の軍事同盟条約を結んできたが、日米安保条約はその中でも特別にアメリカの特権を認めた著しく従属的な条約であるため、日本の国民に「異常な」被害をもたらしていることだ。アメリカは、アジア・太平洋戦争後、ほぼ単独で日本を占領し、講和以後も、安保条約によって米軍の全土展開体制を維持してきた。沖縄における米軍基地の密集や首都圏の米軍基地の存在などは、その象徴的事例である。

3つ目は、この安保条約と一体化した形で、極東戦略の補完物として日本の再軍備が始められ、自衛隊は出生の時から、「自衛のための必要最小限度の実力」どころか、米軍の極東戦力の補完物として創設・維持されてきたことである。

こうした点から、安保条約の廃棄と米軍基地の撤去は、日本の平和のみならずアジアの軍事化の緩和の鍵であり、さらには異常な戦後日本の対米従属の打破にとっても最重要の措置だということである。

自衛隊の縮小・解体は時間をかけて　第2の含意は、自衛隊の縮小・廃止という課題は、安保条約の廃棄と米軍基地の撤去という事業のあと、東北アジアにおける平和保障の前進と並行して時間をかけて行う政策だという点だ。

自衛隊が肥大化し違憲性を強めている最大の原因は、それが米軍の戦略の手下として使われている点である。安倍政権による安保法制は、米軍との一体化を格段に進めることで、こうした違憲性を昂進した。したがって、自衛隊の米軍との一体性を断ち切ることで、自衛隊を名実ともに「専守防衛」の軍隊にすることが自衛隊改革の第1段階であり、その後の自衛隊縮小はそのあと東北アジアと世界の紛争の非軍事化の流れと並行して時間をかけて実現する課題であると考えられる。

◆安保廃棄・自衛隊縮小解体構想と日本共産党・社民党

こうした安保廃棄＋自衛隊縮小・解体構想を政党で明示的に表明しているのは、共産党である。以前は日本社会党もこうした政策をとってきたが、第一章で検討したように（94～95頁）村山政権の与党となった段階でこうした方針を転換し安保・自衛隊容認路線に転換した。そのあとをついだ社民党は、しかし、現在では、安保廃棄とは言っていないものの、事実上安保条約の転換、自衛隊縮小・解体政策に近づいている。

まず日本共産党についてみてみよう。日本共産党の綱領の「四　民主主義革命と民主連合政府」では、日本社会が必要とする民主的改革を3つの柱に分けて明記している。その第1の柱「国の独立・安全保障・外交の分野で」というなかの最初で、安保条約の廃棄が謳われている。

「日米安保条約を、条約第十条の手続き（アメリカ政府への通告）によって廃棄し、アメリカ軍とその軍事基地を撤退させる。対等平等の立場にもとづく日米友好条約を結ぶ」。

また、続いて、自衛隊についても、こう規定されている。

「自衛隊については、海外派兵立法をやめ、軍縮の措置をとる。安保条約廃棄後のアジア情勢の新しい展開を踏まえつつ、国民の合意での憲法第九条の完全実施（自衛隊の解消）に向かっての前進をはかる」と。

それに対して社民党は、２００６年の第10回定期全国大会で採択された「社会民主党宣言」の「Ⅲ政策の基本課題」において以下のように、安保条約、自衛隊にふれている。

「現状、明らかに違憲状態にある自衛隊は縮小を図り、国境警備・災害救助・国際協力などの任務別組織に改編・解消して非武装の日本を目指します。また日米安全保障条約は、最終的に平和友好条約へと転換させ、在日米軍基地の整理・縮小・撤去を進めます」と。

ここでは、自衛隊の改変・解消政策が先に来てあとから安保条約の平和友好条約——これは米軍基地の撤去を含むのかは明示していない——への転換が述べられている。社会党時代の詳細な自衛隊縮小解体政策とは異なり、輪郭が書かれているにとどまるが、基本線は、安保廃棄・自衛隊縮小・解体方針と言ってよい。

◆安保廃棄・自衛隊縮小解体と世論

しかし、こうした、安保廃棄と自衛隊縮小・解体の構想に対しては、２０１８年に内閣府の行った世論調査[239]では、先にもふれたように、わずか2・9％、支持はほとんど無きに等しい。圧倒的多数の国民は、安保条約＋自衛隊で日本の安全を守るのがよい（81・9％）と答えている。

また現時点では、将来日本の構想として、このような安保も自衛隊もない——つまり「武力によらない平和」の構想が国民の支持を広げ、共産党や社民党以外の諸政党がこうした方向に賛同する可能性は大きくない。

けれども、筆者は、日本とアジアの平和のためにはこの方向しかないと考えており、またこれこそ、憲法9条が生きる日本であると考えている。連合政権下の政治が、東北アジアの、武力によらない平和を拡大することができれば、この構想への支持は増えると確信する。

2　安保のない日本が拓く可能性

そこで、最後に、安保と自衛隊のない日本の構想について、その骨となる点を指摘しておきたい。くわしくは、別著[240]を参照いただきたい。

(1)　安保条約の見直し・廃棄

アジア・太平洋戦争の敗北後、日本に米軍が占領軍として進駐以来、実に4分の3世紀にわたって、米軍は日本に居座り続けている。こうした異常な事態は、多くの国民にとって、生まれた時からの「常識」となっているのである。

確かに、先にみた内閣府の調査では、安保と自衛隊で日本の安全をと考える国民は81・9％に達し、安保条約が「日本の平和と安全に役立っている」と考える人は77・5％に達している。[241]

しかし、沖縄に辺野古新基地が建設され、普天間のみならず大量の基地が残っていること、たとえ連合政権が普天間基地撤去を実現しても、嘉手納《かでな》や横田、岩国の基地は残っていることをおかしいと考える人は少なくない。

「リベラル派」の論者も、「独立国に外国の軍隊が駐留していることは不自然」だし、「自分の国の上空を他国軍に支配されている国など世界にはない」ことに憤っている。

安保と米軍で日本の安全を、と考える人も、トランプ政権の朝鮮政策での転換を見れば、軍事対決でアジアの平和が実現するという構想のリアリティに一層疑問を強めるであろう。

安保条約を廃棄し、米軍基地をなくす道を進むべきである。

確かに連合政権で安保を廃棄しなくとも、日米同盟を縮小し、辺野古新基地建設を止めることはできるかも知れない。しかし、沖縄の基地を全てなくすことはできないし、本土のそれも含めて日本の米軍基地をなくすには、安保条約第6条の規定をなくさねばできない。

しかも安保条約は、第10条で、廃棄通告により条約を廃棄できる規定がある。

安保条約を廃棄することで、日本は、核と軍事力対決で日本とアジアの平和を維持する道を拒否することになる。これはアジアと世界の平和を前進させる大きなメッセージとなる。

さらに、米軍基地の一掃は、沖縄の復興と成長、アジアのハブ地域として沖縄がさらに大きな役割を果たす画期となることは間違いない。

そして安保の廃棄と米軍撤退は、自衛隊の米軍の補完軍としての性格を変え、自衛隊を真に「専守防衛の軍隊」、日本を名実ともに専守防衛の国にする画期ともなる。自衛隊の違憲性の根幹がなくなり、少なくとも政府解釈のいう自衛隊の合憲の条件＝「自衛のための必要最小限度の実力」からの逸脱は大幅に減少する。

(2) 自衛隊の縮小・解体

安保条約の廃棄と日本からの米軍の撤退は、日本とアジアの安保環境を激変させるであろう。その方向に、長い時間をかけることになるが、「武力によらない平和」という憲法9条の理念が実現する日本を展望することができる。

しかし、安保と軍隊のない日本は、アジアと世界において軍事的覇権争いと紛争の軍事「解決」の横行するなかでは実現できるはずもない。憲法9条の実現は、少なくとも東北アジアレベルでの核と通常軍備の軍縮、平和保障機構の創設による紛争の非軍事的解決の慣行化と並行しなければ実現できない。

その上で自衛隊改革は2段階で進めることが必要だ。

第1段階は、安保破棄に伴う自衛隊と米軍との連携を切断することである。とくに、90年代以降精力的にすすめられてきた日米共同作戦体制の破棄が求められる。すでに安保条約の廃棄によって米軍は日本の駐留をやめている。また、安保法制が廃止され、日米共同作戦体制も大幅に縮小されているので、この方向を徹底し自衛隊の対米従属性、米軍との共同作戦を完全に断ち切る。

その上で、自衛隊を本来の「自衛のための必要最小限度の実力」組織とするために、自衛隊法の改正を始め、装備の見直しと再編を行う。

第2段階では、東北アジアの平和保障システム、紛争の非軍事的解決の仕組み、東北アジアレベルの通常軍備の軍縮という諸条件を前提に、自衛隊を縮小・解散する。憲法9条が命じた「武力によらない平和」を実現する。

自衛隊の諸機能のうち、軍事的機能を解体し、その警察的機能は、海上保安庁と統合して国境警備の警察隊に再編する。

国連ＰＫＯの活動は、非軍事の国際支援部隊として存続する。

災害派遣活動は、国際災害救援隊、国内災害救援隊として再編成し強化する。

以上は自衛隊の段階を追った縮小・解体の構想である。まず準備段階は連合政権の下での自衛隊海外派兵体制の廃止、第1段階は安保条約の廃棄による自衛隊の本来の「専守防衛的軍隊」への改革、そして第2段階が自衛隊の縮小・解体の段階である。その段階毎に、憲法9条の規範の実現にすすむ。

ちなみに、共産党の自衛隊政策も、こうした3つの段階をふまえているようである。2017年の第27回党大会で、決議はこう述べている。

「憲法と自衛隊の矛盾の解決は、一挙にはできない。国民の合意で一歩一歩、段階的にすすめる。(1)まず海外派兵立法をやめ、軍縮の措置をとる。(2)安保条約を廃棄しても、同時に自衛隊をなくすことはできない。安保条約と自衛隊の存在は、それぞれ別個の性格をもつ問題であり、安保条約廃棄の国民的合意が達成された場合でも、その時点で、『自衛隊は必要』と考える国民が多数だという状況は、当然予想されることだからである。(3)安保条約を廃棄した独立・中立の日本が、世界やアジアのすべての国ぐにと平和・友好の関係を築き、日本を取り巻く平和的環境が成熟し、国民の圧倒的多数が『もう自衛隊がなくても安心だ』という合意が成熟したところで初めて、憲法9条の完全実施に向けての本格的な措置に着手する」[242]。

共産党は、このように自衛隊解消の過程を長期のそれとして捉えているが、筆者もそれに賛成である。

日本国憲法9条の「武力によらない平和」の理念は、東北アジアの平和保障体制を牽引し、それを実現するなかで初めて実現することができる。その意味で、9条の完全な実現は、日本一国だけではできず、東北アジア、さらには世界の平和保障体制の実現を待って初めて可能である。また、9条は、そうした東北アジアと世界の平和保障の体制に向けて努力することを、日本の政府に対し義務づけているのである。

むすびに代えて

本書で筆者が言いたかったこと、それは、憲法9条は死んでいない、度重なる改憲の企図に反対する市民たちの運動により、9条は生き残り軍事化の大きな歯止めとなってきたし、今もいる、安倍改憲はそうした憲法9条の息の根をとめる切り札として登場したものだ、ということである。

安倍首相の執念がなければ、9条1項、2項を残して自衛隊を明記するなどという「譲歩」までして、改憲を通そうというような企ては思いつかなかったか、実行に移されなかったであろう。安倍首相でなければできない策であった。だからこそ、右派の改憲運動を領導してきた櫻井よしこが諸手を挙げて賛同し、実行に邁進しているのである。

しかし、他でもない安倍首相が提起した改憲だからこそ、多くの国民は警戒し、懸念を強めている。安倍首相でなければ出せなかった改憲であり、安倍首相が提起したからこそ、これを阻む可能性がある。

しかも3000万人署名の声を集めて、安倍改憲を阻めば、あの安保闘争のあと自民党政権が30年の間、改憲を提起できなかったと同様の、否、それ以上の打撃を与えることができる。

安倍改憲を阻むことは、改憲の時代を終焉させ憲法を生かす時代の始まりを告げることになる可能性がある。この点も本書でふれたかった点である。

本書が安倍改憲を阻み、改憲の時代を終焉させる市民の運動を励ます力になることを願う。また、本書が、安倍政権を憂え安倍政治を良しとしない市民と政党が全国津々浦々で安倍政治に代わる共同への営みを加速するきっかけになることを願う。

＊

これまで、私の本では「あとがき」で、お世話になった方々への御礼をひと言述べさせていただいたが、本書にはこのあとがきがないので、それはご容赦いただきたい。ただ、本書の企画から完成まで、ひとかたならぬお世話になった社長の田所稔さんへの御礼だけは、ひと言ふれないわけにはいかない。

田所さんとのおつきあいはそんなに古くからではないが、それでももうかれこれ10年は過ぎる。田所さんの思いとしては、比較的手軽に手にとれる、安倍改憲に対する批判の本をということであったと思うが、それは私のもっとも苦手とするもので、案の定、書きたいこと、言わねばと思っていることが次々噴出し、おそらく田所さんの想定の倍は超える巨大な本になってしまった。本離れがすすむ出版界の困難な状況のもとで、私のわがままをお聞きいただいたことに感謝している。

改めて、今の安倍政権の政治、改憲の企図に懸念と不安を持つ市民が本書を手にとって読んでいただき、いろんな形で声をあげる力になれば、と願う。

2018年8月6日

渡辺　治

注

1　読売新聞、2018年1月5日付。
2　朝日新聞、2018年1月23日付、「時々刻々　首相、淡々と改憲狙う」。
3　安倍晋三「政権構想」、渡辺治『安倍政権論』旬報社、2007年、所収、235頁。
4　ロイヤル「国防長官へのメモランダム・日本の限定的再軍備」、大嶽秀夫編『戦後日本防衛問題資料集第1巻　非軍事化から再軍備へ』三一書房、1991年、251頁以下。なお、この「覚書」と日本の改憲との関係については、不破哲三がすでに言及している。不破『憲法対決の全体像』新日本出版社、2007年、110頁以下を参照。
5　同前、252頁。
6　大嶽秀夫編『戦後日本防衛問題資料集　第2巻　講和と再軍備の本格化』三一書房、1992年、21頁以下。
7　渡辺治『日本国憲法「改正」史』日本評論社、1987年、第二章。
8　自民党憲法調査会「憲法改正の問題点」1956年4月、渡辺治編著『憲法改正問題資料（上）』旬報社、2015年、69頁以下。
9　自由党憲法調査会「日本国憲法改正案要綱」1954年11月、渡辺編著、前掲『憲法改正問題資料（上）』46頁。
10　1950年代初頭の平和運動につき、渡辺治・福祉国家研究会編『日米安保と戦争法に代わる選択肢』大月書店、2016年、第4章「安保のない日本をめざす運動と構想」参照。

11　当時の平和運動と労働組合につき、渡辺治『「豊かな社会」日本の構造』旬報社、1990年、第3章、赤堀正成『戦後民主主義と労働運動』御茶の水書房、2014年、を参照。

12　当時の知識人の立ち上がりを、丸山真男は「悔恨共同体」と呼んだ。丸山真男「近代日本の知識人」同『後衛の位置から』未来社、1982年、所収、114頁。

13　国民意識の変化、平和意識につき、くわしくは和田進『戦後日本の平和意識』青木書店、1997年、第Ⅱ部を参照。

14　左派社会党の伸張について、渡辺、前掲『「豊かな社会」日本の構造』。

15　渡辺、前掲『日本国憲法「改正」史』。同「保守合同と自由民主党の結成」、渡辺治ほか編『シリーズ日本近現代史　4巻　戦後改革と現代社会の形成』岩波書店、1994年、所収。

16　この解釈の変遷につき、渡辺、前掲『日本国憲法「改正」史』、浦田一郎『自衛力論の論理と歴史』日本評論社、2012年、を参照。

17　1954年12月22日、大村清一防衛庁長官答弁、『第21回国会衆議院予算委員会議録第2号』52頁。のちに「自衛力論」と呼ばれる、この解釈につき、くわしくは、浦田、前掲『自衛力論の論理と歴史』を参照。

18　1954年4月6日、佐藤達夫内閣法制局長官答弁、浦田一郎編『政府の憲法九条解釈　第2版』信山社、2017年、36頁。

19　1956年2月29日、衆院内閣委員会での鳩山一郎内閣総理大臣答弁、阪田雅裕編著『政府の憲法解釈』有斐閣、2013年、所収、43頁。
20　1957年4月30日、岸信介内閣総理大臣答弁、浦田一郎編、前掲『政府の憲法九条解釈　第2版』388頁以下。
21　憲法制定過程での芦田修正の経緯について、佐藤達夫『日本国憲法成立史　第四巻』有斐閣、1994年、713頁以下。
22　高辻正己「政治との触れ合い」、内閣法制局百年史編集委員会編『証言　近代法制の軌跡』ぎょうせい、1985年、所収、41頁以下。
23　1954年12月22日、大村清一答弁、前掲『第21回国会衆議院予算委員会議録第2号』52頁。
24　水口宏三『安保闘争史』社会新報、1968年。
25　安保闘争の経緯について、水口、前掲『安保闘争史』、井出武三郎編『安保闘争』三一新書、1960年、日高六郎編『一九六〇年五月一九日』岩波新書、1960年ほか。
26　水口、前掲、76頁、98頁。
27　渡辺治「高度成長と企業社会・総論」、同編『日本の時代史27　高度成長と企業社会』吉川弘文館、2004年、15頁以下。
28　水口、前掲、136頁。
29　このくわしい経緯は別稿に委ねざるをえないが、当時の全学連指導部がその戦術も含めて右翼の田中清玄らと協議していた事実がのち当事者自らの発言で明らかになった。
30　渡辺、前掲「高度成長と企業社会・総論」29頁以下、また赤城宗徳「一九六〇年と私」『THIS読売』1990年5月号所収、を参照。
31　水口、前掲、23頁。
32　同前、27頁。
33　同前、99頁。
34　渡辺、前掲『「豊かな社会」日本の構造』。
35　竹内好「民主主義再建のたたかい」、臼井吉見編『安保・1960』筑摩書房、1969年、所収、127頁。
36　朝日新聞、1960年5月31日付。
37　中曽根康弘『天地有情』文藝春秋、1996年、601頁、219頁も同旨。
38　渡辺、前掲『日本国憲法「改正」史』343頁。
39　くわしくは、渡辺、前掲『日本国憲法「改正」史』、365頁以下。
40　砂川事件最高裁判決とアメリカの介入については、砂川判決の悪用を許さない会編『砂川判決と戦争法案』旬報社、2015年、新原昭治『日米「密約」外交と人民のたたかい』新日本出版社、2011年、末浪靖司『対米従属の正体』高文研、2012年。
41　密約については豊田祐基子『「共犯」の同盟史―日米密約と自民党政権―』岩波書店、2009

年、ほか。
42　恵庭事件について、風早八十二『憲法裁判』新日本新書、１９６７年、また、内藤功『憲法九条裁判闘争史』かもがわ出版、２０１２年、深瀬忠一『恵庭裁判における平和憲法の弁証』日本評論社、１９６７年、など。
43　長沼裁判につき、福島重雄・大出良知・水島朝穂『長沼事件平賀書簡—35年目の証言』日本評論社、２００９年。
44　判決抄録は、同前、２６７頁以下に収録。
45　この訴訟が与えた影響につき、渡辺治『戦後政治史の中の天皇制』青木書店、１９９０年、２７０頁以下、参照。
46　三矢作戦計画と自衛隊の実態について、内藤功「自衛隊の実態」、日本共産党中央委員会出版部編『日本の軍隊・自衛隊』１９６７年、所収、潮見俊隆・山田昭・林茂夫編『安保黒書』旬報社、１９６９年、ほか。
47　日本共産党中央委員会出版部編、前掲『日本の軍隊・自衛隊』28頁。
48　浦田、前掲『自衛力論の論理と歴史』１２０頁以下。
49　政府答弁書、参議院決算委員会提出、１９７２年10月14日、浦田一郎編『政府の憲法九条解釈——内閣法制局資料と解説』（以下、『政府の憲法九条解釈（旧版）』と略称）信山社、２０１３年、所収、１６８頁。

50　1969年12月29日、春日正一に対する答弁書、1973年9月16日、衆院決算委員会吉国一郎法制局長官答弁、いずれも前掲『政府の憲法九条解釈（旧版）』42〜43頁。
51　1978年2月14日、衆院予算委員会提出「政府答弁資料」、前掲『政府の憲法九条解釈（旧版）』136頁。
52　同前。
53　楠田實編著『佐藤政権　二七九七日（上）』行政問題研究所、1983年、299頁。
54　密約については、豊田、前掲『「共犯」の同盟史』。
55　上西朗夫『GNP1％枠』角川文庫、1986年。
56　くわしくは、上西前掲書、大嶽秀夫『日本の防衛と国内政治』三一書房、1983年、参照。
57　渡辺治「総論アメリカ帝国の自由市場形成戦略と現代の戦争」、渡辺・後藤道夫編『講座戦争と現代1「新しい戦争」の時代と日本』大月書店、2003年、所収。
58　渡辺治『現代日本の帝国主義化』大月書店、1996年。
59　同前。
60　渡辺治『政治改革と憲法改正』青木書店、1994年、127〜128頁。
61　同前、128頁。
62　自民党「新憲法草案」、2005年10月、渡辺、前掲『憲法改正問題資料（下）』339頁以下。
63　同前、339頁。

64　桜井良子（当時の名前の表記）『「政治」は誰のものか』ＰＨＰ研究所、１９９３年、２４９頁。
65　小沢一郎・江藤淳「政治家の志とは何か」『Ｖｏｉｃｅ』１９９１年1月号、62頁。
66　小沢一郎「幹事長時代の全てを話そう」『週刊朝日』１９９１年6月21日号、30頁。
67　くわしくは、渡辺、前掲『政治改革と憲法改正』４２０頁以下。
68　この種の小沢の発言は枚挙にいとまがない。とりあえず、渡辺、前掲『政治改革と憲法改正』１１０〜１１３、１６５〜１６７頁、参照。
69　１９９０年10月19日、工藤敦夫法制局長官答弁、浦田、前掲『政府の憲法九条解釈　第2版』４３３頁。
70　一体化論については、浦田、前掲『自衛力論の論理と歴史』１５０頁以下。
71　１９９０年10月29日、衆院国連平和特別委員会での工藤敦夫内閣法制局長官答弁、浦田一郎編、前掲『政府の憲法九条解釈（旧版）』１０１頁以下。
72　工藤答弁、同前、１０２頁。のちに、大森政輔法制局長官が定式化、大森、１９９７年2月13日、衆院予算委員会、同前、１０５頁、引用は後者。
73　国正武重『湾岸戦争という転回点』岩波書店、１９９９年、10頁。
74　渡辺、前掲「総論アメリカ帝国の自由市場形成戦略と現代の戦争」、同「日本の軍事大国化・その諸段階と困難」、渡辺・後藤編、前掲『講座戦争と現代1』所収、３５８頁以下。
75　渡辺、前掲「日本の軍事大国化・その諸段階と困難」、３６３頁以下。

76　「日米防衛協力のための指針」1997年9月23日、渡辺、前掲『憲法改正問題資料（上）』469頁以下に所収。
77　同前、474頁。
78　米国防大学国家戦略研究所「米国と日本」、渡辺、前掲『憲法改正問題資料（上）』529頁。
79　同前。
80　イラク特措法につき、渡辺治「今なぜイラク特措法なのか」、『世界』2003年8月号、のち同『構造改革政治の時代』花伝社、2005年、所収。
81　朝日新聞、2018年4月16日付、「宿営地サマーワ『戦闘拡大』イラク日報政府説明と乖離」。
82　日報問題については、『朝日新聞』2018年4月4、5、16、17、18、23、24日、5月24日など。
83　自民党憲法調査会・憲法改正案起草委員会「憲法改正草案大綱（たたき台）」2004年11月、渡辺、前掲『憲法改正問題資料（下）』、166頁以下。
84　「新憲法草案」への経緯につき、渡辺治『憲法「改正」・増補』旬報社、2005年11月、12頁以下。
85　新憲法草案の起草過程は、舛添要一『憲法改正のオモテとウラ』講談社、2014年がくわしい。
86　九条の会について、とりあえず渡辺治『憲法9条と25条』かもがわ出版、2009年、232頁以下。

87　鳩山由紀夫『新憲法試案』ＰＨＰ研究所、２００５年。
88　舛添、前掲『憲法改正のオモテとウラ』。
89　岸信介ほか『岸信介の回想』文藝春秋、１９８１年、１２３頁。
90　栗本晋一郎・安倍晋三・衛藤晟一『「保守革命」宣言』現代書林、１９９６年、44～45頁。
91　同前、45頁。
92　同前、48頁。
93　靖国神社崇敬奉賛会『平成十六年度記録集』２００５年、１１６頁。
94　野上忠興『安倍晋三沈黙の仮面』小学館、２０１５年、ほか。
95　安倍晋三『美しい国へ』文春新書、２００６年、27～29頁。
96　安倍晋三『安倍晋三対論集』ＰＨＰ研究所、２００６年、１３１頁。
97　安倍、前掲『美しい国へ』１２１頁。
98　中曽根康弘『自主憲法の基本的性格』憲法調査会、１９５５年、10頁。
99　読売新聞社調査研究本部編『憲法を考える』読売新聞社、１９９３年、18頁。
100　安倍、前掲『美しい国へ』１３１～１３２頁。
101　この防衛費の中にはＳＡＣＯ・米軍再編経費を含んでいない。これを含めると、２０１０年度予算は前年より上がっている。安倍内閣になって以降は、６年連続増加している。

102　渡辺治「第一章　安倍政権とは何か」、渡辺・岡田知弘・後藤道夫・二宮厚美『「大国」への執念』大月書店、2014年、所収。
103　リチャード・アーミテージ、ジョセフ・ナイ、春原剛『日米同盟vs.中国・北朝鮮』文春新書、2010年、271頁。
104　米国防大学国家戦略研究所、前掲「米国と日本」、渡辺、前掲『憲法改正問題資料（上）』532頁。
105　秘密保全のための法制の在り方に関する有識者会議「秘密保全のための法制の在り方について」2011年8月8日。報告は秘密保護法制の必要性を認め、そこでの規制のあり方は、ほぼそのまま、安倍政権の特定秘密保護法に受けつがれた。
106　特定秘密保護法につき、右崎正博他著『秘密保護法から「戦争する国」へ』旬報社、2014年。
107　閣議決定「平成二三年度以降に係る防衛計画の大綱」2010年12月、渡辺、前掲『憲法改正問題資料（下）』682頁以下。
108　自民党「新『防衛計画の大綱』策定に係る提言」2013年6月、同前、825頁以下。
109　閣議決定「平成二六年度以降に係る防衛計画の大綱」2013年12月、同前、873頁以下。
110　2014年4月1日「閣議決定　武器輸出三原則の見直し」、渡辺、前掲『憲法改正問題資料（下）』所収、888頁以下。

111　2018年5月29日、自由民主党政務調査会「新たな防衛計画の大綱及び中期防衛力整備計画の策定に向けた提言」。
112　朝日新聞政治部取材班『安倍政権の裏の顔』講談社、2015年、第1章。
113　同前、51頁。
114　同前、53～55頁。
115　公明党の動向につきくわしくは中野潤『創価学会・公明党の研究』岩波書店、2016年を参照。
116　朝日新聞政治部取材班、前掲『安倍政権の裏の顔』88～89頁。
117　閣議決定「国の存立を全うし、国民を守るための切れ目のない安全保障体制の整備について」2014年7月、渡辺、前掲『憲法改正問題資料（下）』932頁以下所収。
118　安保法制の大まかな全体像は、さしあたり、読売新聞政治部編『安全保障関連法』信山社、2015年。
119　朝日新聞政治部取材班編、前掲『安倍政権の裏の顔』40頁。
120　東京新聞、2015年10月14日付、「平和のための新9条論」。
121　渡辺治「日本の平和のためには憲法改正が必要なのか?」、渡辺治・福祉国家構想研究会編、前掲『日米安保と安保法制に代わる選択肢』第3章補論、136頁以下。
122　『第百八十九回国会衆議院憲法審査会議録第三号』2014年6月4日。

123　同前、15頁。
124　布施祐仁。三浦英之『日報隠蔽』集英社、2018年。
125　安倍晋三「『安全保障の法的基盤の再構築に関する懇談会報告書』に関する安倍総理記者会見」2014年5月15日、渡辺、前掲『憲法改正問題資料（下）』、926頁以下。
126　高村正彦・潮匡人「私達も本当は9条2項を削りたい」、『正論』2017年9月号、232頁。
127　朝日新聞、2017年6月4日付、「首相『保守強硬の私がまとめる』持論封印『九条加憲』に軸足」。
128　大石格「見えてきた安倍首相の改憲カレンダー」日経新聞電子版、2017年5月3日付。
129　5月3日、BSフジの番組での石破発言。朝日新聞、2017年5月4日付、「時々刻々　改憲　踏み込む首相　核心の9条　3項追記に転換」。
130　高田健『2015年安保、総がかり行動』梨の木舎、2017年、を見よ。
131　同前、56頁。
132　この点につき、渡辺治「2012年度歴史学研究会大会報告　二つの国民的経験と新自由主義をめぐる対抗の新段階——新自由主義政治転換の構想と主体形成に焦点をあてて——」、『歴史学研究』2012年10月増刊号、2012年、所収。
133　同前、5頁。

134　水口、前掲『安保闘争史』112頁。
135　市民連合については高田、前掲『2015年安保、総がかり行動』132頁以下。
136　朝日新聞、「『3分の2阻止はスローガン』民進・岡田代表」2016年7月14日付。
137　この9条1項、2項を存置する改憲案については、浦田一郎が「自衛隊加憲論と政府解釈」『法律論叢』90巻6号、2018年で詳細に検討している。本書の検討部分と大幅にダブっているが、本書の視点や評価とはやや異なる点もあるので、ここでも検討した。浦田論文もぜひ参照いただきたい。
138　渡辺、前掲『憲法改正問題資料（上）』328頁以下、また、竹花光範『現代の憲法問題と改正論』成文堂、1986年、289頁以下に収録。
139　この当時の改憲をめぐる状況につき、渡辺、前掲『日本国憲法「改正」史』第6章。
140　竹花光範「第一次憲法改正案〈試案〉」1981年10月、渡辺、前掲『憲法改正問題資料（上）』329頁。
141　自主憲法期成議員同盟・自主憲法制定国民会議「日本国憲法改正案」1993年4月、同前、386頁以下。
142　『文藝春秋』1999年9月号、所収。
143　公明党史編纂委員会編『公明党50年の歩み』公明党機関紙委員会、2014年、276頁。
144　「公明党第6回全国党大会運動方針案」、『憲法運動』2006年9月号、所収、17頁。

145　前掲『公明党50年の歩み』273頁。
146　公明党の政策が、いかに創価学会、とくに婦人部の影響を受けざるをえないかについては、中野、前掲『創価学会・公明党の研究』が克明に跡づけている。
147　同前。
148　枝野幸男「改憲私案発表・憲法九条　私ならこう考える」『文藝春秋』2013年10月号、所収。
149　日経新聞、2016年9月5日付。
150　前原誠司「〝加憲〟で憲法に自衛隊を明記すべき」『週刊東洋経済』2017年5月13日号。
151　朝日新聞、2017年5月25日付、「時々刻々　改憲原案作り　自民始動」。
152　朝日新聞、2017年6月4日付。
153　古屋圭司・田久保忠衛対談「自民党にまかせて本当に大丈夫ですか」『正論』2017年1月号、所収、154頁以下。
154　櫻井よしこ「安倍総理は憲法の本丸に斬り込んだ」『Ｈａｎａｄａ』2017年7月号、所収、34頁以下。
155　古屋圭司「9条改正へ　自民党総裁の覚悟」『正論』2017年8月号、所収、252頁以下。
156　伊藤哲夫「『三分の二』獲得後の改憲戦略」『明日への選択』2016年9月号、所収、18頁以下。

157　同前、19頁。
158　同前、22頁。
159　同前、21頁。
160　同前、22頁。
161　前掲『憲法運動』２００６年９月号、16〜17頁。
162　大阪維新の会「維新が目指す国家像」「維新八策」いずれも、渡辺、前掲『憲法改正問題資料（下）』所収。
163　朝日新聞、２０１７年６月４日付、「首相『保守強硬の私がまとめる』」。
164　17年５月中旬都内であった会合でのあいさつ。朝日新聞、同前「首相『保守強硬の私がまとめる』」。
165　安倍晋三講演「自衛隊が『違憲』でいいのか」（２０１７年６月24日神戸での講演）『正論』17年９月号、所収、２２９頁。
166　朝日新聞、２０１７年５月13日付、「時々刻々　改憲へ『圧力』首相猛進、自民　沈む野党協調派」。
167　朝日新聞、前掲２０１７年６月４日付。
168　朝日新聞、２０１７年７月６日付。
169　朝日新聞、２０１７年９月25日付。

170　読売新聞、2017年9月19日付。
171　朝日新聞、2017年9月20日付。
172　毎日新聞、2017年9月19日付。
173　朝日新聞、2017年9月26日付。
174　この会談の経緯は、神津里季生『神津式労働問題のレッスン』毎日新聞出版、2018年、10頁以下。
175　毎日新聞、2017年9月27日付。
176　2003年総選挙については渡辺治「総選挙後の新たな政治状況と労働運動の課題」『月刊全労連』2004年1月号、のち同前掲『構造改革政治の時代』第11章に収録。
177　自民党『この国を守り抜く。政権公約2017』17頁。
178　希望の党『日本に希望を。希望の党』
179　細野豪志「現実的な憲法改正案を提示する」『中央公論』2017年5月号、40頁以下。
180　読売新聞、2017年10月1日付。
181　この「仕方のない支持」につき、くわしくは、渡辺治『安倍政権の改憲・構造改革新戦略』旬報社、2013年、同「安倍政権を倒し平和と福祉の地域と日本をつくる展望——共同の力を『地域』から国政へ」『自治と分権』66号、2016年冬号、参照。
182　二宮厚美『終活期の安倍政権』新日本出版社、2017年、218頁以下。

183　同前、第3章、第4章。
184　朝日新聞、2014年12月16日付、富山全県版、2017年10月24日付、第2富山版。
185　朝日新聞、2014年12月17日付、東京西部版、2017年10月24日付、東京版。
186　京都新聞、2017年10月24日付。
187　たとえば朝日新聞、2017年10月24日付、「共闘実現していたら……」。
188　朝日新聞、2017年10月25日付、北海道版。
189　「民進合流『全員はない』」毎日新聞、2017年9月29日付。
190　神津、前掲『神津式労働問題のレッスン』33頁。この「踏み絵」については、他のバージョンもある。おおすじは変わらないが、文言、順序に違いが見られる。朝日新聞、2017年10月3日付、など。ここでは当事者の一人であった神津の本によった。
191　読売新聞、2017年10月1日付。
192　「東京革新懇 mailfax ニュース」。
193　朝日新聞、2017年10月24日付、高知県版。
194　高知県は2004年参院選挙以来過去10回の国政選挙における共産党の比例の得票率で全て1位か2位を占めている。ちなみに高知県と1位争いをしているのは京都府である。
195　しんぶん赤旗、2017年10月30日付。
196　京都新聞、2017年10月25日付。

197　同前。
198　同前。
199　古屋、前掲「9条改正へ　自民党総裁の覚悟」253頁。
200　読売新聞、2018年1月15日付。
201　京都新聞、2018年2月12日付。
202　朝日新聞、2017年6月13日付。
203　9条加憲の危険性については多数の論者がこれを批判的に検討している。めぼしいものだけでも以下のような特集がある。『法と民主主義』2017年8・9月合併「特集『安倍9条改憲』に抗して」、『法と民主主義』2018年4月号「特集・安倍9条改憲を許すな」、『法学セミナー』2018年6月号「憲法9条改正論の現在」所収の諸論文がある。また、単行本としては、阪口正二郎・愛敬浩二・青井未帆編『憲法改正をよく考える』日本評論社、2018年、川村俊夫『安倍九条改憲NO!』本の泉社、2018年、がある。単行論文では、前掲特集所収の論文のほか、高見勝利「憲法改正の『判断準則』と自衛隊『憲法編入』の要否判定」『世界』2017年7月号、小沢隆一の以下の一連の精力的な論文、小沢「本格化する『安倍改憲』の動きと理論的対決点」『前衛』2017年8月号、同「九条加憲で何がどう変わるのか――『安倍九条改憲』阻止のために今論ずべきこと」『前衛』2017年11月号、同「安倍九条改憲のねらいと本質」『平和運動』2018年1月号、同「安倍九条改憲のねらいと危険性――自民党憲法改正推進本部『論点整理』から読み解く」『憲法運動』2018年2月号、同「自民党『改憲4項目』案の問題点と危険性」『平和運動』2018年5月号、中祖寅一「安倍改憲　自衛隊明記の危険　改憲発議を許さない」『前衛』2017年9月号、水島朝穂「安倍『九条改憲』に対案は必要ない」『世界』2018年1月号所収、本秀紀の前掲特集所収論文のほか同「安倍改憲の特質と憲法運動の課題」『前衛』2018年3月号、川村俊夫の前掲書のほか同「安倍九条改憲を阻止し憲法が輝く日本に」『平和運動』2018年4月号、愛敬浩二「安倍9条改憲は何をもたらすのか」『憲法運動』2018年4・5月合併号、森英樹「戦争する国づくりへ『壊憲』から『改憲』へ爆走する安倍政権」『前衛』2018年4月号、山内敏弘の前掲特集号所収の論稿のほか、同「安倍九条改憲論の危険性」『前衛』2018年5月号、浦田前掲「自衛隊加憲論と政府解釈」『法律論叢』90巻6号、2018年3月、所収、など。本書でも一々言及しなかったが、これらの書籍や論稿を参照させていただいた。

204　山内敏弘「『安倍九条改憲』論の批判的検討」『法と民主主義』前掲、2017年8・9月合併号、所収、20頁、同前掲「安倍九条改憲論の危険性」、小沢、前掲「九条加憲で何がどう変わるのか」、青井未帆「第1章憲法に自衛隊を書き込むことの意味」、阪口・愛敬・青井編、前掲『憲法改正をよく考える』所収、も同旨の指摘をしている。

205　戦前の秘密保護法と戦後のそれの比較について、渡辺治「秘密保護法制の歴史的展開と現代の秘密保護法」、右崎正博他編『秘密保護法から「戦争する国」へ』旬報社、2014年、所収。

206　山内、前掲「『安倍九条改憲』論の批判的検討」20頁。

207　山内敏弘「『9条に自衛隊を明記』の意味するもの」、山内敏弘、只野雅人、山本哲子『ときめき憲法　選挙制度・国会・九条改憲』NPO法人日野・市民自治研究所、2018年、63頁。
208　山内、前掲「『安倍九条改憲』論の批判的検討」19頁。
209　総理府による調査名は、少し変化している。1972年から「自衛隊・防衛問題に関する世論調査」となる。また、この年以降、調査は3年に1度やられるようになった。本文の以下の数字は、いずれも総理府→内閣府による同名の調査からのものである。
210　治安維持法の改悪については、奥平康弘『治安維持法少史』筑摩書房、1977年。
211　立憲的改憲論の批判として、清水雅彦「『立憲的改憲論』の問題点」『法と民主主義』前掲、2018年4月号、所収。
212「山尾志桜理議員『自衛権に歯止をかける改憲を——立憲的手法で〝透明人間〟を縛る』」『日経ビジネスONLINE』2017年11月22日号、1～2頁。

213「山尾志桜理政策顧問・倉持麟太郎弁護士『激白100分』」、『FLASH』2018年1月2・9日号、73頁。
214　山尾志桜理「改憲論議に先手打つ」、『神奈川新聞』2017年11月9日付。
215　倉持麟太郎「安倍改憲の欺瞞を問い、『倉持改憲』を提案する」、『WEBRONZA』2017年6月28日号。
216　衆議院予算委員会議事録、2016年2月3日、3頁。

217　朝日新聞、2017年10月24日付、第2山口版。
218　朝日新聞、2018年6月18日付。
219　毎日新聞、2018年6月25日付。
220　京都新聞、2018年6月25日付。
221　日経新聞、2018年6月25日付。
222　前掲朝日、2018年6月18日付。
223　前掲毎日、2018年6月25日付。
224　この問題については、筆者は、かつて検討したことがある。渡辺治「第7章　安保と戦争法に代わる日本の選択肢」、渡辺治・福祉国家構想研究会編、前掲『日米安保と戦争法に代わる選択肢』所収。「安倍政治に代わる選択肢を」『前衛』2017年10月号、所収。以下の叙述につきくわしくは、これら論文を参照。
225　読売新聞、2017年9月19日付。
226　立憲民主党「綱領」。
227　田原総一朗司会、玄葉光一郎ほか座談会「なぜ私たちは支持を得られないのか?」『中央公論』2017年8月号所収、110頁。
228　清水慎三『戦後革新勢力』青木書店、1966年、79頁。
229　水口宏三、前掲『安保闘争史』184頁。

230　同前、258頁。
231　さしあたり、渡辺治「第4章安保のない日本をめざす運動と構想の経験」、前掲『日米安保と戦争法に代わる選択肢』所収。
232　この第1の柱の課題の私見についてくわしくは、渡辺・福祉国家構想研究会編、前掲『日米安保と戦争法に代わる選択肢』第7章、参照。
233　日本共産党「2017総選挙政策　市民＋野党　力あわせ、未来ひらく」。
234　社民党「衆議院総選挙公約2017・憲法を活かす政治」。
235　立憲民主党「まっとうな政治」。
236　渡辺・福祉国家構想研究会編、前掲『日米安保と戦争法に代わる選択肢』梶原渉「第6章『リベラル』派との共同のために」、参照。
237　内閣府大臣官房政府広報室、2018年3月「『自衛隊・防衛問題に関する世論調査』の概要」。
238　渡辺・福祉国家構想研究会編、前掲『日米安保と戦争法に代わる選択肢』第7章。
239　内閣府大臣官房政府広報室、2018年3月「『自衛隊・防衛問題に関する世論調査』の概要」。
240　渡辺・福祉国家構想研究会編、前掲『日米安保と戦争法に代わる選択肢』第7章。
241　内閣府大臣官房政府広報室、前掲「『自衛隊・防衛問題に関する世論調査』の概要」。
242　「日本共産党第27回大会決議」2017年。

渡辺 治（わたなべ・おさむ）
1947年、東京生まれ。現在、一橋大学名誉教授、九条の会事務局、元日本民主法律家協会理事長。
東京大学法学部卒業、東京大学社会科学研究所助教授、一橋大学教授などを歴任。
著書に『日本国憲法「改正」史』（日本評論社）、『憲法はどう生きてきたか』（岩波書店）、『現代日本の支配構造分析』（花伝社）、『戦後政治史の中の天皇制』（青木書店）、『企業支配と国家』（青木書店）、『「豊かな社会」日本の構造』（労働旬報社）、『政治改革と憲法改正』（青木書店）、『講座現代日本１　現代日本の帝国主義化』（大月書店）、『日本の大国化とネオナショナリズムの形成』（桜井書店）、『日本の時代史27　高度成長と企業社会』（吉川弘文館）、『講座戦争と現代１「新しい戦争」の時代と日本』『同５平和秩序形成の課題』（編著、大月書店）、『憲法「改正」――軍事大国化・構造改革から改憲へ』（旬報社）、『構造改革の時代――小泉政権論』（花伝社）、『安倍政権論――新自由主義から新保守主義へ』（旬報社）、『渡辺治の政治学入門』（新日本出版社）、『憲法９条と25条・その力と可能性』（かもがわ出版）、『安倍政権の改憲・構造改革新戦略』『安倍政権と日本政治の新段階』（旬報社）、『現代史の中の安倍政権』（かもがわ出版）、岡田知弘ほか共著『新自由主義か新福祉国家か』（旬報社）、井上英夫、後藤道夫と共編著『新たな福祉国家を展望する』（旬報社）、岡田知弘ほか共著『〈大国〉への執念』共編著『日米安保と戦争法に代わる選択肢』（大月書店）、不破哲三と共著『現代史とスターリン』（新日本出版社）など。

戦後史《せんごし》のなかの安倍改憲《あべかいけん》――安倍政権《あべせいけん》のめざす日本《にほん》から憲法《けんぽう》の生《い》きる日本《にほん》へ

2018年８月30日　初　版

著　者　渡　辺　　治
発行者　田　所　　稔

郵便番号　151-0051　東京都渋谷区千駄ヶ谷 4-25-6
発　行　所　株式会社　新　日　本　出　版　社
電話　03（3423）8402（営業）
03（3423）9323（編集）
info@shinnihon-net.co.jp
www.shinnihon-net.co.jp
振替番号　00130-0-13681
印刷　亨有堂印刷所　　製本　光陽メディア

落丁・乱丁がありましたらおとりかえいたします。

ISBN978-4-406-06272-5 C0031　Printed in Japan